WUYE GONGSI JIXIAO KAOHE YU CEPING GUANLI QUANAN

完善的任职资格体系，全备的任职资格标准，

量化的绩效考核指标，优化的能力素质模型，

《行业绩效考核与测评工具系列丛书》

82个岗位绩效考核表 82个岗位素质测评表 24份职位素质测评卷

物业公司绩效考核与测评管理全案

邢建钢 主编

廣東省出版集團
广东经济出版社
·广州·

图书在版编目（CIP）数据

物业公司绩效考核与测评管理全案／邢建钢主编．—广州：广东经济出版社，2014.2

（行业绩效考核与测评工具系列丛书）

ISBN 978-7-5454-3229-9

Ⅰ.①物… Ⅱ.①邢… Ⅲ.①物业管理企业—企业绩效—企业管理 Ⅳ.①F293.33

中国版本图书馆CIP数据核字（2014）第003165号

出版发行	广东经济出版社（广州市环市东路水荫路11号11～12楼）
经销	全国新华书店
印刷	广东新华印刷有限公司
	（广东省佛山市南海区盐步河东中心路）
开本	787毫米×1092毫米 1/16
印张	21 2插页
字数	263 000字
版次	2014年2月第1版
印次	2014年2月第1次
印数	1～4 000册
书号	ISBN 978-7-5454-3229-9
定价	48.00元

如发现印装质量问题，影响阅读，请与承印厂联系调换。

发行部地址：广州市环市东路水荫路11号11楼

电话：（020）38306055 38306107 邮政编码：510075

邮购地址：广州市环市东路水荫路11号11楼

电话：（020）37601950 营销网址：**http://www.gebook.com**

广东经济出版社新浪官方微博：**http://e.weibo.com/gebook**

广东经济出版社常年法律顾问：何剑桥律师

前 言

现代人力资源管理要求运用正式的测评系统，准确、公正、积极地对管理人员和基层员工的工作成绩作出考核与测评，人力资源管理心理学的一项任务就是设计和研制这种考核与测评系统。

绩效考核与测评是人力资源管理中不可缺少的工具。因为绩效考核与测评是按照一定的标准，采用科学的方法，检查和评定企业员工对职务所规定的职责的履行程度，以确定其工作成绩的一种有效的管理方法。绩效考核与测评是以员工为对象，其主要目的在于通过对员工全面综合的评价，判断他们是否称职，并以此作为企业人力资源管理的基本依据，切实保证员工的报酬、晋升、调动、职业技能开发、激励、辞退等项工作的科学性。绩效考核与测评涉及企业管理的各个方面、各个部门。首先，绩效考核与测评的标准要通过岗位分析来制定，并以此作为考核与测评工作的基础，有利于加强企业管理的基础工作；其次，在绩效考核中，不但要考核个人的工作实绩，而且还要考核集体的、整个企业的工作成效。因此，绩效考核与测评工作起着某种管理作用，对管理信息有着控制与反馈的作用。

但要建立起绩效考核与测评体系并不是一件容易的事，这是一项系统的工程，对于人力资源管理者来说也是一个巨大的挑战，正因为如此，许多企业很害怕花时间、花精力去做这一项工作。我们的管理顾问在对一些物业企业进行辅导的时候，就常有一些物业企业的高层管理者提出：希望有一套简便快捷、能够起指导作用的模板供参考，以减轻在绩效考核与测评体系构建过程中的工作量，并能够为物业企业带来实际的效益。基于此，我们的管理顾问经过几年的筹备，总结了自己在物业行业中人力资源管理辅导过程中的经验，策划、编写了《物业公司绩效考核与测评管理全案》一书。

《物业公司绩效考核与测评管理全案》从系统工程的构建着手，同时，兼顾管理的细微之处，囊括了物业企业的各个岗位。本书共分四大部分：

第一部分：建立任职资格体系。介绍任职资格的含义、分类分级、应用方向、测评种类与内容、各层级人员的任职资格测评标准。

第二部分：绩效考核。列出绩效考核指标，并将物业服务企业中常见的岗位按部门分类来设计出各岗位实用的绩效考核表。

第三部分：员工素质测评。首先介绍能力素质评价标准，并将物业服务企业中常见的岗位按部门分类来设计出实用的素质测评表。

第四部分：职业素质测评模板。提供大量的各类素质的测评试题及标准。

在《物业公司绩效考核与测评管理全案》一书的编辑整理过程中，获得了许多朋友的帮助和支持，其中参与编写和提供资料的有：吴定兵、邢建钢、田均平、匡仲潇、刘军等。同时本书参考了许多同类书籍，在此一并表示感谢，全书最后由邢建钢审稿统筹完成。

目　录

第一部分　建立任职资格体系

章前导语：

任职资格测评的目标是推动物业公司各级管理者不断地提高自己的实际工作能力，以适应管理工作和物业企业发展的需要。它是物业公司推广管理工作规范化、管理者职业化，从而提高工作绩效的重要手段。

第二部分　绩效考核

章前导语：

绩效考核是工作行为的测量过程，即用过去制定的标准来比较工作绩效的记录以及将绩效考核的结果反馈给员工的过程，同时绩效考核也是对员工的绩效进行识别、测评和开发的过程。

第三部分 员工素质测评

章前导语：

素质测评涉及测评对象的性格、知识、技术、能力、适应性、职业素养等方面的情况。通过素质测评可以全方位、准确、科学地测评一个人的职业能力、个性特征和价值追求，确定受测者的能力优势、适合的岗位和需要加强学习的内容，从而为招聘、选拔、晋升、培训工作提供可靠的依据。

第四部分　职业素质测评模板

章前导语：

要对员工的素质进行测评，必须采用科学的方法，收集被测评者在主要活动领域中的表征信息，针对某一素质测评指标做出量值或价值判断，而这必须依赖针对各类素质的测评试题及标准。

第一部分

建立任职资格体系

章前导语：

任职资格测评的目标是推动物业公司各级管理者不断地提高自己的实际工作能力，以适应管理工作和物业企业发展的需要。它是物业公司推广管理工作规范化、管理者职业化，从而提高工作绩效的重要手段。

第一章 任职资格体系概述

一、建立任职资格体系的目的

（1）通过资格制度规范人才的培养和选拔，推动做实事的人不断提高水平，引导有水平的人做实事，按做的实事效果给予评价。

（2）建立职业发展渠道，激励员工不断提高其职位胜任能力，以职业化的员工队伍参与市场竞争。

（3）树立有效培训和自我学习的标杆，以资格标准不断牵引员工终生学习、不断改进，保持物业公司的持续性发展。

二、任职资格体系的应用方向

任职资格从横向分类、纵向分级，将员工的任职资格要求清晰化，并与工作要求相对应，为人力资源的管理体系奠定基础，提高工作效率、规范工作行为，从而推动物业公司的职业化进程。任职资格体系可应用于人力资源管理的五个方面，如下图所示：

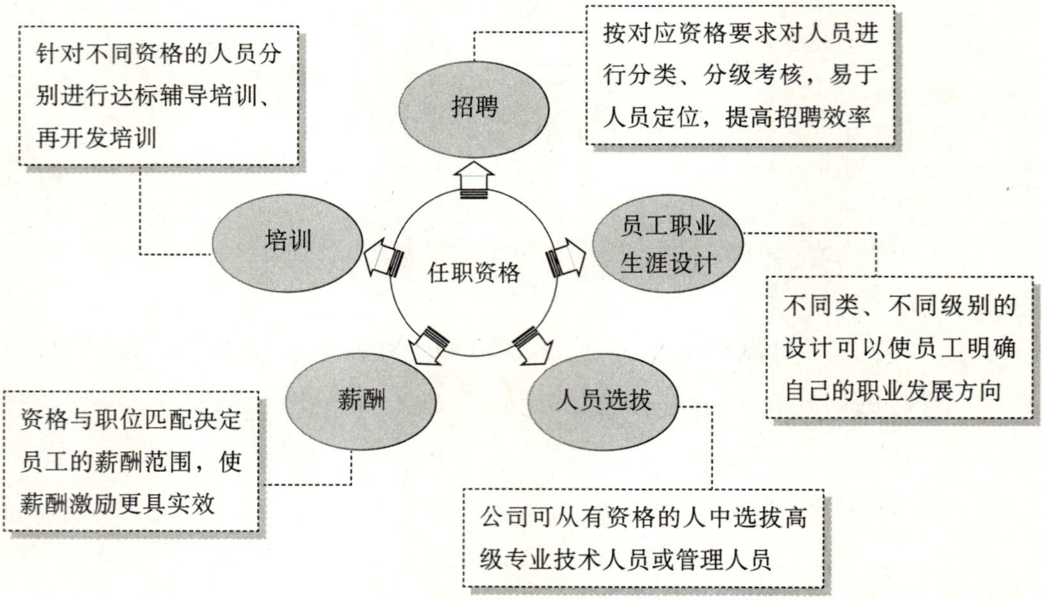

任职资格体系的五大应用方向

三、任职资格的分类分级

目前，许多物业企业都实行双重管理类、专业类晋升制度，如下图所示：

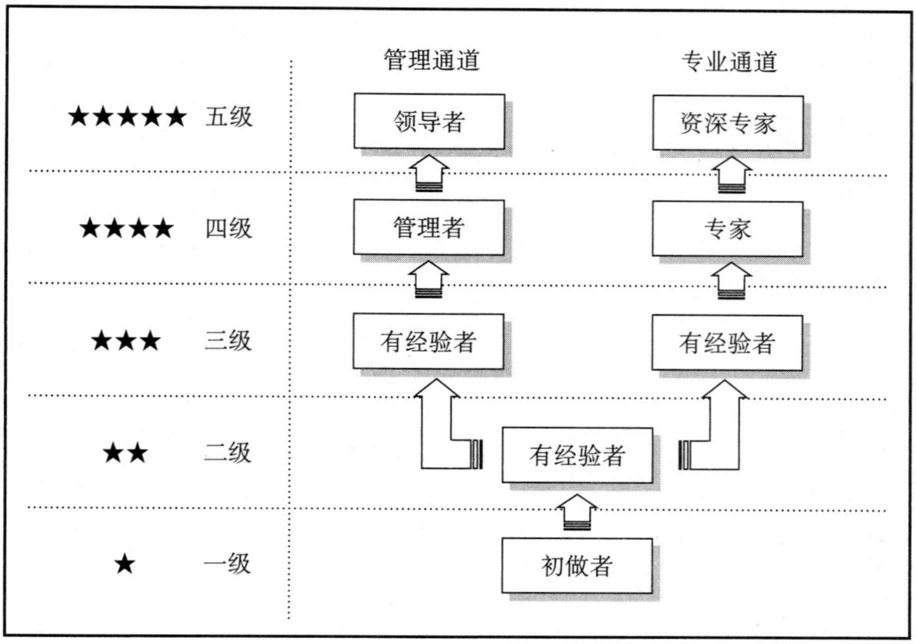

双重晋升制度的等级

（一）管理类的等级分类说明

管理类的等级分类说明如下表所示。

管理类的等级分类说明

类别	定义	级别要求
管理类	该类型是从事以人员管理为主的工作。按管理层级可划分为监督者、管理者、领导者 （1）三级监督者：率领一组人员从事某项具体的专业或技术工作，本人既是监督者又是执行者之一，如维修领班 （2）四级管理者：对所辖部门的工作质量、时效、成本负完全的责任，并参与所辖工作的战略方向、资源分配、成本及时间要求的制定，下属至少含三级监督者及普通员工数人，如工程部经理 （3）五级领导者：对企业某个运作过程或某项职能负完全的责任，参与制定企业长期战略及宏观指导，如管理处经理	任何管理都是对从事某项专业/技术的人员进行管理，管理类人员必须达到某方向、某项专业/技术标准二级水平以上。所以，管理类级别分为三至五级

（二）专业／技术资格等级

专业/技术资格等级分类如下图所示：

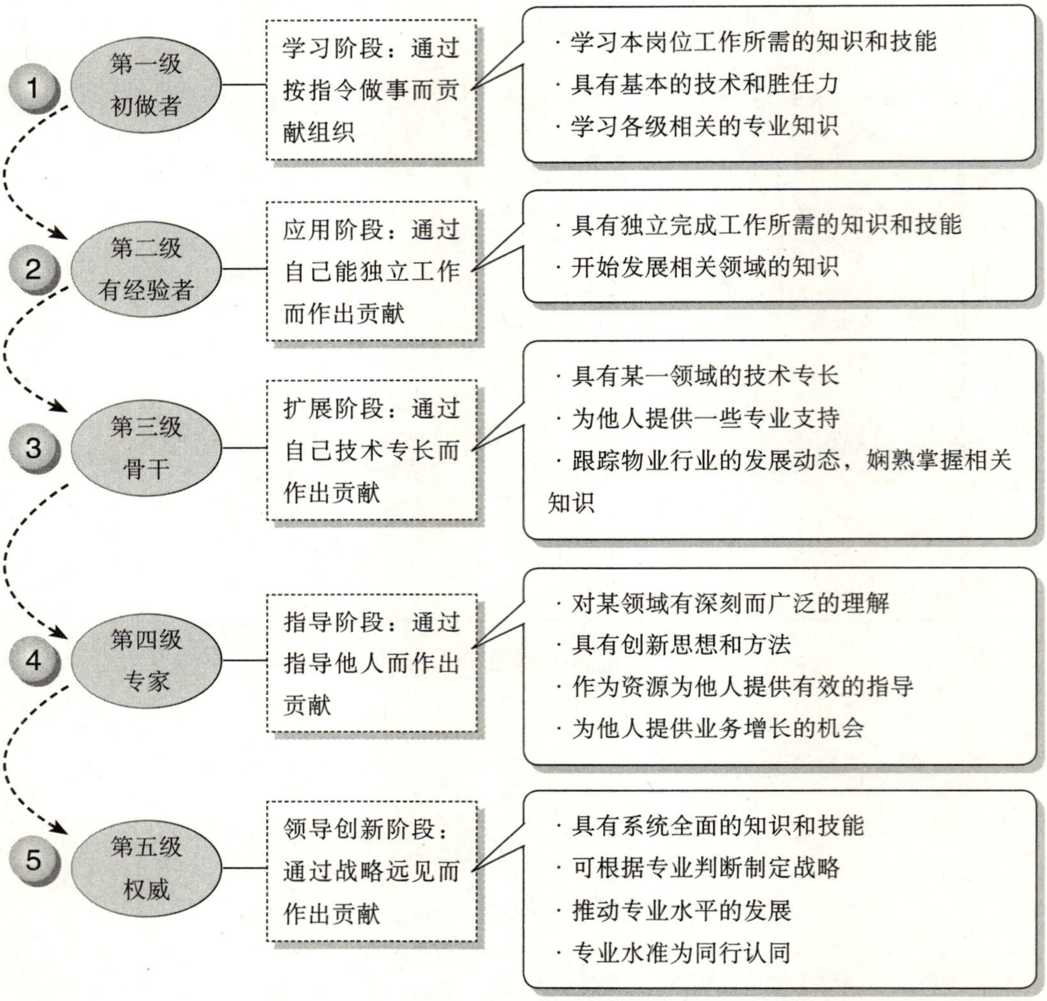

专业/技术资格等级分类说明

第二章　任职资格的衡量要求

任职资格的衡量要求如下图所示：

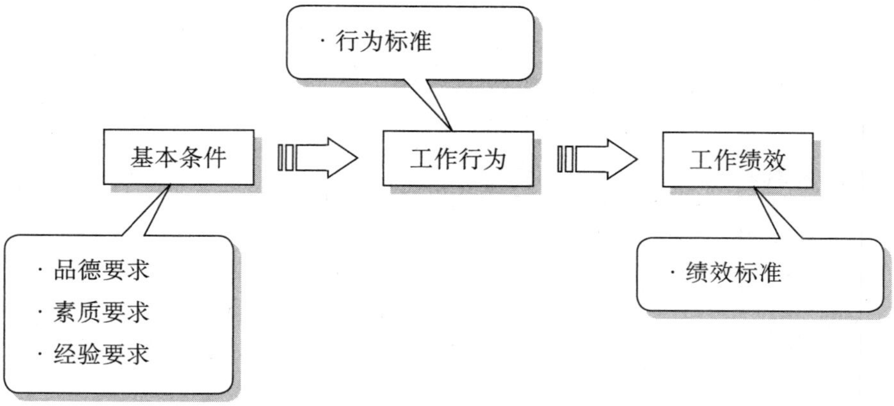

任职资格的衡量要求

基本条件是员工承担某项工作的基本要求；工作行为即工作过程中的表现，是员工取得工作绩效的基础，也是不断改进的重点；工作绩效是员工能力的最终体现。

一、基本条件

（一）品德要求

（1）诚实正直：在与自己坚信的人生信条及价值观相冲突矛盾时仍能坚持公司原则，言行一致。

（2）廉洁奉公：一切遵从公司的规章制度，不因私利／私欲影响自己所从事的工作。

（二）素质要求

（1）业务素质：系统思维，收集与消化信息，组织成就导向，自信与自律。

（2）管理素质：奉献精神，组织意识，领导能力，监控能力，前瞻性。

（3）协调素质：原则性与灵活性，人际理解关系建立，合作精神，影响能力，全方位服务精神。

（4）改进素质：培养人才，自我批判。

（三）经验要求

各岗位的经验要求如下表所示。

各岗位的经验要求

序号	级别	经验要求
1	一级员工	刚进入公司，从未在物业行业做过
2	二级员工	熟练操作本岗位的业务
3	三级管理者	（1）3年以上该专业技术工作基层工作经验 （2）本部门副职工作半年以上 （3）至少管理过同一类专业或技术人员
4	四级管理者	（1）5年以上工作经验，含3年管理经验 （2）其中相关领域2～3年工作经验，含基层工作经验1～2年 （3）物业行业主要业务部门负责人2年以上经验或职能部门2年以上副职经验 （4）所管理的下属至少有两类人员（三级管理者、专业／技术人员），管理跨度为直接下属6人以上，或含间接下属至少50人以上
5	五级管理者	（1）7年以上相关工作经验 （2）本物业公司主要部门负责人两年以上工作经验 （3）曾管理过多种业务，下属类型包括管理者、技术／专业人员、操作人员等各类人员 （4）跨部门的工作经验

二、工作行为标准

任职资格行为标准是指在管理工作领域、工作活动的成功行为。企业应针对公司高、中、基层的管理者建立相应的行为标准，可以分为三、四、五级标准，每一级可适应多个岗位。

三、工作绩效

工作绩效是关于企业对员工们寄予的种种期望以及旨在促使员工们提高工作绩效的连

续目标导向计划的一种具体描述。

鲍曼（Borman）等人在前人研究的基础之上，将工作绩效划分为任务绩效与周边绩效两种。

任务绩效是指完成某一工作任务所表现出来的工作行为和所取得的工作结果，其主要表现在工作效率、工作数量与质量等方面。

周边绩效包括人际因素和意志动机因素，如保持良好的工作关系、坦然面对逆境、主动加班工作等。

第三章　任职资格测评种类与内容

一、任职资格测评种类

针对任职资格衡量要求的相应特点，任职资格测评有以下几种：基本条件考察、工作行为认证、绩效考核等。物业公司在员工的选拔、培训、晋升等管理工作中通常重点采用某一种测评方式，并参考其他考评结果。

任职资格测评种类与应用

考评方式 应用	基本条件考察	工作行为认证	绩效考评
选拔	★	√	★
培训	√	★	
加薪	√	★	★
晋升（或降级）	√	★	★

注：√——应用于某项管理工作时可以参考的考评结果。

★——应用于某项管理工作时必须采用的考评方式。

二、任职资格测评内容

任职资格行为认证是员工资格测评的核心内容，它是以员工资格行为标准为依据，以实际工作为基础的考评方法；它强调的是“能干什么”，而不是“知道什么”，其认证的依据来自实际工作中的行为表现。

第四章　任职资格测评标准

任职资格测评标准是对任职者取得高绩效的关键行为的提炼，它能够指引任职者高效率获取成功。要提升物业公司的管理水平，各级管理人员的领导与管理能力的提升是关键。各级管理人员必须不断对照任职资格标准来修炼自己的行为，提升物业公司的核心竞争力，促进物业公司的稳定与持续发展。

一、高层管理人员任职资格测评标准

物业公司高层管理人员任职资格测评主要从以下几个方面来开展：

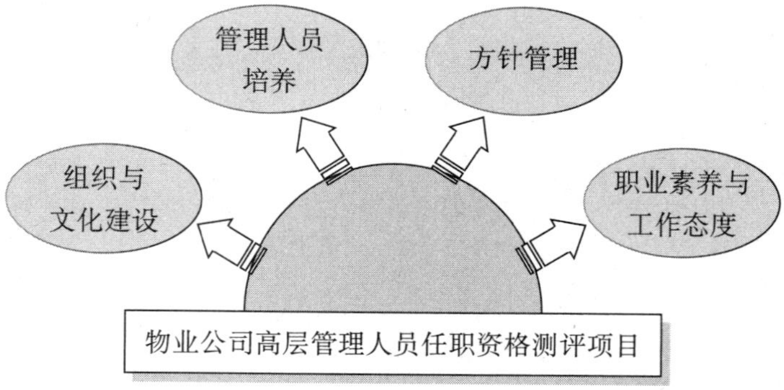

物业公司高层管理人员任职资格测评项目

高层管理人员各项目的测评标准如下表所示。

高层管理人员各项目的测评标准

序号	项目	测评标准
1	组织与文化建设	（1）具有强烈的使命感与责任感去推动组织与文化建设 （2）传播公司的愿景与核心价值观，及时传达、解释、辅导员工理解公司的方针政策，提升公司的核心竞争力，在关键行为过程中，言传身教，培养下属 （3）在组织建设及流程建设方面，学会“木桶”管理，注重组织的均衡发展；应

（续表）

<table>
<tr><th>序号</th><th>项目</th><th colspan="2">测评标准</th></tr>
<tr><td>1</td><td>组织与文化建设</td><td colspan="2">将主要精力去发现例外与外部变化，并在处理例外事件中不断将例外规范化，使之成为例行；通过走动管理与审计发现“瓶颈”，并及时、有效地组织流程和结构优化，消除障碍；敏锐感觉外部环境变化，并适应性地促使组织结构与流程的优化，有效促进组织绩效的提高
（4）自我批判，加强沟通，营造有利于员工成长、勇于创新、自我超越的环境与团队合作的氛围来推动与带领员工，努力实践，在工作中以积极的心态接受“优胜劣汰”的事实
（5）在团队中营造树正气，敢于承担责任，勇于负责，不“捂盖子”，对于公司流程及部门工作中的问题敢于陈述己见的组织氛围
（6）努力促进组织运作效率的提高，通过明确各层面的应负责任和绩效考核标准，增强员工工作的明确性和责任性</td></tr>
<tr><td>2</td><td>管理人员培养</td><td colspan="2">（1）营造管理人员成长的环境，建立选拔和甄别管理人员的机制，创造团队合作的氛围，使优秀员工脱颖而出并在关键工作过程中言传身教，做好团队训练，使团队业绩不依赖于某个人
（2）善于引导员工树立积极的人生观，强烈的使命感和责任感；围绕组织目标辅导员工推进、落实公司的管理改进和制度化建设，从而提升团队的绩效；以提升公司的核心竞争力为中心，注重培养管理人员的质量和数量
（3）营造良好的学习氛围，倡导终身学习，培育学习型组织；善于总结案例，通过案例中关键事件过程的培训、追溯和分析，发现和培养管理人员的优秀品格和素质
（4）从公司利益出发，对优、缺点均突出的员工，能在工作中进行培养与管理，发挥其所长，修正其所短</td></tr>
<tr><td rowspan="2">3</td><td rowspan="2">方针管理</td><td>参与公司目标的制定</td><td>（1）基于对公司价值观及管理理念的理解，从追求公司整体最佳的角度，对公司的长、短期目标的形成提出个人意见
（2）为公司制定目标所提的建议必须是经过精心调查且具体而可操作的
（3）将达成共识的公司目标转化为可衡量的结果性指标（业绩指标），作为公司对外策略与内部方针的基础
（4）按照公司战略目标的要求，组织制定清晰、明确、可执行的合适方案和操作程序，并将当前及可预见到的资源、时间、组织结构、技术等限制条件考虑在内</td></tr>
<tr><td>监督、检查公司目标、策略及方针的实施</td><td>建立与公司目标、策略相关的业绩指标，区别优先级别，落实责任单位，并建立监督、检查机制，进行实施过程监控及管理流程优化</td></tr>
</table>

（续表）

序号	项目	测评标准
4	职业素养与工作态度	（1）要不断提升与自己任职岗位相适应的职业素质与技能；要不断地修炼自己的概念思维、组织理解与管理能力；要有较强的人际理解、沟通能力与影响力，并善于培养他人 （2）以公司利益为重，为了公司的利益不计较个人得失；诚实正直，实事求是地面对和处理问题，不推卸责任；工作中出现问题时，主动自觉地寻找自身原因，不断改进；对其他部门不批评、不抱怨、不责备，而是主动负起沟通的责任 （3）严格自律，对外公司领导团队步调一致、和谐统一；未得到公司授权，不在任何场合，以个人名义随意发表对公司的言论；不随便发表与政治、宗教、竞争对手及客户相关的言论；以身作则并约束家庭成员在社区、休闲、娱乐等公共场合遵守社会公德和社会规范 （4）始终如一、满腔热情地投入工作，始终保持积极向上的精神状态，不断学习进取，热情对待工作和同事，以积极的心态面对压力、困难和挫折；不刻意追求公平、公正，不与他人比薪酬待遇，不计较职位升迁 （5）胸怀开阔，以包容心、同情心、平常心和自信心去接受并鼓励他人提出批评和不同意见；善于团结不同意见的人，甚至是反对过自己的人，去共同实现公司目标；以平常心态面对公众舆论对公司的正、负面评价 （6）服从公司整体利益，主动消除变革中的阻力，勇于承担责任与风险

二、中层主管任职资格测评标准

物业公司中层主管任职资格测评主要从以下几个方面来开展：

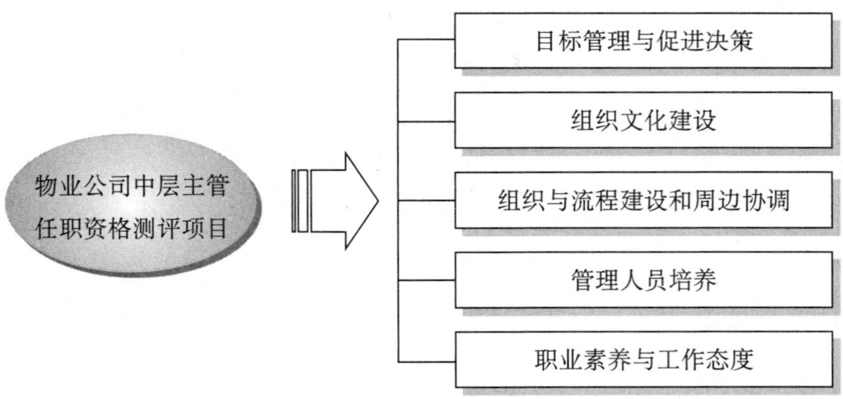

物业公司中层主管任职资格测评项目

中层主管各项目的测评标准如下表所示。

中层主管各项目的测评标准

序号	项目	测评标准	
1	目标管理与促进决策	制订合理的目标与计划	组织目标的制定要有牵引性，要引导公司与本部门的均衡与全面发展，不断地提高整体核心竞争力，不断地提升人均贡献率；要具体组织制定切实可行、具有挑战性的业务目标和实现措施 （1）根据公司战略目标及本系统相关策略与方针，与相关人员共同确定部门的中、短期工作目标及优先顺序且目标必须明确、清晰、可评估，有挑战性和可实现性 （2）根据目标及优先顺序来制订工作计划和业务预算，保证对上级目标的继承性和对部门工作的引导性 （3）与下属一起共同将部门计划分解成可执行的、清晰的阶段计划，督促下属制订相应的执行计划，设立监控点和控制基线，充分考虑质量、成本、进度 （4）充分考虑计划执行过程中的风险要素，提出应急预防措施
		组织实施计划	保障并促进监控体系的有效运作，及时汇报并反馈重大进展及困难，参与并指导重大事件和例外事件的处理，及时发现运作中的问题，迅速作出反应并进行有效的调整，组织分析成功的经验与失败的教训，及时形成案例与规范 （1）按计划分配任务，帮助员工从公司总目标理解本岗位的责任，并对下属的工作计划进行指导、审定与监控，对变化作出及时反应，面对突发事件在职权范围内勇于承担风险，果断决策，并按流程规定上报公司，必要时及时修改、调整计划 （2）为了实现工作目标，挖掘、配置、协调和利用人、财、物、信息等资源，通过预算管理，及时监控与评估工作活动
		促进决策	及时、准确地收集有效信息，提出建议，并预测本部门业务和工作的进展，供上级和相关部门全方位地思考问题，做出正确有效的决策
		效果评估	及时地对业务计划的执行过程和执行结果进行评价，总结经验，吸取教训 （1）对目标的完成情况及存在问题进行总结评估，并结合投入、产出分析提出绩效改进目标 （2）根据绩效改进目标与相关人员讨论制订绩效改进计划，改进计划必须具有可操作性

（续表）

<table>
<tr><th>序号</th><th>项目</th><th colspan="2">测评标准</th></tr>
<tr><td rowspan="3">2</td><td rowspan="3">组织文化建设</td><td>企业文化推动</td><td>以强烈的使命感与责任感去推动组织文化建设，在实践中深刻理解并积极传播公司的愿景与核心价值观
（1）言传身教地去推动本部门的组织文化建设
（2）及时有效地传递、正确诠释公司的文化导向，并在管理工作中（特别是对员工的考核、评价及奖励方面）予以强化
（3）通过自身的言行使员工在工作中真实地领悟到公司所倡导的文化，从而认同公司文化</td></tr>
<tr><td>组织氛围营造</td><td>在团队中营造敢于承担责任、相互负责、勇于自我批评、积极向上、勤奋务实的组织氛围
（1）在团队中人人敢于承担责任、善于倾听他人意见与批评，相互负责，不“捂盖子”，不怕揭短，对公司流程及部门中的问题敢于陈述己见，并善于引导、听取、整合不同意见，共同推动管理进步
（2）在部门之间利益发生冲突时，以公司利益为重，不推诿，不指责，不“踢皮球”，积极反映问题，主动协商解决
（3）善于化解矛盾与冲突，倡导对事不对人的氛围
（4）营造有利于员工成长、勇于创新、自我超越的环境与团队合作的工作氛围，身体力行地推动学习型团队的建设，指导和帮助员工通过学习提高自身的任职能力</td></tr>
<tr><td>沟通制度的建设</td><td>组织和推动双向有效沟通的定期进行，使沟通在公司内形成制度，促进部门运作效率的提高
（1）建立例会制度和上下级之间的定期沟通，让员工明确自己的任务、目标、责任、职权及考核标准，帮助员工树立完成任务的信心
（2）对例外事件的处理要及时沟通，并推动非正式沟通习惯的形成
（3）通过耐心、细致的工作，帮助员工正确面对挫折和失败，在工作中以积极的心态接受优胜劣汰的事实</td></tr>
<tr><td>3</td><td>组织与流程建设和周边协调</td><td>组织流程建设</td><td>正确处理制定流程与发现例外的矛盾，注重组织的均衡发展，通过建立、运作和优化业务流程的良性循环推动管理体系建设
（1）身体力行地组织和参与流程制定，关注流程监控点的设置，推动部门成员理解并贯彻执行流程，不断把成功的已有效运作的流程、规范、制度及时巩固
（2）通过走动管理与过程监控，处理例外事件，并不断将例外管理规范化，促进管理的职业化发展</td></tr>
</table>

（续表）

序号	项目	测评标准	
3	组织与流程建设和周边协调	组织流程建设	（3）通过审计与不断总结发现“瓶颈”，及时、有效地组织流程和结构的优化，消除障碍
		周边协调	以公司利益为重，树立全局观念，加强部门沟通，积极与周边协调达成工作目标 （1）本部门目标制定，既要考虑对公司战略目标的贡献，也要考虑对相关部门与相关流程的贡献，以全流程绩效牵引本部门的工作 （2）打破部门壁垒，从全流程最佳去理解本部门的责任；积极主动了解、理解相关部门的要求，组织和保证对公司主流程的支持 （3）积极响应与处理相关部门提出的配合要求和改进建议，及时反馈结果，不断评估服务质量，组织和保证对相关部门的业务支持 （4）通过有组织、有计划的交流，积极利用相关部门的成果和推介本部门成果，达到资源的共享和合理利用
4	管理人员培养	营造环境	积极主动营造管理人员成长环境，创造优秀人才脱颖而出的氛围，以高度的责任感和使命感培养管理人员，通过管理人员梯队的建设，提升团队绩效，使团队业绩不依赖于个别人包括主管本身 （1）明确选拔管理人员的组织目标，并严格按照公司的标准选拔和甄别管理人员 （2）根据公司业务发展的需要，制订并积极组织实施管理人员梯队培养计划，注重实际培养管理人员的质量和数量，在组织内部形成管理人员后备队伍 （3）营造良好的学习氛围，培育学习型组织，主动推进管理人员培训，提高职业化水平，促使员工在实际工作中不断改进绩效
		培养下属	关注发挥下属所长，做好团队教练，逐步帮助其改进不足之处，注重团队整体配合的最佳效果 （1）关注下属并及时给予发挥能力的机会，在工作中合理授权，传递压力，在实践中锻炼管理人员 （2）善于总结案例，并通过案例中关键事件过程追溯和分析，发现和培养管理人员的优秀品格和素质 （3）对下属进行有效培训和沟通，特别是工作中的言传身教，与下属共享经验 （4）履行管理人员导师职责，做好团队教练，善于发现员工的长处，正向引导；及时指出员工的不足，帮助其改进

（续表）

序号	项目	测评标准
5	职业素养与工作态度	（1）要不断提升与自己任职岗位相适应的职业素质与技能；要不断地修炼自己的概念思维、组织理解与管理能力；要有较强的人际理解、沟通能力与影响力，并善于培养他人 （2）以公司利益为重，为了公司的利益不计较个人得失、诚实正直，实事求是地面对和处理问题，不推卸责任；工作中出现问题时，主动自觉地寻找自身原因，不断改进；对其他部门不批评、不抱怨、不责备，而是主动负起沟通的责任 （3）严格自律，对外公司领导团队步调一致、协调统一；未得到公司授权，不在任何场合以个人名义随意发表对公司的言论；不随便发表与政治、宗教、竞争对手及客户相关的言论；以身作则并约束家庭成员在社区、休闲、娱乐等公共场合遵守社会公德和社会规范 （4）始终如一、满腔热情地投入工作，始终保持积极向上的精神状态，不断学习进取，热情对待工作和同事，以积极的心态面对压力、困难和挫折；不刻意追求公平、公正，不与他人比薪酬待遇，不计较职位升迁 （5）胸怀开阔，以包容心、同情心、平常心和自信心去接受并鼓励他人提出批评和不同意见；善于团结不同意见的人，甚至是反对过自己的人，去共同实现公司目标；以平常心态面对公众舆论对公司的正、负面评价 （6）服从公司整体利益，主动消除变革中的阻力，勇于承担责任与风险

三、基层管理人员任职资格测评标准

对基层管理人员任职状况评价的核心要求为：身体力行、事必躬亲、严格执行、有效监控、诚信服从；基层管理人员必须具有强烈的绩效导向，紧紧围绕提高物业公司核心竞争力这一目标，严谨求实。其任职资格评价项目如下图所示：

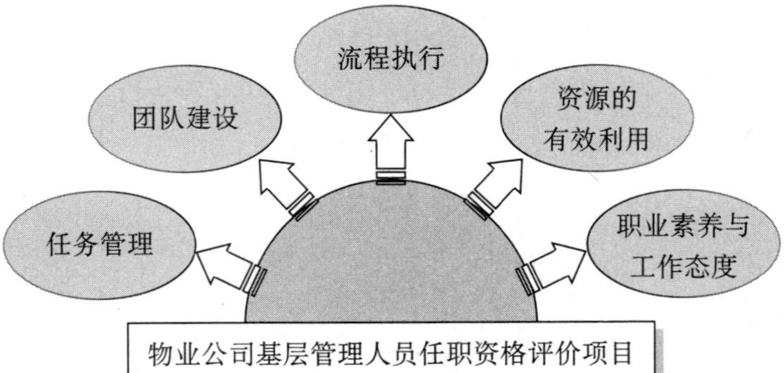

物业公司基层管理人员任职资格评价项目

基层管理人员各项目的测评标准如下表所示。

基层管理人员各项目的测评标准

<table>
<tr><th>序号</th><th>项目</th><th colspan="2">测评标准</th></tr>
<tr><td rowspan="3">1</td><td rowspan="3">任务管理</td><td>制订合理的目标与计划</td><td>部门目标的制定是依据上级目标及本部门工作现状，体现对上级目标的分解与对本部门工作的指引；工作计划符合SMART原则并设有监控点
（1）根据上级部门的规划或部署，与相关人员共同制定部门工作目标，明确各项工作任务要求和改进方向
（2）根据工作的优先顺序分配资源（包括人、财、物、信息等），充分考虑资源成本，使其得到有效合理的利用
（3）与相关人员商讨，面向目标，在公司规定范围内确定执行计划的具体工作方法和活动
（4）根据工作任务的具体要求和特点，深入分析工作中易出现失误或问题的环节，并设计相应的监控点及防范措施</td></tr>
<tr><td>组织实施工作计划</td><td>按计划要求及本部门资源状况分解工作任务，对下属进行相应的事先指导与工作辅导，协调所需资源、激发员工热情，确保工作任务高效完成
（1）明确本人及下属的工作职责、任务要求和衡量标准，并以承诺的方式加以记录和保存
（2）指导团队成员制订相应的个人工作计划，为下属提供相应的情况分析、资料、信息等，进行事先指导，确保下属具备明确的工作思路
（3）按工作目标的要求，合理分配工作资源，组织各种资源及时到位，对未到位的原因立即查清，并提出相应的补救措施，必要时上报主管及相关人员
（4）认真听取员工对工作实施的意见和建议，正确实施、正向指引，激发员工工作热情，提高工作参与度，确保工作士气</td></tr>
<tr><td>指导和控制工作计划的实施</td><td>按工作计划及所作出的承诺及时检查、评估工作进展情况，对下属工作及时进行有效指导，对存在问题及时协调解决
（1）根据工作计划的监控点及实际的工作需要，及时检查、分析和评估各项工作结果，并及时汇报
（2）根据工作进展及检查、评估结果，对下属工作方法或活动进行有效的指导
（3）找出偏离计划目标的原因和工作中的失误，提出改正措施，必要时上报主管及所影响的接口部门
（4）在自己的职责范围内立即实施改正措施，必要时，主动协调相关部门并提供协助，促成问题的解决</td></tr>
</table>

（续表）

<table>
<tr><th>序号</th><th>项目</th><th colspan="2">测评标准</th></tr>
<tr><td>1</td><td>任务管理</td><td>绩效改进</td><td>按照本部门工作职责及目前工作任务要求，分析和总结工作中存在的问题；从提高组织效率和工作有效性出发，提出切实可行的改进目标并具体实施，促进工作绩效的不断改进
（1）根据工作目标的实际完成情况及周边部门的反馈，分析工作中存在的问题，确定明确的部门工作改进目标，制订相应的改进计划
（2）结合部门实际情况，与相关人员商议，制定可操作的改进措施并确保执行，不断提高组织效率和工作有效性
（3）定期对部门工作改进情况进行评估、检查，对有关的改进措施及时充分调整，以达到所要求的绩效</td></tr>
<tr><td rowspan="2">2</td><td rowspan="2">团队建设</td><td>氛围营造</td><td>以公司核心价值观为导向，以身作则，在部门内倡导积极向上的工作氛围，树正气，敢于承担责任、相互负责、勇于自我批评，以有利于工作开展为基准，协调部门工作
（1）及时、有效地传递、正确诠释公司的文化导向，并通过自身言行在管理工作中（特别是对员工的考核、评价及奖励方面）予以强化
（2）在团队中树立正气，敢于承担责任、善于倾听他人意见与批评，相互负责，不“捂盖子”，不怕揭短；对部门问题敢于陈述己见，并善于引导、听取、整合不同意见，共同推动管理进步
（3）倡导下属之间建立积极、和谐的关系，公正处理本部门下属之间的矛盾
（4）当下属工作中有切实需要或遇到困难时，应主动提供相关信息和援助，在商定的时间范围内实现对下属工作上的承诺</td></tr>
<tr><td>管理人员培养</td><td>积极主动营造员工成长的环境，创造人才脱颖而出的氛围，根据部门岗位要求及员工发展潜力，指导下属不断提高任职能力，以高度的责任感培养、推荐管理人员；通过梯队建设激发团队活力，改进团队绩效
（1）明确公司选拔和甄别管理人员的标准，以高度的责任感培养、选拔、推荐管理人员，管理人员推荐不要以个人好恶出发，而应严格按照任职资格标准要求，做好部门内管理人员梯队建设
（2）营造良好的学习氛围，培育学习型组织，主动推进员工培训；并注意在工作中言传身教、及时辅导，必要时合理授权，在实践中进行锻炼
（3）根据公司发展需要及下属的绩效、能力特点，与下属一起商定其个人发展目标和培训方法、改进措施
（4）对下属的改进提高情况进行例行化检查、评估，就改进效果提出建设性的反馈意见，培养下属效果显著</td></tr>
</table>

（续表）

<table>
<tr><th>序号</th><th>项目</th><th colspan="2">测评标准</th></tr>
<tr><td rowspan="2">2</td><td rowspan="2">团队建设</td><td>有效沟通</td><td>在部门内组织和推动双向沟通的定期进行，使沟通在部门内形成制度，提高员工工作的明确性，促进部门工作效率的提高
（1）建立例会制度、上下级之间定期沟通，让员工明确自己的任务、目标、责任、职权及考核标准，帮助员工树立完成任务的信心
（2）明确对员工评价的客观标准，主动了解下属，确保对员工工作情况及思想动态的基本了解，对员工的工作成绩予以及时、客观的肯定，对各个阶段的不足提出改进措施，体现对员工工作的正向引导
（3）对例外事件的处理要及时沟通，养成非正式的沟通习惯；明确有必要进行沟通的条件要求、熟练掌握各种不同的沟通方法，与各层骨干员工建立非正式的业务朋友关系
（4）通过耐心、细致的工作，帮助员工正确面对挫折和失败，在工作中以积极的心态接受优胜劣汰的事实</td></tr>
<tr><td>创造、培育和维持良好的外部工作关系</td><td>以公司利益为重，强化整体观念，与相关业务部门建立通畅的沟通渠道，积极、主动地协调部门关系，达成工作目标
（1）主动考虑本部门工作对接口部门的影响，建立例行化的信息通报方式，及时通报工作进程，并与各部门就关注的问题交换意见
（2）打破部门壁垒，从全流程最佳角度去理解本部门责任，积极、主动地了解、理解相关部门的要求，并在自己的权限范围内，迅速、准确、礼貌地予以答复
（3）积极响应与处理相关部门提出的配合要求和改进建议，及时反馈结果，不断评估服务质量，组织和保证对相关部门的业务支持；必要时向相关人员求助
（4）积极暴露有关问题，推动相关部门工作</td></tr>
<tr><td>3</td><td>流程执行</td><td>流程执行</td><td>结合部门实际，与相关人员一同学习理解所使用的流程，及时监控流程的执行情况，确保与本部门有关的业务流程得到正确的贯彻实施
（1）与相关人员一同讨论、学习与本部门业务有关的流程，并特别注意与相关部门的接口程序，确保对流程的正确理解
（2）给流程使用者提供准确、清楚、全面的培训和指导
（3）对与本部门相关业务流程的运作情况进行及时的监控，确保业务流程得以正确的贯彻实施</td></tr>
</table>

（续表）

序号	项目		测评标准
3	流程执行	内部优化	对流程的运作情况进行及时的评估，对不足的部分应结合本部门实际情况与相关人员一同制定相应的实施细则，对流程中存在的问题及时向主管及相关部门申报，以期进行合理优化 （1）结合本部门实际工作需要，对大流程运作中未覆盖到的部分与相关人员一同制定相应的补充规定与实施细则 （2）对本部门工作中的成功经验与习惯，及时以规则的形式加以固化；对本部门规则的运作情况及时进行评估并以合理的方式进行优化 （3）对大流程中存在的问题及时进行讨论，提出修改方案和完善的建议，向主管及相关部门及时提供反馈信息
4	资源的有效利用	建立、保持、维护工作环境	根据工作需要和相应的资源状况，充分考虑效率与成本并兼顾未来发展，建立工作环境，包括硬件设备的配置与管理工具的开发等；对其运作情况及时进行评估与优化，保证工作需要 （1）根据公司的规定和业务需要并适当考虑发展，按公司的有关工作程序建立、优化工作环境，使硬件设备的配置与管理工具的开发、使用利于工作的开展和工作效率的提高 （2）工作环境的建立与优化要充分考虑成本与预算，确保现有工作环境资源的充分利用 （3）根据公司的规定和物业管理相关法律条例，充分考虑影响工作环境的各种因素，制订工作环境管理制度、检查制度，确保公司资产不受损失并得到有效利用 （4）经常巡视检查工作场所以保证相应制度的有效实施，按照要求和程序监督下属正确使用和维护办公仪器设备，督促下属准确记录和上报不符合要求的工作环境和不按程序操作的情况，督促相关人员及时改善工作场所
		文档管理	重视部门知识环境的管理，采用文档、手册、经验案例等适当形式保证工作技能的积累继承，避免类似工作性质的员工犯类似错误 （1）以制度的形式保证日常工作文档建立的规范性，明确文档种类、规范格式与具体责任，定期检查，确保工作经验的持续积累 （2）对工作中的成功经验与失败教训要及时进行总结，建立案例库并不断予以充实 （3）鼓励、组织部门员工定期对工作进行总结，重点分析工作失误的原因，适时交流有关信息，以利资源共享与相互启发，促进信息增值

（续表）

序号	项目		测评标准
4	资源的有效利用	信息的搜集与提供	根据相关部门的需求，搜集、选择并处理所需信息，按所需格式及时予以提供，以利于相关部门进行决策参考 （1）明确上级主管和相关部门所需的信息及相关要求，在允许的范围内搜集并准确记录 （2）分析、筛选所搜集信息，使其准确并与规定的需要有关，按要求的格式在商定的时限内向有关部门提供所需信息并归档 （3）确保信息的安全和保密 （4）当不能在规定的期限内完成信息搜集工作时，应及时通知相关人员
5	职业素养与工作态度	职业素养	要不断提升与自己任职岗位相适应的职业素质与技能，不断修炼自己的人际理解与管理能力；增强工作的责任意识与服务意识，以职业化的标准严格规范自己的行为 （1）严格自律、以身作则，严格执行公司的各项政策与流程规定；能身体力行地贯彻公司文化与各项制度要求，以模范的行为表现影响员工，在员工中起模范带头作用，做员工表率 （2）团结同事，以包容心、同情心、平常心和自信心去接受并鼓励他人提出批评和不同意见，善于团结不同意见的人甚至是反对过自己的人去共同实现公司的目标 （3）以职业化的标准严格规范自己的行为；遵守社会道德和同业的职业道德，不损公利己，保守公司机密，不传播不利于公司的言论；生活作风自律，自觉塑造个人形象、维护公司形象
		工作态度	以公司利益为重，热爱本职工作，身体力行地贯彻公司文化与各项制度要求，保持积极心态，不断学习、进取，以模范的行为表现影响员工 （1）有较强的责任意识与服务意识，以结果为导向，脚踏实地、一丝不苟地做好本职工作；坚持原则，勇于承担责任 （2）热爱本职工作，在工作中始终保持积极向上的精神状态，以积极的心态面对压力、困难和挫折 （3）不断进行自我批评和自我超越，不断进取

第二部分

绩 效 考 核

章前导语：

绩效考核是工作行为的测量过程，即用过去制定的标准来比较工作绩效的记录以及将绩效考核的结果反馈给员工的过程，同时绩效考核也是对员工的绩效进行识别、测评和开发的过程。

第一章　绩效考核KPI指标

KPI（Key Performance Indicator）即关键绩效指标，来自美国哈佛商学院教授罗伯·柯普朗（Robert S.Kaplan）和管理大师戴维·诺顿（David P.Norton）的“平衡计分卡”（The Balanced Scorecard）体系。它主要是对各部门（流程）的工作绩效特征进行分析，提炼出最能代表绩效的若干关键指标。以下就各个管理模块提供一些常见的绩效KPI指标，物业公司的管理者可以结合本企业的实际情况加以选择应用。

一、市场拓展部绩效KPI指标

市场拓展部绩效KPI指标如下表所示。

市场拓展部绩效KPI指标

序号	考核指标	数据提供	指标说明
1	新增物业项目数	市场拓展部	$\frac{\text{增加新项目数}}{\text{计划新增项目数}} \times 100\%$
2	品牌认识度	市场拓展部	$\frac{\text{受访的认知人数}}{\text{受访总人数}} \times 100\%$
3	销售费用控制率	市场拓展部	$\frac{\text{销售费用总额}}{\text{收入总额}} \times 100\%$
4	物业管理委托项目调研完成率	市场拓展部	$\frac{\text{已完成的调研项目数}}{\text{物业管理委托项目数}} \times 100\%$
5	调研报告	市场拓展部	保证形成调研书面文件，利于以后对调研工作中不足的地方进行改进，同时也利于以后将工作开展的相关建议送至相关部门
6	合同、管理方案、投标书	市场拓展部	保证符合公司规定，能为企业赢得项目
7	合同评审及时率	市场拓展部	$\frac{\text{已评审的合同}}{\text{合同总数}} \times 100\%$

（续表）

序号	考核指标	数据提供	指标说明
8	重大经营推广活动效果	市场拓展部	效果明显，品牌知名度提升，产品销售额有一定上升
9	市场拓展投入产出比	市场拓展部、财务部	$\frac{\text{市场拓展销售费用}}{\text{销售额}}\times 100\%$
10	市场竞争比率	市场拓展部	$\frac{\text{实际销售额（项目数）}}{\text{主要竞争对手销售额（项目数）}}\times 100\%$

二、物业咨询部绩效KPI指标

物业咨询部绩效KPI指标如下表所示。

物业咨询部绩效KPI指标

序号	考核指标	数据提供	指标说明
1	客户满意率	质量部	$\frac{\text{满意项目数}}{\text{实际调查项目总数}}\times 100\%$
2	咨询费用收取率	财务部	$\frac{\text{已收取咨询费}}{\text{实际咨询费总数}}\times 100\%$
3	咨询合同目标完成率	咨询部	$\frac{\text{已完成咨询合同}}{\text{总的咨询合同数}}\times 100\%$
4	项目进展情况跟踪	咨询部	保证及时跟踪，并制作完整的“项目进展情况跟踪报告”
5	咨询资源库的整理、归纳	咨询部	保证将各个顾问项目的咨询经验知识收集整理并充实到公司的咨询资源库中
6	共享资源的分类和调度	咨询部	库存资源能够迅速准确、合理科学地为顾问项目所利用，发挥最大效用
7	提交给项目客户的方案、建议等顾问文件	咨询部	应以客观事实为依据，保证其合理性、可操作性和有效性
8	顾问文件的准确性和有效性	咨询部	保证文件有统一格式的文件编号和落款，并经相关审批责任人签字
9	项目回访率	咨询部、客服部	$\frac{\text{回访的项目数}}{\text{咨询项目总数}}\times 100\%$

三、物业管理处绩效KPI指标

物业管理处绩效KPI指标如下表所示。

物业管理处绩效KPI指标

序号	考核指标	数据提供	指标说明
1	物业管理费月度收缴率	管理处、财务部	$\frac{\text{每月实收管理费金额}}{\text{应收管理费金额}}\times 100\%$
2	有效投诉处理及时率	管理处、客服部	$\frac{\text{每月有效投诉宗数}-\text{超时处理投诉宗数}}{\text{每月有效投诉宗数}}\times 100\%$
3	影响电梯正常运行的故障率	管理处、工程部	$\frac{\text{每月出现故障的次数}}{\text{园区电梯台数}}\times 100\%$
4	非预期性的停水、停电次数	管理处、工程部	确保物业辖区内水电方面的管理正常，不影响物业使用人的正常使用
5	重大安全、消防责任事故	管理处、工程部	“重大安全责任事故”是指以下几种情况： • 失职或玩忽职守引发的火灾和水浸 • 失职或玩忽职守引发刑事案件和重大治安、交通事故 • 员工工作中的违规操作引发的重大事故
6	房屋、设备、设施保养及时率	管理处、工程部	$1-\frac{\text{未按计划完成的维保项次}}{\text{按计划应完成的维保项次}}\times 100\%$
7	房屋、设备设施及时报修率	管理处、工程部	$\frac{\text{按时报修项数}}{\text{故障总项数}}\times 100\%$
8	房屋、设备、设施及时修复率	管理处、工程部	$\frac{\text{按时修复项数}}{\text{报修总项数}}\times 100\%$
9	房屋、设备、设施修复合格率	管理处、工程部	$\frac{\text{回访（反馈）合格次数}}{\text{报修回访（反馈）总次数}}\times 100\%$
10	设备、设施完好率	管理处、工程部	• $\frac{\text{强电设备完好项数}}{\text{强电设备总项数}}\times 100\%$ • $\frac{\text{弱电设备（含电梯）完好项数}}{\text{弱电设备（含电梯）总项数}}\times 100\%$ • $\frac{\text{空调设备完好项数}}{\text{空调设备总项数}}\times 100\%$ • $\frac{\text{给排水设备完好项数}}{\text{给排水设备总项数}}\times 100\%$

（续表）

序号	考核指标	数据提供	指标说明
11	突发事件正确处理率	管理处、相关部门	$1-\frac{\text{未能正确处理的突发事件次数}}{\text{考核期突发事件总次数}}\times 100\%$
12	环境保洁合格率	管理处、环境部	$1-\frac{\Sigma\text{不合格规定分值}}{100}\times 100\%$
13	装修施工管理有效率	管理处、客服部	$\frac{\text{有效监管项目项次}}{\text{施工监管项目总项次}}\times 100\%$
14	业主投诉处理及时率	管理处、客服部	$1-\frac{\text{未及时处理的业主投诉次数}}{\text{考核期业主投诉总次数}}\times 100\%$
15	技术员工上岗持证率	管理处、人力资源部	$\frac{\text{持岗位有效证书的技术工人数}}{\text{技术工人总数}}\times 100\%$
16	服务质量合格率	管理处、质量部	$1-\frac{\Sigma\text{不合格规定分值}}{100}\times 100\%$
17	部门费用预算达成率	管理处、财务部	$\frac{\text{部门管理费用支出}}{\text{部门管理费用预算}}\times 100\%$

四、工程管理部绩效KPI指标

工程管理部绩效KPI指标如下表所示。

工程管理部绩效KPI指标

序号	考核指标	数据提供	指标说明
1	设施设备检修计划完成率	工程管理部	$\frac{\text{设施设备实际检修数}}{\text{设施设备计划检修数}}\times 100\%$
2	特种设备保养计划完成率	工程管理部	$\frac{\text{特种设备实际保养数}}{\text{特种设备计划保养数}}\times 100\%$
3	零修急修及时率	工程管理部	$\frac{\text{时限内完成的零修急修数}}{\text{零修急修总数}}\times 100\%$
4	公共设施完好率	工程管理部	$\frac{\text{公共设备完好数}}{\text{公共设施总数}}\times 100\%$
5	维修质量合格率	工程管理部	$\frac{\text{质量合格的维修单数}}{\text{总维修单数}}\times 100\%$

（续表）

序号	考核指标	数据提供	指标说明
6	机电设备完好率	工程管理部	$\frac{\text{机电设备完好数}}{\text{机电设备总数}}\times100\%$
7	业主、用户对工程服务和设备保养综合满意率	客户服务部	$\frac{\text{回收调查问卷张数}\times\text{每张表中对工程服务和设备保养项数}-\text{不满意项数之和}}{\text{回收调查表张数}\times\text{每张表中对工程服务和设备保养项数}}\times100\%$
8	维修及时率	客户服务部	$\frac{\text{及时维修次数}}{\text{报修总次数}}\times100\%$
9	月有效报修处理及时率	客户服务部	$\frac{\text{每月有效报修宗数}-\text{超时处理宗数}}{\text{每月有效报修宗数}}\times100\%$
10	月维修返修率	客户服务部	$\frac{\text{业户要求返修宗数}}{\text{每月户内有偿维修宗数}}\times100\%$
11	影响电梯正常运行的故障率	工程管理部	$\frac{\text{每月出现故障的次数}}{\text{园区电梯台数}}\times100\%$
12	非预期性的停水停电次数	工程管理部	确保物业辖区内水电方面的管理正常，不影响物业使用人的正常使用
13	年度设备设施保养计划执行率	工程管理部	$\frac{\text{年度设备设施保养计划项数}\times\text{次数}-\text{未完成保养项数}\times\text{次数}}{\text{年度设备设施保养计划项数}\times\text{次数}}\times100\%$
14	年消防设施完好率	工程管理部	$\frac{\text{消防设施数量}-\text{不合格服务评审发现数量}}{\text{消防设施数量}}\times100\%$
15	部门员工入职培训达标率	工程管理部	$\frac{\text{新入职员工人数}-\text{未参加入职培训人数}}{\text{新入职员工人数}}\times100\%$
16	发电机发电率	工程管理部	$\frac{\text{每年停电发电次数}}{\text{年停电次数}}\times100\%$
17	工程档案资料完整性	工程管理部、客服部	保证工程档案及时归档、分类保管，利于物业的日常管理
18	楼宇接管验收的各项资料	工程管理部、客服部	保证楼宇接管验收的各项资料及时归档、分类保管，利于物业的日常管理
19	业主、用户的楼宇的装修管理、指导	工程管理部、客服部	保证按楼宇的特征来装饰，保证没有违建和投诉产生

五、安全管理部（秩序护卫部）绩效KPI指标

安全管理部（秩序护卫部）绩效KPI指标如下表所示。

安全管理部（秩序护卫部）绩效KPI指标

序号	考核指标	数据提供	指标说明
1	消防安全设施完好率	秩序护卫部	$\frac{\text{消防安全设施完好数}}{\text{辖区消防设施总数}}\times 100\%$
2	消防报警系统完好率	工程部	$\frac{\text{消防报警系统完好数}}{\text{消防报警系统总数}}\times 100\%$
3	消防安全事故发生率	秩序护卫部	消防安全事故发生率通过辖区内消防安全事故发生次数进行评价
4	机动车辆丢失率	秩序护卫部	机动车辆丢失率通过辖区内机动车辆丢失数量进行评价
5	治安案件发生率	秩序护卫部	$\frac{\text{治安案件发生数}}{\text{辖区总户数}}\times 100\%$
6	停车费按时收缴率	秩序护卫部	$\frac{\text{停车费实际收缴额}}{\text{停车费应收额}}\times 100\%$
7	业主对秩序管理的满意率	客户服务部	$\frac{\text{回收调查问卷张数}\times\text{每张表保安服务项数}-\text{不满意项数之和}}{\text{回收调查表张数}\times\text{每张表保安服务项数}}\times 100\%$
8	年车辆管理费用收缴完成率	财务部	$\frac{\text{年度车辆管理费用实收缴总金额}}{\text{年度车辆管理费用应收缴总金额}}\times 100\%$
9	重大安全、消防责任事故次数	秩序护卫部	确保没有重大安全、消防责任事故发生
10	轻微责任的治安案件	秩序护卫部	确保物业辖区的治安安全，尽量减少治安案件的发生
11	园区年度一般火灾（损失价值在500～5000元）的发生次数	秩序护卫部	确保物业辖区的消防安全，保证无火灾发生
12	全年治安、消防培训、演练计划实施率	秩序护卫部	$\frac{\text{年度治安、消防培训（演练）实施项数}}{\text{年度治安、消防培训（演练）计划项数}}\times 100\%$
13	24小时巡逻的到位率	秩序护卫部	$\frac{\text{巡逻的到位数}}{\text{总的巡逻次数}}\times 100\%$

（续表）

序号	考核指标	数据提供	指标说明
14	重点部位巡查次数达到1次／天	秩序护卫部	确保重点部位的安全
15	突发事件处理及时率	秩序护卫部	$\frac{\text{突发事件处理及时数}}{\text{突发事件总数}} \times 100\%$
16	案件侦破率	秩序护卫部	$\frac{\text{案件侦破数}}{\text{总的案件数}} \times 100\%$
17	重大活动意外事件发生率	秩序护卫部	$\frac{\text{意外事件发生次数}}{\text{总的重大活动数}} \times 100\%$
18	治安档案完整率	秩序护卫部	$\frac{\text{治安档案完整数}}{\text{总的治安档案数}} \times 100\%$
19	护卫员入职培训达标率	人力资源部	$\frac{\text{新入职员工人数}-\text{未参加入职培训人数}}{\text{新入职员工人数}} \times 100\%$
20	护卫员全年培训计划实施率	人力资源部	$\frac{\text{年度培训实施项数}}{\text{年度培训计划项数}} \times 100\%$
21	护卫队伍建设，员工流失率	人力资源部	确保队伍人员齐、素质高，招聘、辞退手续齐全

六、环境管理部绩效KPI指标

环境管理部绩效KPI指标如下表所示。

环境管理部绩效KPI指标

序号	考核指标	数据提供	指标说明
1	绿化计划完成率	环境管理部	$\frac{\text{实际完成的绿化面积}}{\text{计划完成的绿化面积}} \times 100\%$
2	保洁达标率	环境管理部	$\frac{\text{保洁达标面积}}{\text{保洁总面积}} \times 100\%$
3	绿化完好率	环境管理部	$\frac{\text{绿化完好面积}}{\text{绿化总面积}} \times 100\%$
4	垃圾清运及时率	环境管理部	$\frac{\text{每月垃圾清运的总次数}-\text{未按时清运次数}}{\text{每月垃圾清运的总次数}} \times 100\%$

（续表）

序号	考核指标	数据提供	指标说明
5	保洁费用预算达成率	财务部	$\frac{实际保洁费用支出}{保洁费用预算}\times 100\%$
6	绿化费用预算达成率	财务部	$\frac{实际绿化费用支出}{绿化费用预算}\times 100\%$
7	园区绿化面积裸露率	环境管理部	$\frac{实地测量裸露面积}{应绿化面积}\times 100\%$
8	业主对园区环境绿化、保洁服务质量的综合满意率	客户服务部	$\frac{回收调查问卷张数\times 每张表绿化、保洁服务项数-不满意项数之和}{回收调查问卷张数\times 每张表绿化、保洁服务项数}\times 100\%$
9	年消杀服务质量合格率	环境管理部	$\frac{年消杀服务次数\times 项数-不合格项数之和}{年消杀服务次数\times 项数}\times 100\%$
10	化粪池、雨水井、污水井完好率	环境管理部	$1-\frac{化粪池、雨水井、污水井不完好数}{化粪池、雨水井、污水井总数}\times 100\%$
11	排水管、明暗沟完好率	环境管理部	$1-\frac{排水管、明暗沟不完好数}{排水管、明暗沟总数}\times 100\%$
12	公共文体设施、休息设施及小区雕塑完好率	环境管理部	$1-\frac{公共文体设施、休息设施及小区雕塑不完好数}{公共文体设施、休息设施及小区雕塑总数}\times 100\%$
13	绿化工、保洁工入职培训达标率	人力资源部	$\frac{新入职员工人数-未参加入职培训人数}{新入职员工人数}\times 100\%$

七、客户服务部绩效KPI指标

客户服务部绩效KPI指标如下表所示。

客户服务部绩效KPI指标

序号	考核指标	数据提供	指标说明
1	业主对客户服务部的综合满意率	质量部	$\frac{回收调查问卷张数\times 每张表中对客服部项数-不满意项数之和}{回收调查问卷张数\times 每张表中对客服部项数}\times 100\%$

（续表）

序号	考核指标	数据提供	指标说明
2	有效投诉处理及时率	客服部	$\frac{\text{每月有效投诉宗数}-\text{超时处理投诉宗数}}{\text{每月有效投诉宗数}}\times 100\%$
3	每月有效投诉回访率	客服部	$\frac{\text{每月有效投诉宗数}-\text{未回访有效投诉宗数}}{\text{每月有效投诉宗数}}\times 100\%$
4	业主档案完好率	客服部	$\frac{\text{业主档案总份数}-\text{遗失（损坏）份数}}{\text{业户档案总份数}}\times 100\%$
5	装修手续的办理率	客服部	$\frac{\text{已办理装修手续的户数}}{\text{装修的总户数}}\times 100\%$
6	各项物业管理费用收取完成率	客服部、财务部	$\frac{\text{已收取的管理费}}{\text{应收取的管理费总数}}\times 100\%$
7	装修投诉率	客服部	$\frac{\text{装修投诉户数}}{\text{装修的总户数}}\times 100\%$

八、质量部绩效KPI指标

质量部绩效KPI指标如下表所示。

质量部绩效KPI指标

序号	考核指标	数据提供	指标说明
1	督导工作记录准确率	质量部	$\frac{\text{督导工作记录总件数}-\text{错误记录件数}}{\text{每月督导工作记录总件数}}\times 100\%$
2	热线、信件的投诉处理及时率	质量部、客服部	$\frac{\text{每月有效投诉宗数}-\text{超时处理投诉宗数}}{\text{每月有效投诉宗数}}\times 100\%$
3	热线、信件的投诉回访满意率	质量部、客服部	$\frac{\text{每月有效投诉回访满意的宗数}-\text{不满意投诉的宗数}}{\text{每月有效投诉宗数}}\times 100\%$
4	服务标准执行情况的督导	质量部、管理处	确保日常督导严格、准确
5	业主满意度调查	质量部、客服部	保证按规定频次、时间进行调查，并对调查结果进行统计分析，能发现问题，并提出改进建议

（续表）

序号	考核指标	数据提供	指标说明
6	ISO内部审核计划完成率	质量部	$\frac{\text{已完成的内审次数}}{\text{计划的内审次数}} \times 100\%$
7	质量体系文件编写合格率	质量部	$\frac{\text{合格的质量体系文件数}}{\text{质量体系文件总数}} \times 100\%$
8	质量体系文件修订及时率	质量部	$\frac{\text{及时修订的质量体系文件数}}{\text{应修订的质量体系文件总数}} \times 100\%$
9	质量体系推行工作按计划完成情况	质量部	保证管理体系的建立和不断完善，符合ISO 9000、ISO 14001、OHSAS 18001标准要求
10	质量体系文件归档及时率	质量部	$\frac{\text{质量体系文件及时归档数}}{\text{体系文件总数}} \times 100\%$

九、财务部绩效KPI指标

财务部绩效KPI指标如下表所示。

财务部绩效KPI指标

序号	考核指标	数据提供	指标说明
1	结算延迟天数	财务部、相关部门	考核财务部财务结算时效和日常单据处理的能力，结算延迟天数以规定的结算完成日计算
2	支出审核失误率	审计部	$\frac{\text{不当支出金额}}{\text{支出总额}} \times 100\%$
3	资金调度达成率	财务部	$\frac{\text{资金调度完成金额}}{\text{经核准的资金需求总额}} \times 100\%$
4	财务数据及时、准确反馈率	财务部	$\frac{\text{及时、准确反馈数据次数}}{\text{反馈总次数}} \times 100\%$
5	财务分析报告完成率	财务部	$\frac{\text{已完成报告的数量}}{\text{每季度应完成的报告数量}} \times 100\%$
6	会计业务电子化率	财务部	$\frac{\text{已用的电子化会计业务种类}}{\text{会计业务种类之和}} \times 100\%$
7	计划预算控制完成率	财务部、各部门	$1-\frac{\text{计划预算超支部门数}}{\text{部门总数}} \times 100\%$

（续表）

序号	考核指标	数据提供	指标说明
8	资金筹措落实到位及时率	财务部	$\frac{\text{根据规定制度和流程资金按时到位的次数}}{\text{根据规定制度和流程资金应按时到位的总次数}} \times 100\%$
9	收款计划完成率（应收账款降低率）	财务部	$1-\frac{\text{考核期应收账款余额}}{\text{期初应收账款余额}} \times 100\%$
10	现金净流量完成率（库存资金降低率）	财务部	$\frac{\text{全年营运资金总流入}-\text{全年营运资金总流出}}{\text{年度利润总额}} \times 100\%$
11	提供财务数据和分析报告	财务部	要及时、准确、完整地提供
12	费用预算计划控制率	财务部	$\frac{\text{报告期实际费用支出}}{\text{报告期计划费用额}} \times 100\%$
13	报表的及时性	财务部	确保报表汇总及时
14	月成本统计准确率	财务部	$\frac{\text{统计出错次数}}{\text{统计总次数}} \times 100\%$
15	对各管理处财务进行内部审计	财务部、管理处	保证及时审计，保证下属管理处财务状况的合法性、真实性和完整性
16	了解各管理处收支情况，并及时编制报表向公司领导报告	财务部、管理处	保证及时了解收支情况，保证会计报表每一要素的真实性、完整性和合法性
17	新接物业项目的成本测算	财务部、相关部门	协助相关部门进行准确的核算，确保新接项目有一定的利润空间
18	参与重要合同的评审工作	财务部、相关部门	从财务的角度保证合同的合法性、真实性

十、行政部绩效KPI指标

行政部绩效KPI指标如下表所示。

行政部绩效KPI指标

序号	考核指标	数据提供	指标说明
1	每月外发公文偏差率	行政部、相关部门	$\frac{\text{不合格公文件数}}{\text{每月外发公文的总件数}} \times 100\%$

（续表）

序号	考核指标	数据提供	指标说明
2	内部刊物发布信息的重大过失次数	行政部、相关部门	确保内部刊物所发布信息的准确度
3	内部刊物每期文字差错率	行政部、相关部门	$\frac{\text{每期文字差错数（含标点符号）}}{\text{每期文字总数（含标点符号）}}\times 100\%$
4	每月社区文化活动计划实施率	行政部、各管理处	$\frac{\text{每月社区文化活动计划项数}-\text{未实施项数}}{\text{每月社区文化活动计划项数}}\times 100\%$
5	各类合同、文件的保存、归档、管理	行政部、相关部门	保证合同、文件按公司规定及时归档管理
6	公司的各类通知、通报等文件	行政部、相关部门	保证各类通知、通报文件及时下发
7	材料打印合格率	行政部	$\frac{\text{打印合格的材料数}}{\text{已打印的材料总数}}\times 100\%$
8	材料打印满意程度	行政部	$\frac{\text{打印满意的材料数}}{\text{已打印的材料总数}}\times 100\%$
9	打印材料的及时率	行政部	$\frac{\text{及时打印的材料数}}{\text{应打印的材料总数}}\times 100\%$
10	文件立卷、归档达标率	行政部	$\frac{\text{立卷、归档的文件数}}{\text{应立卷、归档的文件总数}}\times 100\%$
11	材料收发及时率	行政部、相关部门	$\frac{\text{收发及时的材料数}}{\text{应收发的材料总数}}\times 100\%$
12	办理公司、非法人分支机构营业执照申办、换发、年审、变更、注销等业务及时性	行政部、相关部门	保证各种证照及时办理，不影响营运
13	各类会议组织安排的效率	行政部、相关部门	保证会议高效，不浪费会议时间
14	督导检查会议落实情况的及时性	行政部、相关部门	保证及时检查，将工作落到实处
15	接待公务来访	行政部、相关部门	保证符合接待规格及费用要求
16	行政车辆管理	行政部、相关部门	保证合理地安排行政车辆，不浪费人力、物力

十一、人力资源部绩效KPI指标

人力资源部绩效KPI指标如下表所示。

人力资源部绩效KPI指标

序号	考核指标	数据提供	指标说明
1	员工自然流动率	人力资源部、各部门	$\frac{离职人数}{在编的平均人数}\times 100\%$
2	人员需求达成率	人力资源部、各部门	$\frac{经试用合格人数}{需求人数}\times 100\%$
3	培训计划达成率	人力资源部、各部门	$\frac{培训计划执行总时数}{培训计划总时数}\times 100\%$
4	员工内部流动率	人力资源部	$\frac{实际流动的内部职工人数}{计划流动人数}\times 100\%$
5	要职要员考察计划完成率	人力资源部	$\frac{已考核要职要员数}{计划考核数}\times 100\%$
6	员工职业生涯规划完成率	人力资源部	$\frac{已设计的职业生涯的员工数量}{计划需进行职业生涯规划的员工总数}\times 100\%$
7	薪资总量预算安排达成率	人力资源部	$\frac{实际发生成本}{计划成本}\times 100\%$
8	招聘费用预算达成率	人力资源部	$\frac{实际发生费用}{计划费用}\times 100\%$
9	培训费用预算达成率	人力资源部	$\frac{实际发生费用}{计划费用}\times 100\%$
10	员工工资发放出错率	人力资源部	• $\frac{错误发放的工资次数}{发放的工资次数}\times 100\%$ • $\frac{错误发放的人数}{发放的工资人数}\times 100\%$
11	员工绩效计划的按时完成率	人力资源部	$\frac{按时完成的绩效考核数}{绩效考核总数}\times 100\%$
12	员工绩效考核申诉处理及时率	人力资源部	$\frac{按时完成的考核申诉数}{考核申诉的总数}\times 100\%$

（续表）

序号	考核指标	数据提供	指标说明
13	招聘空缺职位所需的平均天数	人力资源部	$\frac{\text{空缺职位总数}}{\text{招聘空缺职位所用的总天数}}$
14	人员编制控制率	人力资源部	$\frac{\text{实际人数}}{\text{计划编制人数}}\times 100\%$
15	员工四险一金办理的及时性和计算出错率	人力资源部	• $\frac{\text{错误办理的福利次数}}{\text{办理的福利次数}}\times 100\%$ • $\frac{\text{错误办理的人数}}{\text{办理的工资人数}}\times 100\%$ • $\frac{\text{按时完成的人数}}{\text{应办理的总人数}}\times 100\%$
16	公司员工培训完成率	人力资源部	$\frac{\text{按时完成的培训数量}}{\text{培训计划总量}}\times 100\%$
17	员工对培训的满意度	人力资源部	对员工进行培训满意度调查的算术平均值
18	劳动合同签订率	人力资源部	$\frac{\text{已签订劳动合同的员工}}{\text{应签订劳动合同的员工}}\times 100\%$
19	员工入（离）职手续的办理及时率	人力资源部	$1-\frac{\text{员工实际办理入（离）职时间}-\text{员工应按规定办理入（离）职时间}}{\text{员工应按规定办理入（离）职时间}}\times 100\%$
20	人才档案的完整性及数据更新的及时性	人力资源部	$\frac{\text{已归档人数}}{\text{应归档人数}}\times 100\%$
21	部门培训完成率	人力资源部	$\frac{\text{部门培训实际完成情况}}{\text{计划完成量}}\times 100\%$
22	部门员工培训参加率	人力资源部	$\frac{\text{实际参加培训数量}}{\text{应参加培训总量}}\times 100\%$

第二章 市场拓展部绩效考核表

一、市场拓展部经理绩效考核表

市场拓展部经理绩效考核如下表所示。

市场拓展部经理绩效考核表

考评类别：□月度 □年度 □调薪 □转正 □晋职　　　　考评日期：

<table>
<tr><td>岗位</td><td colspan="2">市场拓展部经理</td><td colspan="2">在岗人员</td><td></td></tr>
<tr><td colspan="6">岗位职责</td></tr>
<tr><td colspan="6">1．制订公司年度物业拓展工作计划与目标并实施
2．研究业内同行的物业管理市场拓展情况；利用多种途径了解全国物业管理市场的发展状况并加以分析
3．指导本部门员工根据项目的具体情况编写各类物业管理方案及合同书的编写
4．全面了解跟进在谈项目的具体情况，尽量掌握项目竞争对手的情况，特别是文本中关键细节的定位
5．项目恰谈进展到成熟时期，组织召集公司有关人员合同评审；根据合同评审结果完善合同内容并报请有关领导审批
6．对本部门职员进行入职指引，对本部门对口的业务负责组织编写教材并实施培训
7．建立有效的工作团队
8．召开部门例会，传达上级指示，部署工作任务，制订部门计划
9．掌管部门公章，签发所有本部门发放的文件
10．积极发展对外联系渠道并保持渠道畅通；公司对外形象的传播
11．掌握部门职员出勤情况，审核本部门职员请假</td></tr>
<tr><td colspan="6">岗位关键绩效指标</td></tr>
<tr><td>序号</td><td>考核指标</td><td>基本目标</td><td>分值</td><td>完成情况</td><td>考核分数</td></tr>
<tr><td>1</td><td>计划与目标达成率</td><td>完成公司下达的市场拓展目标：______个项目，______元</td><td>30分</td><td></td><td></td></tr>
<tr><td>2</td><td>市场拓展方案可行性</td><td>可行性强</td><td>10分</td><td></td><td></td></tr>
</table>

（续表）

序号	考核指标	基本目标	分值	完成情况	考核分数
3	合同管理	合同编写无差错，合同评审及时，未出现因合同原因造成的重大损失	10分		
4	项目跟进	项目的具体情况非常清楚，跟进记录完整	10分		
5	公共关系维护	主动与相关开发商建立良好关系	8分		
6	培训	100%按公司计划开展培训，达到预期的培训效果	8分		
7	工作团队建设，核心员工流失率	工作团队凝聚力强，核心员工流失率＜____%	8分		
8	有效的流程和制度得到实施的百分率	100%	8分		
9	对下属绩效考核	及时、公平、公正，做好业绩沟通	8分		
综合考评分值					
主要成绩、缺点及改进建议：			直接领导人： 人力资源部负责人： 审批：		

二、市场拓展专员绩效考核表

市场拓展专员绩效考核如下表所示。

市场拓展专员绩效考核表

考评类别：□月度　□年度　□调薪　□转正　□晋职　　　　考评日期：

岗位	市场拓展专员	在岗人员	
岗位职责			
1．负责制订部门年、月度物业拓展工作计划 2．根据公司市场拓展目标不断开拓新市场 3．根据不同类型的物业特点，及时编制物业管理全委（顾问）计划书、物业管理全委（顾问）合同书 4．项目跟进：全面了解跟进在谈项目的具体情况；尽量掌握项目竞争对手的情况，特别是文本中关键细节的定位			

（续表）

5．项目恰谈进展到成熟时期，立即召集公司有关人员进行物业管理委托合同评审；根据合同评审结果完善合同内容并报请有关领导审批 6．研究业内同行的物业管理市场拓展情况；利用多种途径了解全国物业管理市场的发展状况并加以分析 7．积极发展对外联系渠道并保持渠道畅通、公司对外形象的传播					
岗位关键绩效指标					
序号	考核指标	基本目标	分值	完成情况	考核分数
1	市场拓展目标达成率	完成公司下达的市场拓展目标：______个项目，______元	30分		
2	拓展业务文件编写	及时、准确，文件规范，符合公司要求	15分		
3	项目跟进	及时、全面，项目的具体情况非常清楚，跟进记录完全	15分		
4	合同评审	及时，按规定程序进行	10分		
5	市场调研	积极开展调查，提出的市场拓展方案可行性强	10分		
6	参加培训	100%参加公司安排的各项培训，并能运用于工作中	10分		
7	公共关系	主动与相关开发商建立良好的关系	10分		
综合考评分值					
主要成绩、缺点及改进建议：			直接领导人： 人力资源部负责人： 审批：		

三、市场拓展文员绩效考核表

市场拓展文员绩效考核如下页表所示。

市场拓展文员绩效考核表

考评类别：□月度 □年度 □调薪 □转正 □晋职　　　　考评日期：

<table>
<tr><td>岗位</td><td colspan="2">市场拓展文员</td><td colspan="2">在岗人员</td><td></td></tr>
<tr><td colspan="6">岗位职责</td></tr>
<tr><td colspan="6">1．根据公司市场拓展目标不断开拓新市场
2．通过多种方式积极跟进在谈项目
3．客户档案的建立与维护
4．与发展商的定期联系
5．合同评审的准备工作
6．物业管理项目的接洽和联系，以及相关资料的收集整理
7．协助主管编制物业管理方案和计划书
8．协助主管制订部门年、月度物业拓展工作计划</td></tr>
<tr><td colspan="6">岗位关键绩效指标</td></tr>
<tr><td>序号</td><td>考核指标</td><td>基本目标</td><td>分值</td><td>完成情况</td><td>考核分数</td></tr>
<tr><td>1</td><td>合同评审工作的准备及时性</td><td>在规定日期内制订、汇总计划</td><td>15分</td><td></td><td></td></tr>
<tr><td>2</td><td>物业管理项目资料的收集及时性</td><td>积极收集，并100%地分类归档，易查找</td><td>15分</td><td></td><td></td></tr>
<tr><td>3</td><td>客户档案管理的方便性</td><td>一户一档，易查找，便于利用</td><td>15分</td><td></td><td></td></tr>
<tr><td>4</td><td>培训计划与工作的组织</td><td>能满足市场专员相关培训要求</td><td>15分</td><td></td><td></td></tr>
<tr><td>5</td><td>物业拓展方案、文件的校对</td><td>准确，文字校对差错率＜3%</td><td>15分</td><td></td><td></td></tr>
<tr><td>6</td><td>日常客户电话接听及来访接待</td><td>及时转达，妥善处理，无因失职而使客户流失的情况</td><td>15分</td><td></td><td></td></tr>
<tr><td>7</td><td>与开发商联系</td><td>定期联系，关系良好</td><td>10分</td><td></td><td></td></tr>
<tr><td colspan="3">综合考评分值</td><td colspan="3"></td></tr>
<tr><td colspan="3">主要成绩、缺点及改进建议：</td><td colspan="3">直接领导人：
人力资源部负责人：
审批：</td></tr>
</table>

第三章　物业咨询部绩效考核表

一、物业咨询部经理绩效考核表

物业咨询部经理绩效考核如下表所示。

物业咨询部经理绩效考核表

考评类别：□月度　□年度　□调薪　□转正　□晋职　　　　　考评日期：

岗位	物业咨询部经理	在岗人员	
岗位职责			
1．根据各项目总体计划和阶段计划，制订公司物业咨询部全年度工作计划与目标，并对每一个项目进行总结，并形成总结报告 2．研究同行的物业管理市场发展情况以及业界物业管理咨询业的发展情况；密切留意客户需求的变化，提供客户分析建议 3．指导并组织项目物业咨询师根据项目的具体情况以及项目调研情况进行整体诊断，编写各类物业管理咨询方案 4．方案确定与实施：指导形成项目推进小组以及确定咨询方案，明确实施计划和阶段性工作目标 5．全面了解实施咨询项目的具体情况；尽量掌握项目运作难点以及客户需求的变化；对关键文本及计划的实施进行审批；组织公司共享资源服务项目运作（前期介入、培训等）；组织进行项目回访工作，对项目顾问工作进行绩效评估调查 6．对本部门职员进行入职指引，组织本部门职员针对咨询业务编写或选购教材并实施培训，对物业咨询师进行技能和知识提升培训 7．做好与项目客户的公关活动，建立持久的合作伙伴关系 8．召开部门例会，传达上级指示，部署工作任务，制订部门计划 9．强调环境保护，确保职员职业安全卫生，识别咨询服务和项目管理过程的危险源，并制订相关工作计划和具体实施措施 10．掌管部门公章，签发所有本部门发放的文件 11．整理、丰富公司管理咨询资源，并进行管理和利用 12．指导项目经理专项物业咨询师进行ISO 9000质量管理体系认证及创优工作 13．积极发展对外联系渠道并保持渠道畅通，配合发展研究室及市场拓展部促进公司对外形象的传播 14．掌握部门职员出勤情况，按规定批准职员请假			

（续表）

岗位关键绩效指标					
序号	考核指标	基本目标	分值	完成情况	考核分数
1	客户满意率	＞____%	20分		
2	咨询费用收取率	＞____%	20分		
3	咨询合同目标完成率	＞____%	20分		
4	项目进展情况跟踪	跟踪及时，有跟踪记录，有问题时能及时处理	10分		
5	共享资源的管理	资料及时归档，使用时有相关手续的办理	5分		
6	项目回访率	＞____%	10分		
7	工作团队建设，核心员工流失率	工作团队凝聚力强，核心员工流失率＜____%	5分		
8	有效的流程和制度得到实施的百分率	100%	5分		
9	协调沟通	积极主动、及时地与外派咨询师、客户及公司内相关部门沟通	5分		
综合考评分值					
主要成绩、缺点及改进建议：			直接领导人： 人力资源部负责人： 审批：		

二、物业咨询师绩效考核表

物业咨询师绩效考核如下表所示。

物业咨询师绩效考核表

考评类别：□月度 □年度 □调薪 □转正 □晋职　　　　考评日期：

岗位	物业咨询师	在岗人员	
岗位职责			
1．负责制订自己负责项目的总体工作计划和阶段性工作计划，并于项目结束后一个月内完成项目工作总结，每月根据阶段性计划制订月工作计划，并进行总结			

（续表）

2．协助进行项目的企业调查和诊断

3．根据项目进展情况对项目的全面管理提出意见及建议

4．及时将被顾问方的意见及建议与顾问经理沟通，做好协调工作

5．根据合同规定，对推迟付费的项目催款

6．组织被顾问方的员工进行系统的培训

7．帮助被顾问方建立文件化的管理体系及规章制度

8．协助制定物业管理方案

9．帮助制定被顾问方的组织架构

10．协助被顾问方的入住工作

11．在顾问中，进行有关保护环境及职员职业安全卫生知识培训，并在顾问项目客户中形成相关意识，制订相关计划和措施

12．协助对物业咨询人员的内部培训工作开展

13．指导被顾问方的物业管理各项工作

14．整理咨询经验和知识，补充公司管理咨询资源

15．指导顾问客户进行ISO 9000质量管理体系认证

16．指导被顾问方开展创优工作

岗位关键绩效指标					
序号	考核指标	基本目标	分值	完成情况	考核分数
1	咨询项目运作状况	全面了解实施咨询项目的具体情况，适时控制项目运作危机	15分		
2	咨询费用收取率	100%，对方欠款时间不能超过1个月	15分		
3	客户满意率	＞98%	15分		
4	咨询合同目标完成情况	咨询合同目标100%完成	15分		
5	对项目提出意见及建议	意见及建议准确，有记录及评估	10分		
6	对客户的培训工作	有培训计划及记录	10分		
7	共享资源的提供与使用	及时提供咨询工作的经验总结报告	10分		
8	协调沟通	及时将客户的意见及建议与经理沟通，做好协调工作	10分		
综合考评分值					
主要成绩、缺点及改进建议：			直接领导人： 人力资源部负责人： 审批：		

三、咨询项目驻场经理绩效考核表

咨询项目驻场经理绩效考核如下表所示。

咨询项目驻场经理绩效考核表

考评类别：□月度　□年度　□调薪　□转正　□晋职　　　　考评日期：

岗位	咨询项目驻场经理		在岗人员		
岗位职责					
1．认真研读、充分理解并严格执行公司与合作方签订的顾问合同（协议），确保顾问项目达到合同约定的物业管理标准 2．结合当地实际和特点编制《顾问实施计划》并协助被顾问方编制《物业管理方案》，经常与合作方进行沟通并保持良好的合作关系 3．运用公司物业管理优势，指导并协助合作方组建物业管理机构及日常运作，建立一支高水准的管理队伍，使物业管理走向规范化 4．参与顾问项目的日常管理工作，并随时对管理服务工作进行检讨，积极向合作方提交书面合理化建议，书面建议必须编号并同时向被顾问方开发商领导和物业公司领导各递一份，并要求合作方签收 5．对公司经营效益负责，按合同约定的时间、款数回收顾问费用 6．对分管项目管理服务质量和管理水平的提升负责，使被顾问方满意，做好培训、监督检查及相关记录工作，跟踪落实完成情况 7．负责协调内外关系（包括：同发展商的沟通、同当地物业主管部门建立有效联系，处理辖区内重大问题等），并将结果及时反馈给公司，在合作方允许的情况下，尽可能的参加合作方工作例会，掌握项目动态，确保分管项目工作正常运作 8．按合同要求和项目情况完善ISO 9000工作手册，按时提供给被顾问方，并负责监督与实施 9．跟踪落实顾问建议和顾问团每次考察建议的实施情况，对于影响到管理目标而没有实施的问题，应加大力度提请发展商落实，并将结果反馈给公司顾问管理部 10．积极了解当地房地产市场动态，做公司驻当地的房地产信息员，协助公司开拓当地物业市场 11．接受合作方的监督和批评意见，定期向公司顾问管理部和合作方汇报工作进展情况，每月28日前向顾问管理部交下月工作计划和本月工作总结 12．负责对随行驻场顾问人员的管理和考察并传达公司的文件精神，指导督促他们完成管理目标 13．在合同期满时，负责办妥一切交接手续并向公司顾问管理部及合作方提交顾问工作总结报告并交回建议书备份件汇总、领用资料和物品					
岗位关键绩效指标					
序号	考核指标	基本目标	分值	完成情况	考核分数
1	合同执行情况	顾问项目达到合同约定的物业管理标准	20分		

（续表）

序号	考核指标	基本目标	分值	完成情况	考核分数
2	顾问费用回收状况	按合同约定的时间、金额回收	20分		
3	合理化建议	积极向合作方提交书面合理化建议，有编号并同时向被顾问方开发商领导和物业公司领导递交，有合作方的签收	10分		
4	客户满意度	被顾问方对物业服务水平的提升非常满意	15分		
5	信息搜集	积极了解当地房地产市场动态，是公司驻当地顾问中的优秀房地产信息员	10分		
6	内外关系协调	同发展商积极沟通，并同当地物业主管部门建立有效联系，处理辖区内重大问题等	8分		
7	公司的文件精神、目标的传达	及时传达，并督促随行顾问达成目标	8分		
8	对随行驻场顾问人员的管理和考察	及时跟进顾问的工作，做到公平、公正的绩效考核	9分		
综合考评分值					
主要成绩、缺点及改进建议：			直接领导人： 人力资源部负责人： 审批：		

四、机电设备顾问绩效考核表

机电设备顾问绩效考核如下表所示。

机电设备顾问绩效考核表

考评类别：□月度 □年度 □调薪 □转正 □晋职　　　　考评日期：

岗位	机电设备顾问	在岗人员	
岗位职责			
1．负责指导、组织顾问项目工程技术人员对供配电系统、电梯、消防系统、给排水系统、中央空调系统等机电设备的交接验收			

（续表）

2．负责对小区内全部设备设施的维修保养、更新换代等工作的研究、指导和管理工作 3．负责指导顾问项目编制“工程、设备作业指导书”，并有效运行 4．负责顾问项目技改项目的指导工作 5．负责指导监督、检查顾问项目设备安全运行等工作，发现问题及时处理并向顾问经理汇报 6．协助顾问经理完成对管理层和操作层技术人员的培训和考核工作 7．对分管专业的管理服务质量和管理水平的提升负责，做好培训、监督检查及相关记录工作，做到有计划地跟踪落实顾问建议和考察建议的实施情况，并将结果反馈给顾问经理 8．完成顾问经理交办的其他工作					
岗位关键绩效指标					
序号	考核指标	基本目标	分值	完成情况	考核分数
1	机电设备交接验收的指导	积极参与顾问项目机电设备的交接验收，对检查中发现的问题及时向发展商提出	10分		
2	机电设备管理建议书	对小区内的机电设备认真研究，对其状况了如指掌，并就此提出书面的管理建议书	10分		
3	机电设备作业指导书	指导顾问方的工作人员制定规范的、详细的作业指导书	15分		
4	机电设备知识的培训和考核工作	按规定要求开展培训与考核，并在日常工作中随时加以指导	10分		
5	分管专业的服务质量提升	各机电设备按规定频次进行检查，并有相关记录工作，积极跟踪落实顾问建议和考察建议的实施情况，并将结果及时反馈给顾问经理	20分		
6	客户满意度	开发商满意度≥95%	15分		
7	工作总结	及时写好顾问项目的工作总结	10分		
8	项目交接	办妥项目的交接手续，无遗留问题	10分		
综合考评分值					
主要成绩、缺点及改进建议：			直接领导人： 人力资源部负责人： 审批：		

五、安全保卫顾问绩效考核表

安全保卫顾问绩效考核如下表所示。

安全保卫顾问绩效考核表

考评类别：□月度 □年度 □调薪 □转正 □晋职　　　　考评日期：

<table>
<tr><td>岗位</td><td colspan="2">安全保卫顾问</td><td>在岗人员</td><td colspan="2"></td></tr>
<tr><td colspan="6">岗位职责</td></tr>
<tr><td colspan="6">1．协助合作方制定安全工作方案，并组织实施
2．贯彻落实公司“安全工作作业指导书”，协助合作方做好安全保卫工作
3．在驻场经理领导下组织召开员工安全工作例会，传达贯彻上级指示及精神
4．督导、检查合作方的安全保卫工作，发现问题及时向顾问经理汇报
5．负责护卫员的安全教育、培训、考核工作，并定期组织实施和督查
6．对分管专业的管理服务质量和管理水平的提升负责，做好培训、监督检查及相关记录工作，做到有计划地跟踪落实顾问建议和考察建议的实施情况，并将结果反馈给顾问经理
7．完成顾问经理交办的其他任务</td></tr>
<tr><td colspan="6">岗位关键绩效指标</td></tr>
<tr><td>序号</td><td>考核指标</td><td>基本目标</td><td>分值</td><td>完成情况</td><td>考核分数</td></tr>
<tr><td>1</td><td>安全方案的制定</td><td>及时制定符合项目管理的安全状况要求</td><td>10分</td><td></td><td></td></tr>
<tr><td>2</td><td>安全工作作业指导书</td><td>在及时制定，作业指导书规范、详细，涉及安全事项全面</td><td>10分</td><td></td><td></td></tr>
<tr><td>3</td><td>督导、检查</td><td>日常工作中随时检查合作方的安全保卫工作，发现问题及时汇报</td><td>15分</td><td></td><td></td></tr>
<tr><td>4</td><td>护卫员的安全教育、培训、考核</td><td>定期组织实施和督查，护卫员的精神状态与技能大有提升</td><td>10分</td><td></td><td></td></tr>
<tr><td>5</td><td>分管专业的服务质量提升</td><td>按标准执行服务并有相关记录工作，积极跟踪落实顾问建议和考察建议的实施情况，并将结果及时反馈给顾问经理</td><td>20分</td><td></td><td></td></tr>
<tr><td>6</td><td>客户满意度</td><td>开发商满意度≥95%</td><td>15分</td><td></td><td></td></tr>
<tr><td>7</td><td>工作总结</td><td>及时写好顾问项目的工作总结</td><td>10分</td><td></td><td></td></tr>
<tr><td>8</td><td>项目交接</td><td>办妥项目的交接手续，无遗留问题</td><td>10分</td><td></td><td></td></tr>
<tr><td colspan="3">综合考评分值</td><td colspan="3"></td></tr>
<tr><td colspan="3">主要成绩、缺点及改进建议：</td><td colspan="3">直接领导人：
人力资源部负责人：
审批：</td></tr>
</table>

六、质量管理顾问绩效考核表

质量管理顾问绩效考核如下表所示。

质量管理顾问绩效考核表

考评类别：□月度 □年度 □调薪 □转正 □晋职　　　　考评日期：

岗位	质量管理顾问		在岗人员		
岗位职责					
1．在顾问项目驻场经理的领导下，认真贯彻执行与合作方签订的协议，结合当地实际和特点逐步建立质量管理程序 2．收集和整理物业管理资料和软件，按照本公司的管理模式结合当地特点逐步建立各项资料和档案 3．对员工定期进行质量管理体系的系列培训，并对培训效果进行监督、检查和考核 4．做好质量记录，为企业未来的各项考评和质量体系认证做好充分的准备 5．及时向顾问经理汇报工作进展情况，并对质量管理的建立和发展不断提出建议和改进方法 6．协助和督促合作方积极消除管理缺陷，及时对日常运作进行指导，使管理工作规范化 7．合同期满后，要写好工作总结，办妥一切交接手续 8．完成顾问经理交办的其他任务					
岗位关键绩效指标					
序号	考核指标	基本目标	分值	完成情况	考核分数
1	质量管理程序的建立	建立及时，且程序结合当地实际和特点，适用性比较强	15分		
2	物业管理资料和软件的收集与整理	按照本公司的管理模式结合当地特点建立各项资料和档案	15分		
3	质量培训	对员工定期进行质量管理体系的系列培训，员工掌握情况较好	10分		
4	质量记录	记录表格全面、适用性强，员工记录的习惯也养成	10分		
5	管理工作规范化	协助和督促合作方积极消除管理缺陷，及时对日常运作进行指导	15分		
6	客户满意度	开发商满意度≥95%	15分		
7	工作总结	及时写好顾问项目的工作总结	10分		
8	项目交接	办妥项目的交接手续，无遗留问题	10分		
综合考评分值					

（续表）

<table>
<tr><td>主要成绩、缺点及改进建议：</td><td>直接领导人：
人力资源部负责人：
审批：</td></tr>
</table>

七、物业咨询文员绩效考核表

物业咨询文员绩效考核如下表所示。

物业咨询文员绩效考核表

考评类别：□月度 □年度 □调薪 □转正 □晋职　　　　考评日期：

<table>
<tr><td colspan="2">岗位</td><td>物业咨询文员</td><td>在岗人员</td><td colspan="2"></td></tr>
<tr><td colspan="6">岗位职责</td></tr>
<tr><td colspan="6">1．负责制订自己的月度工作计划并汇总各项目的月计划形成部门月计划表，督促各项目每月计划、总结的按时提交和检查督促各项目月计划工作的实施
2．根据项目进展情况及时更新项目资料档案
3．及时将物业咨询师的各类意见及建议与部门经理沟通，做好协调工作
4．根据合同规定以及财务部通知，提醒欠费项目物业咨询师进行顾问费催交工作
5．拟订物业咨询师培训计划并协助组织进行培训
6．维护、执行文件化的物业咨询项目管理程序
7．协助部门例会制度的组织和召开
8．协助校对物业咨询提交的文本，并进行网上讨论
9．处理日常客户电话接听及来访接待等工作
10．拟发通知及传达公司相关文件会议精神
11．协助部门经理调用、整理及管理公司共享资源
12．协助部门经理及各物业咨询师处理日常事务
13．协助识别咨询工作中的危险源，在各项工作中注意环境保护及职业安全卫生方面的维护工作</td></tr>
<tr><td colspan="6">岗位关键绩效指标</td></tr>
<tr><td>序号</td><td>考核指标</td><td>基本目标</td><td>分值</td><td>完成情况</td><td>考核分数</td></tr>
<tr><td>1</td><td>计划汇总</td><td>在规定日期内制订、汇总计划</td><td>15分</td><td></td><td></td></tr>
<tr><td>2</td><td>项目资料档案管理</td><td>100%地分类归档，易查找</td><td>15分</td><td></td><td></td></tr>
<tr><td>3</td><td>提醒、催交欠费项目</td><td>及时、积极，对方欠款时间不能超过1个月</td><td>15分</td><td></td><td></td></tr>
</table>

（续表）

序号	考核指标	基本目标	分值	完成情况	考核分数
4	培训计划与工作的组织	能满足物业咨询师相关培训要求	15分		
5	物业咨询文本的校对	准确，无重大差错	10分		
6	日常客户电话接听及来访接待	及时转达，妥善处理	10分		
7	共享资源的提供与管理	有效利用，保密工作做得好	10分		
8	协调沟通	及时将物业咨询师的各类意见及建议与部门经理沟通，做好协调工作，信息完整	10分		
综合考评分值					
主要成绩、缺点及改进建议：			直接领导人： 人力资源部负责人： 审批：		

第四章　工程技术部绩效考核表

一、工程技术部经理绩效考核表

工程技术部经理绩效考核如下表所示。

工程技术部经理绩效考核表

考评类别：□月度　□年度　□调薪　□转正　□晋职　　　　　　考评日期：

岗位	工程技术部经理	在岗人员	
岗位职责			
1．为公司各管理处提供技术支持，指导其做好小区的市政设施、园林绿化、房屋及其附属设备设施的运行管理工作 2．对各管理处在小区市政设施、园林绿化、房屋及其附属设备设施的日常运作进行安全使用督导，对存在的安全隐患提出整改意见 3．负责组织对公司管辖小区内的房屋结构安全进行鉴定，对损坏房屋提出修缮方案或报房屋安全主管部门鉴定，并根据房屋安全主管部门的意见组织进行整改 4．制订公司管辖小区内房屋设备设施的年度保养计划，并对管理处的实施情况进行监督 5．负责对各小区设施设备的日常运行管理进行监督考核 6．负责公司的技术安全管理工作 7．负责公司业务拓展中的技术筹备、前期介入和新区的验收接管工作 8．负责公司各技术专业对业务主管部门和其他有关单位的业务联系工作 9．对本部门环境因素的识别、评价及管理 10．对本部门（小区）所产生的固废物分类收集、处理 11．完成公司下达的责任指标			

岗位关键绩效指标					
序号	考核指标	基本目标	分值	完成情况	考核分数
1	业主对工程服务、设备运转保养综合满意率	≥98%	15分		
2	各管理处有效报修处理及时率	100%	15分		

（续表）

序号	考核指标	基本目标	分值	完成情况	考核分数
3	各管理处维修返修率	≤1%	15分		
4	重大工程施工、价格、合同的管理	完全符合公司规定	15分		
5	各管理处设备设施保养计划执行率	100%	8分		
6	各管理处消防设施完好率	100%	8分		
7	技术咨询、指导	按时、保质、准确、权威	8分		
8	工作团队建设	工作团队凝聚力强，核心员工流失率＜____%	8分		
9	协调沟通	部门之间、与管理处之间的沟通协调良好	8分		
综合考评分值					
主要成绩、缺点及改进建议：			直接领导人： 人力资源部负责人： 审批：		

二、园林绿化工程主管绩效考核表

园林绿化工程主管绩效考核如下表所示。

园林绿化工程主管绩效考核表

考评类别：□月度　□年度　□调薪　□转正　□晋职　　　　考评日期：

岗位	园林绿化工程主管	在岗人员	
岗位职责			
1．负责新接楼盘（宇）园林绿化专业的前期介入、图纸会审、质量监督、验收接管的技术工作 2．负责组织指导各管理处完善管理区域内园林绿化图纸资料及维修档案归档 3．负责园林设施正常使用和绿化养护的技术监督和指导 4．制订园林设施、绿化大、中修计划，报经批准后组织实施 5．负责园林设施的小修、绿化补种的技术指导 6．负责制定和完善公司内部与园林设施安全使用、工程管理、维修管理及技术资料归档有关的管理制度			

（续表）

7．负责由工程部主责的本专业改造工程的组织施工、安全监督、验收及结算 8．负责本专业相关项目的费用控制、审核和经济分析 9．配合人力资源部组织本专业相关技能培训工作 10．负责相关专业对外的业务联系，协调与园林绿化、城建等主管部门的关系 11．在必要时协助做好相近专业的工程管理及费用控制 12．完成公司领导及部门经理交办的其他任务					
岗位关键绩效指标					
序号	考核指标	基本目标	分值	完成情况	考核分数
1	新接楼盘（宇）的介入工作	前期介入阶段就园林设施设备提出合理的建议，严格把关好验收接管工作，无遗留工程未处理好	10分		
2	大中修计划、方案	有书面的计划，制定及时，方案合理	12分		
3	园林绿化图纸资料及维修档案归档管理	各管理处资料、档案齐全，保管规范	12分		
4	技术监督和指导	及时为园林设施的正常使用、小修和绿化补种提供技术指导	15分		
5	费用控制	本专业的工程项目费用在预算范围之内	12分		
6	专业改造工程的组织施工、安全监督、验收	全程跟踪，无意外事故发生，质量达到标准要求	15分		
7	管理制度的制定	各项管理制度全面，符合公司文件管理规定，且适用于各个物业项目中园林设施的实际状况	10分		
8	业务联系	与园林绿化、城建等主管部门关系良好	6分		
9	园林绿化养护技能培训	积极配合，按人力资源的培训计划完成规定的课时	8分		
综合考评分值					
主要成绩、缺点及改进建议：			直接领导人： 人力资源部负责人： 审批：		

三、给排水工程主管绩效考核表

给排水工程主管绩效考核如下表所示。

给排水工程主管绩效考核表

考评类别：□月度 □年度 □调薪 □转正 □晋职　　　　考评日期：

岗位	给排水工程主管	在岗人员			
岗位职责					
1．负责新接楼盘（宇）的前期介入、图纸会审、质量监督、验收接管的技术工作 2．负责组织指导各管理处完善房屋、市政给排水图纸资料及维修档案的归档 3．负责给排水设施正常使用的技术监督和指导 4．制订给排水设施大、中修计划，报经批准后组织实施 5．负责给排水设施维修保养的技术指导 6．负责制定和完善公司内部与给排水设施安全使用、工程管理、维修管理及技术资料归档有关的管理制度 7．负责由工程部主责的本专业改造工程的组织施工、安全监督、验收及结算 8．负责指导供水计量、节约用水的技术管理，努力降低供水损耗 9．负责本专业相关项目的费用控制、审核和经济分析 10．配合人力资源部组织本专业相关技能培训工作 11．兼管消防、资料完善工作 12．负责相关专业对外的业务联系，协调与相关主管部门的关系 13．在必要时协助做好相近专业的工程管理及费用控制					
岗位关键绩效指标					
序号	考核指标	基本目标	分值	完成情况	考核分数
1	新接楼盘（宇）的介入工作	前期介入阶段就给排水设施提出合理的建议，严格把关好验收接管工作，无遗留工程未处理好	10分		
2	大、中修计划、方案	有书面的计划，制定及时，方案合理	12分		
3	房屋、市政给排水图纸资料及维修档案归档管理	各管理处资料、档案齐全，保管规范	12分		
4	技术监督和指导	及时为给排水设施的维修保养提供技术指导	15分		

（续表）

序号	考核指标	基本目标	分值	完成情况	考核分数
5	供水损耗控制	各管理处供水计量、节约用水在技术上有改进，供水损耗大大降低	12分		
6	给排水设施改造工程的组织施工、安全监督、验收	全程跟踪，无意外事故发生，质量达到标准要求	15分		
7	管理制度的制定	与给排水设施安全使用、工程管理、维修管理及技术资料归档有关的管理制度全面，符合公司文件管理规定，且适用于各个物业项目中园林设施的实际状况	10分		
8	业务联系	与建设部门、城建、水务等主管部门关系良好	6分		
9	给排水养护技能培训	积极配合，按人力资源的培训计划完成规定的课时	8分		
综合考评分值					
主要成绩、缺点及改进建议：			直接领导人： 人力资源部负责人： 审批：		

四、电气工程主管绩效考核表

电气工程主管绩效考核如下表所示。

电气工程主管绩效考核表

考评类别：□月度 □年度 □调薪 □转正 □晋职 考评日期：

岗位	电气工程主管	在岗人员	
岗位职责			
1．负责新接楼盘（宇）的前期介入、图纸会审、质量监督、验收接管的技术工作 2．负责组织指导各管理处完善公司所需要的电气图纸资料及维修档案的归档 3．负责电气设施正常使用的技术监督和指导 4．负责电气设施维修保养的技术指导 5．制订电气设施大、中修计划、方案及预算，报经批准后组织实施			

（续表）

6．负责指导供电计量、节约用电的管理，努力降低供电损耗 7．负责组织制定和完善公司内部与电气设施安全使用、工程管理、维修管理及技术资料归档有关的管理制度 8．负责由工程部主责的本专业改造工程的组织施工、安全监督、验收及结算 9．负责本专业相关项目的费用控制、审核和经济分析 10．配合人力资源部组织本专业相关技能培训工作 11．负责相关专业对外的业务联系，协调与相关主管部门的关系 12．在必要时协助做好相近专业的工程管理及费用控制 13．完成公司领导及部门经理交办的其他任务					
岗位关键绩效指标					
序号	考核指标	基本目标	分值	完成情况	考核分数
1	新接楼盘（宇）的介入工作	前期介入阶段就电气设施提出合理的建议，严格把关好验收接管工作，无遗留工程未处理好	10分		
2	电气设施大、中修计划、方案	有书面的计划，制定及时，方案合理	12分		
3	电气设施图纸资料及维修档案归档管理	各管理处资料、档案齐全，保管规范	12分		
4	技术监督和指导	及时为电气设施的维修保养提供技术指导	15分		
5	供电损耗控制	各管理处供电计量、节约用电在技术上有改进，供电损耗大大降低	12分		
6	电气设施改造工程的组织施工、安全监督、验收	全程跟踪，无意外事故发生，质量达到标准要求	15分		
7	管理制度的制定	与电气设施安全使用、工程管理、维修管理及技术资料归档有关的管理制度全面，符合公司文件管理规定，且适用于各个物业项目中电气设施的实际状况	10分		
8	业务联系	与供电局、城建等主管部门关系良好	6分		

（续表）

序号	考核指标	基本目标	分值	完成情况	考核分数
9	电气设施养护技能培训	积极配合，按人力资源的培训计划完成规定的课时	8分		
综合考评分值					
主要成绩、缺点及改进建议：			直接领导人： 人力资源部负责人： 审批：		

五、电梯工程主管绩效考核表

电梯工程主管绩效考核如下表所示。

电梯工程主管绩效考核表

考评类别：□月度　□年度　□调薪　□转正　□晋职　　　　　考评日期：

岗位	电梯工程主管		在岗人员		
岗位职责					
1．负责新接楼盘（宇）的前期介入、图纸会审、质量监督、验收接管的技术工作 2．负责组织指导各管理处完善管理区域内电梯图纸资料及维修档案的归档 3．负责电梯正常使用的技术监督和指导 4．制订电梯大、中修计划，报经批准后施行 5．负责电梯维修保养、年检的组织工作和技术指导监督 6．负责指导电梯经济运行的技术管理，努力降低损耗，提高设备利用率 7．负责制定和完善公司内部与电梯安全使用、工程管理、维修管理及技术资料归档有关的管理制度 8．负责由工程部主责的本专业改造工程的组织施工、安全监督、验收及结算 9．负责本专业相关项目的费用控制、审核和经济分析 10．配合人力资源部组织本专业相关技能培训工作 11．负责相关专业对外的业务联系，协调与相关主管部门的关系 12．在必要时协助做好相近专业的工程管理及费用控制					
岗位关键绩效指标					
序号	考核指标	基本目标	分值	完成情况	考核分数
1	新接楼盘（宇）的介入工作	前期介入阶段就电梯提出合理的建议，严格把关好验收接管工作，无遗留工程未处理好	10分		

（续表）

序号	考核指标	基本目标	分值	完成情况	考核分数
2	电梯大、中修计划、方案	有书面的计划，制定及时，方案合理	12分		
3	电梯图纸资料及维修档案归档管理	各管理处资料、档案齐全，保管规范	12分		
4	技术监督和指导	及时为电梯维修保养、年检提供技术指导	15分		
5	电梯异常状况处理	均可及时、妥善处理，及时报备	12分		
6	电梯改造工程的组织施工、安全监督、验收	全程跟踪，无意外事故发生，质量达到标准要求	15分		
7	管理制度的制定	与电梯安全使用、工程管理、维修管理及技术资料归档有关的管理制度全面，符合公司文件管理规定，且适用于各个物业项目中电气设施的实际状况	10分		
8	业务联系	与供电局、城建等主管部门关系良好	6分		
9	电气设施养护技能培训	积极配合，按人力资源的培训计划完成规定的课时	8分		
综合考评分值					
主要成绩、缺点及改进建议：			直接领导人： 人力资源部负责人： 审批：		

六、消防工程主管绩效考核表

消防工程主管绩效考核如下表所示。

消防工程主管绩效考核表

考评类别：□月度　□年度　□调薪　□转正　□晋职　　　　考评日期：

岗位	消防工程主管	在岗人员	
岗位职责			
1．负责新接楼盘（宇）消防工程专业的前期介入、图纸会审、质量监督、验收接管的技术工作			

（续表）

2．负责组织指导各管理处完善管理区域内消防图纸资料及维修档案的归档
3．负责消防系统设备设施正常运行的技术监督和指导
4．负责消防设备设施的正确使用的指导和培训
5．制订消防系统大、中修计划，报经批准后施行
6．负责消防系统维修保养的组织工作和技术监督
7．负责指导消防设施经济运行的技术管理，努力降低损耗，提高设备利用率
8．负责完善公司内部与消防设施安全使用、工程管理、维修管理及技术资料归档有关的管理制度
9．负责由工程部主责的消防设施改造工程的组织施工、安全监督、验收及结算
10．负责消防工程相关项目的费用控制、审核和经济分析
11．配合人力资源部组织本专业相关技能培训工作
12．负责相关专业对外的业务联系，协调与相关主管部门的关系
13．在必要时协助做好相近专业的工程管理及费用控制
14．完成公司领导及部门经理交办的其他任务

岗位关键绩效指标

序号	考核指标	基本目标	分值	完成情况	考核分数
1	新接楼盘（宇）的介入工作	前期介入阶段就消防工程提出合理的建议，严格把关好验收接管工作，无遗留工程未处理好	10分		
2	消防设施设备大、中修计划、方案	有书面的计划，制定及时，方案合理	12分		
3	消防工程图纸资料及维修档案归档管理	各管理处资料、档案齐全，保管规范	12分		
4	技术监督和指导	及时为各管理处消防设施设备维修保养提供技术指导	15分		
5	消防设施异常状况处理	均可及时、妥善处理，及时报备	12分		
6	消防设施改造工程的组织施工、安全监督、验收	全程跟踪，无意外事故发生，质量达到标准要求	15分		
7	管理制度的制定	与消防设施安全使用、工程管理、维修管理及技术资料归档有关的管理制度全面，符合公司文件管理规定，且适用于各个物业项目中消防设施的实际状况	10分		

（续表）

序号	考核指标	基本目标	分值	完成情况	考核分数
8	业务联系	与消防部门、街道办等主管部门关系良好	6分		
9	消防设施养护技能培训	积极配合，按人力资源的培训计划完成规定的课时	8分		
综合考评分值					
主要成绩、缺点及改进建议：			直接领导人： 人力资源部负责人： 审批：		

七、空调工程主管绩效考核表

空调工程主管绩效考核如下表所示。

空调工程主管绩效考核表

考评类别：□月度　□年度　□调薪　□转正　□晋职　　　　　考评日期：

岗位	空调工程主管		在岗人员		
岗位职责					
1．负责新接楼盘（宇）的空调工程图纸会审、质量监督、验收接管的技术工作 2．负责组织指导各管理处完善空调图纸资料及维修档案的归档 3．负责空调设施正常使用的技术监督和指导 4．制订空调设施大、中修计划，报经批准后组织实施 5．负责空调设施维修保养的技术指导 6．负责空调设施合理使用、经济运行的技术指导，节约用水用电，努力降低能耗 7．负责完善公司内部与空调设施安全使用、工程管理、维修管理及技术资料归档有关的管理制度 8．负责由工程部主责的本专业改造工程的组织施工、安全监督、验收及结算 9．负责本专业相关项目的费用控制、审核和经济分析 11．配合人力资源部组织本专业相关技能培训工作 12．在必要时协助做好相近专业的工程管理及费用控制					
岗位关键绩效指标					
序号	考核指标	基本目标	分值	完成情况	考核分数
1	新接楼盘（宇）的介入工作	前期介入阶段就空调设施提出合理的建议，严格把关好验收接管工作，无遗留工程未处理好	15分		

（续表）

序号	考核指标	基本目标	分值	完成情况	考核分数
2	空调设施大、中修计划、方案	有书面的计划，制定及时，方案合理	15分		
3	空调设施图纸资料及维修档案归档管理	各管理处资料、档案齐全，保管规范	15分		
4	技术监督和指导	及时为各管理处的空调设施维修保养提供技术指导	15分		
5	空调设施、安全监督、验收	全程跟踪，无意外事故发生，质量达到标准要求	15分		
6	管理制度的制定	与空调设施安全使用、工程管理、维修管理及技术资料归档有关的管理制度全面，符合公司文件管理规定，且适用于各个物业项目中电气设施的实际状况	15分		
7	空调设施养护技能培训	积极配合，按人力资源的培训计划完成规定的课时	10分		
综合考评分值					
主要成绩、缺点及改进建议：			直接领导人： 人力资源部负责人： 审批：		

八、弱电主管绩效考核表

弱电主管绩效考核如下表所示。

弱电主管绩效考核表

考评类别：□月度 □年度 □调薪 □转正 □晋职　　　　考评日期：

岗位	弱电主管	在岗人员	
岗位职责			
1．负责公司弱电设备设施年度、月度维护保养、维修计划的制订 2．拟订弱电设备设施的运行、维护保养的可行性方案，检查执行情况，并对维修工作进行技术指导，对维护质量进行考核，对不合格项提出整改意见并督促实施 3．负责公司弱电工程重大维修任务的组织、实施、解决 4．负责编制工程技术队伍弱电专业的培训、提高及考核工作			

（续表）

<table>
<tr><td colspan="6">5．负责弱电工程技术资料、设备说明书、维护和维修记录的收集、整理及存档工作
6．负责弱电设备设施维护、维修的年度、月度经费预算，控制维修、维护成本；编制设备备品、备件采购计划，控制库存成本
7．对于委托第三方保养项目，代表公司执行合同，联系、督促并协助进行维修、保养工作及年检年审工作
8．协助经营部，负责公司新接物业弱电工程投标方案编写工作，参与新接物业的前期管理；对物业规划设计及建筑施工提出合理化建议；参与新接物业的接管验收、移交工作，并与委托方协商解决工程遗留问题</td></tr>
<tr><td colspan="6">岗位关键绩效指标</td></tr>
<tr><td>序号</td><td>考核指标</td><td>基本目标</td><td>分值</td><td>完成情况</td><td>考核分数</td></tr>
<tr><td>1</td><td>新接楼盘（宇）的介入工作</td><td>前期介入阶段就弱电系统提出合理的建议，严格把关好验收接管工作，无遗留工程未处理好</td><td>10分</td><td></td><td></td></tr>
<tr><td>2</td><td>弱电系统大、中修计划、方案</td><td>有书面的计划，制定及时，方案合理</td><td>10分</td><td></td><td></td></tr>
<tr><td>3</td><td>弱电系统图纸资料及维修档案归档管理</td><td>各管理处资料、档案齐全，保管规范</td><td>10分</td><td></td><td></td></tr>
<tr><td>4</td><td>技术监督和指导</td><td>及时为弱电系统维修保养、年检提供技术指导</td><td>10分</td><td></td><td></td></tr>
<tr><td>5</td><td>弱电系统异常状况处理</td><td>均可及时、妥善处理，及时报备</td><td>10分</td><td></td><td></td></tr>
<tr><td>6</td><td>弱电系统改造工程的组织施工、安全监督、验收</td><td>全程跟踪，无意外事故发生，质量达到标准要求</td><td>10分</td><td></td><td></td></tr>
<tr><td>7</td><td>管理制度的制定</td><td>按质量要求制定完善的弱电系统管理办法和运行维护规范</td><td>10分</td><td></td><td></td></tr>
<tr><td>8</td><td>弱电系统专业培训</td><td>积极配合，按人力资源的培训计划完成规定的课时</td><td>10分</td><td></td><td></td></tr>
<tr><td>9</td><td>电脑网络、设备及办公软件的技术维护和管理</td><td>网络维护及时、高效，一般故障2小时内排除，重大故障24小时内排除</td><td>10分</td><td></td><td></td></tr>
<tr><td>10</td><td>公司网站及社区宽带网络</td><td>公司网站运行安全，无数据丢失或入侵事件发生</td><td>10分</td><td></td><td></td></tr>
<tr><td colspan="3">综合考评分值</td><td colspan="3"></td></tr>
</table>

（续表）

主要成绩、缺点及改进建议：	直接领导人： 人力资源部负责人： 审批：

九、强电主管绩效考核表

强电主管绩效考核如下表所示。

强电主管绩效考核表

考评类别：□月度　□年度　□调薪　□转正　□晋职　　　　考评日期：

岗位	强电主管		在岗人员		
岗位职责					
1．负责公司强电设备设施年度、月度维护保养、维修计划的制订 2．拟订强电设备设施的运行、维护保养的可行性方案，检查执行情况，并对维修工作进行技术指导，对维护质量进行考核，对不合格项提出整改意见并督促实施 3．负责公司强电工程重大维修任务的组织、实施、解决 4．负责编制工程技术队伍强电专业的培训、提高及考核工作 5．负责强电工程技术资料、设备说明书、维护和维修记录的收集、整理及存档工作 6．负责强电设备设施维护、维修的年度、月度经费预算，控制维修、维护成本；编制设备备品、备件采购计划，控制库存成本 7．对于委托第三方保养项目，代表公司执行合同，联系、督促并协助进行维修、保养工作及年检年审工作 8．协助经营部，负责公司新接物业强电工程投标方案编写工作，参与新接物业的前期管理；对物业规划设计及建筑施工提出合理化建议；参与新接物业的接管验收、移交工作，并与委托方协商解决工程遗留问题					
岗位关键绩效指标					
序号	考核指标	基本目标	分值	完成情况	考核分数
1	新接楼盘（宇）的介入工作	前期介入阶段就强电系统提出合理的建议，严格把关好验收接管工作，无遗留工程未处理好	15分		
2	强电系统大、中修计划、方案	有书面的计划，制定及时，方案合理	15分		
3	强电系统图纸资料及维修档案归档管理	各管理处资料、档案齐全，保管规范	10分		

（续表）

序号	考核指标	基本目标	分值	完成情况	考核分数
4	技术监督和指导	及时为强电系统维修保养、年检提供技术指导	15分		
5	强电系统异常状况处理	均可及时、妥善处理，及时报备	15分		
6	强电系统改造工程的组织施工、安全监督、验收	全程跟踪，无意外事故发生，质量达到标准要求	10分		
7	管理制度的制定	按质量要求制定完善的强电系统管理办法和运行维护规范	10分		
8	强电系统专业培训	积极配合，按人力资源的培训计划完成规定的课时	10分		
综合考评分值					
主要成绩、缺点及改进建议：			直接领导人： 人力资源部负责人： 审批：		

十、网络管理员绩效考核表

网络管理员绩效考核如下表所示。

网络管理员绩效考核表

考评类别：□月度 □年度 □调薪 □转正 □晋职 考评日期：

岗位	网络管理员	在岗人员	
岗位职责			
1．协助弱电主管做好公司内电脑网络、设备及办公软件的技术维护和管理工作，保障电脑网络系统正常、安全地运行 2．负责公司电脑网络内重要资料的备份保存工作，按一定周期进行更新 3．负责指导公司内职员对电脑设备的使用，及时指导解决电脑操作运行中出现的问题 4．负责物业管理软件的管理工作和其他办公软件的安装工作 5．协助弱电主管完成公司电脑网络系统设备的配置工作 6．协助弱电主管完成公司网站及社区宽带网络建设工作 7．协助弱电主管完成本专业相关技能培训工作 8．完成公司领导及部门经理交办的其他任务和弱电主管交办的本专业的其他任务			

（续表）

岗位关键绩效指标					
序号	考核指标	基本目标	分值	完成情况	考核分数
1	网络安全	公司网站运行安全，无数据丢失或入侵事件发生	30分		
2	网站建设	网站功能全面，建设完备，及时更新	20分		
3	网络维护	软件、硬件维护及时，无停运情况发生	20分		
4	信息化建设	有计划，有步骤地完成信息化建设任务，完成率达到90%以上	20分		
5	网络运行制度标准的制定及完善	制度、流程的建立、完善率达90%以上	10分		
综合考评分值					
主要成绩、缺点及改进建议：			直接领导人： 人力资源部负责人： 审批：		

十一、技术工程师绩效考核表

技术工程师绩效考核如下表所示。

技术工程师绩效考核表

考评类别：□月度　□年度　□调薪　□转正　□晋职　　　　考评日期：

岗位	技术工程师	在岗人员	
岗位职责			
1．参与公司新项目的考察、接管验收 2．负责初审“设备机具采购申请单”和“设备机具报废申请单” 3．对公司供水、供电情况进行管理 4．能编写与本职工作相关的培训教材并实施培训 5．协助品质工程师对分公司的品质督导			

（续表）

岗位关键绩效指标					
序号	考核指标	基本目标	分值	完成情况	考核分数
1	新项目的考察、接管验收	考察全面，接管验收未出现差错	20分		
2	管理处设备机具管理	设备机具账、卡齐备，跟踪记录完整	15分		
3	供水及用电管理	及时对供水情况及公共用电情况进行审核	20分		
4	教材编写	教材的编写符合培训的实际需要	15分		
5	品质督导的协助	符合公司质量管理体系的要求	15分		
6	沟通协调	与管理处能积极地进行沟通	15分		
综合考评分值					
主要成绩、缺点及改进建议：			直接领导人： 人力资源部负责人： 审批：		

十二、技术文员绩效考核表

技术文员绩效考核如下表所示。

技术文员绩效考核表

考评类别：□月度 □年度 □调薪 □转正 □晋职　　　　考评日期：

岗位	技术文员	在岗人员	
岗位职责			
1．负责部门内日常内务工作 2．努力完成本部经理交办的各项事务，对公司的通知、文件要做到及时上传下达 3．负责有关资料、文件的收发和分类归档，准确无误地填制各种报表和表格 4．说话和气、热情，礼貌接待内外来访人员 5．传达经理有关工作安排，并将落实情况及时汇报 6．参加会议，并做好会议记录、整理工作 7．每月协助设备管理员把各系统的设备计划检修情况、中修以上维修项目有关内容填入本部的设备档案			

（续表）

<table>
<tr><th colspan="6">岗位关键绩效指标</th></tr>
<tr><th>序号</th><th>考核指标</th><th>基本目标</th><th>分值</th><th>完成情况</th><th>考核分数</th></tr>
<tr><td>1</td><td>技术文件完好率</td><td>100%</td><td>15分</td><td></td><td></td></tr>
<tr><td>2</td><td>文件发放准确率</td><td>＞95%</td><td>15分</td><td></td><td></td></tr>
<tr><td>3</td><td>文件的规范化管理</td><td>资料完整有序归档，符合质量管理规范要求，有据可查，可追溯</td><td>20分</td><td></td><td></td></tr>
<tr><td>4</td><td>来访接待</td><td>说话和气、热情、礼貌，无投诉现象</td><td>20分</td><td></td><td></td></tr>
<tr><td>5</td><td>与工程技术部工作有关的内外信息的收集、传递</td><td>主动收集信息并及时传递给相关部门</td><td>15分</td><td></td><td></td></tr>
<tr><td>6</td><td>部门内日常事务工作</td><td>无浪费现象，成本逐年有降低</td><td>15分</td><td></td><td></td></tr>
<tr><td colspan="3">综合考评分值</td><td colspan="3"></td></tr>
<tr><td colspan="3">主要成绩、缺点及改进建议：</td><td colspan="3">直接领导人：
人力资源部负责人：
审批：</td></tr>
</table>

第五章　质量部绩效考核表

一、质量部经理绩效考核表

质量部经理绩效考核如下表所示。

质量部经理绩效考核表

考评类别：□月度　□年度　□调薪　□转正　□晋职　　　　　考评日期：

岗位	质量部经理	在岗人员	
岗位职责			
1．负责公司管理体系的建立和不断完善，组织《品质改进手册》《服务提供手册》《物料管理手册》的编写 2．负责管理体系的维护和持续改进，制定、修正并组织实施年度管理体系改进计划；组织每年至少两次进行内部管理体系审核和两次管理评审；协调外部审核的准备及配合工作；组织有关品质的专题研讨 3．负责品质现状测评，编制公司年度客户满意度测评计划、客户满意度测评方案，组织实施客户满意度调查及客户满意度调查报告的编制和发布 4．组织对管理体系文件的日常督导，定期向公司管理层提交管理体系执行督导报告 5．负责符合创优条件的小区创优工作的指导；组织对相关管理处人员进行培训；协助制订创优计划；组织职能部门及专业技术人员对创优实施情况进行检查，提出意见和建议 6．与行业及政府主管部门进行联系与沟通 7．对本部门职员进行入职指引，对本部门对口的业务负责组织编写教材并实施培训 8．定时召开部门例会，传达上级指示，部署工作任务，制订部门计划 9．掌握部门职员出勤情况，审核本部门职员请假手续 10．掌管部门公章，签发所有本部门发放的文件 11．解决下属提出的具体困难和需要，协调本部门与其他部门之间的合作关系			

岗位关键绩效指标					
序号	考核指标	基本目标	分值	完成情况	考核分数
1	管理体系的维护和持续改进	每年至少两次进行内部管理体系审核和两次管理评审	15分		

（续表）

序号	考核指标	基本目标	分值	完成情况	考核分数
2	品质督查	日常督导严格、准确，并确保有效	15分		
3	客户满意度调查报告的编制和发布	在规定的时间内准确、客观编制报告并发布	15分		
4	督导报告及时性	在每月5日之前提交	15分		
5	与行业及政府主管部门的联系与沟通	及时、主动，对行业的发展趋势及业内敏感问题非常了解	10分		
6	创优工作指导	创优培训有针对性，达到预期效果；创优检查客观、严谨	10分		
7	对下属绩效考核	及时、公平、公正，做好业绩沟通	10分		
8	部门内部管理	本部门的规章制度规范，工作流程顺畅	10分		
综合考评分值					
主要成绩、缺点及改进建议：			直接领导人： 人力资源部负责人： 审批：		

二、品质工程师绩效考核表

品质工程师绩效考核如下表所示。

品质工程师绩效考核表

考评类别：□月度　□年度　□调薪　□转正　□晋职　　　　　考评日期：

岗位	品质工程师	在岗人员	
岗位职责			
1．配合品管部经理编写、修订公司的相关体系文本，维护公司管理体系的有效运行及持续改进 2．负责公司管理体系督导活动，随机抽查每月不少于1次，每月5日之前出具上月品质督查报告，落实跟踪上月督查发现的不符合项 3．一年内组织两次客户意见调查，每半年一次；调查表的发放率不少于总户数的50%，回收率在70%以上，总体真实率达到95%以上；运用柱状图，折线图，因果图对调查结果做统计分析 4．负责内部管理体系审核，编制检查清单，准备各种审核表格及文件；参与现场审核，确保客观，严谨；组织对内审中不合格的纠正措施进行跟踪、验证			

（续表）

5．负责符合创优条件的小区创优工作的指导 6．协助经理制定与实施环境管理、职业健康安全管理方案					
岗位关键绩效指标					
序号	考核指标	基本目标	分值	完成情况	考核分数
1	督查	按时、按要求进行，有整改措施，有记录跟踪	15分		
2	客户满意度测评	按规定频次、时间进行，分析能提出问题，测评报告条理清晰，对管理有实质性的帮助	15分		
3	投诉处理	能及时处理	15分		
4	回访率	100%	15分		
5	内部质量审核	公正、严谨，对发现的问题及时跟踪纠正措施	10分		
6	创优指导	耐心、细心，能真正帮助管理处达到创优水平	10分		
7	协助公司环境管理方案、职业安全方案的实施	主动，能按要求执行	10分		
8	沟通协调	与管理处能积极地就质量方面的问题进行沟通	10分		
综合考评分值					
主要成绩、缺点及改进建议：			直接领导人： 人力资源部负责人： 审批：		

三、质量管理员绩效考核表

质量管理员绩效考核如下页表所示。

质量管理员绩效考核表

考评类别：□月度 □年度 □调薪 □转正 □晋职　　　　考评日期：

岗位	质量管理员	在岗人员	
岗位职责			
1．负责对各管理处质量管理体系执行情况进行监督检查，提出整改要求并跟踪落实整改情况 2．负责进行业务检查，并根据检查情况提出整改意见和要求 3．负责根据整改意见和要求对整改落实情况和效果进行跟踪、验证 4．负责重大投诉及突发事件的调查，并提出处理意见 5．负责重大投诉及突发事件的处理情况跟踪和后果验证 6．负责对检查出现的问题组织、指导责任部门进行整改，并跟踪、验证整改情况和效果 7．负责就现场品质问题与供方进行沟通，对不合格问题要求供方整改 8．参与定期服务质量考核工作、负责开展业主满意征询工作的监管和抽查 9．负责对长期协作外包服务供方进行现场监控 10．负责规范公司内部业务操作流程 11．负责外包服务及施工项目组织进行招标、投标工作 12．调查研究、总结归纳物业公司在管理中的优点与不足并加以逐步完善提升			

岗位关键绩效指标					
序号	考核指标	基本目标	分值	完成情况	考核分数
1	质量监督检查的及时性	定期到各管理处进行检查，发现不合格情况下发整改通知	15分		
2	不合格整改的跟进	在整改完成后及时跟进、验证	15分		
3	重大投诉及突发事件调查的及时性	及时调查，并提出处理意见	15分		
4	重大投诉的处理跟进	及时跟进相关方，直到客户满意	15分		
5	服务质量考核	定期进行	15分		
6	业主满意度调查	按规定时间进行，且有书面的满意度分析报告	15分		
7	外包服务供方的监控	适时地对现场进行监控	10分		
综合考评分值					
主要成绩、缺点及改进建议：			直接领导人： 人力资源部负责人： 审批：		

第六章 财务部绩效考核表

一、财务经理绩效考核表

财务经理绩效考核如下表所示。

财务经理绩效考核表

考评类别：□月度 □年度 □调薪 □转正 □晋职　　　　考评日期：

岗位	财务经理	在岗人员	

岗位职责

1．建立和完善公司的财务管理体系，起草、修订、维护《财务管理手册》

2．负责公司财务计划的编制，依法组织财务活动和经济核算，定期编制财务报告并按照投资隶属关系合并上报

3．负责公司利润收缴，向董事会和股东大会报告财务状况

4．负责公司资金的筹集、管理和控制，做好资金的收支及平衡调配工作，确保公司资金的合理运用，对应收账款按协议时间及时催收，确保资金回笼

5．负责公司各项财产的核对和抽查，审核财务、成本、费用等各项指标，检查各项物资增减变动结存情况，按规定摊销折旧费用，并参与公司各种合同评审

6．负责公司及区域分公司财务报表汇总、账册、凭证、报告等各种资料的整理立卷归档工作，妥善保管公司财务档案，随时提供有关财务资料

7．负责公司职员工资及奖金的发放，个人所得税的代缴以及各项税收的申报和缴交工作，负责进行税务登记、年审等相关事宜

8．指导、督促所属分支机构的财务管理与会计核算

9．负责公司财会机构设置，对财务人员的配备、财务专业职务的设置和聘任提出方案，组织财务人员的培训和培训的评估，支持财务人员依法行使职权

10．负责总公司及区域分公司的财务审计工作

11．负责公司质量成本管理数据的分析并形成质量成本报告

岗位关键绩效指标

序号	考核指标	基本目标	分值	完成情况	考核分数
1	部门工作计划完成率	部门工作计划完成率达100%	15分		

（续表）

序号	考核指标	基本目标	分值	完成情况	考核分数
2	部门管理费用控制	部门管理费用控制在预算范围之内	15分		
3	财务体系规范化目标达成率	财务体系规范化目标达成率____%以上	10分		
4	公司财务预算控制率	公司财务预算控制率在____%以上	10分		
5	财务数据准确度	提交的各类报表、报告中数据出错的次数控制在____次以内	10分		
6	报表编制及时率	报表编制及时率在____%以上	10分		
7	财务费用降低率	财务费用降低率在____%以上	15分		
8	现金收支准确性	现金收支出错次数在____次以内	5分		
9	财务资料完好性	财务资料损坏、丢失、泄露的次数控制在____次以内	5分		
10	员工管理	部门员工绩效考核平均得分____分以上	5分		
综合考评分值					
主要成绩、缺点及改进建议：			直接领导人： 人力资源部负责人： 审批：		

二、财务稽核主管绩效考核表

财务稽核主管绩效考核如下表所示。

财务稽核主管绩效考核表

考评类别：□月度 □年度 □调薪 □转正 □晋职　　　　考评日期：

岗位	财务稽核主管	在岗人员	
岗位职责			
1．全面负责公司成本费用控制，编制公司成本费用季度及年度实施情况表，负责公司年度成本费用的实施和分解 2．认真执行国家会计法规和公司财务规章制度，对公司的各项业务进行全过程的监督，对原始凭证的有效性、款项实物的完整性、财务收支合法性、业务核算的准确性进行监督 3．负责公司财务稽核部局域网络的正常工作；负责财务软件各模块的正常工作			

（续表）

<table>
<tr><td colspan="6">4．负责快报、报表、附表及其财务说明书的编制与审核
5．加强内部稽核与控制，对公司及各管理处上报的原始单据、货币资金及凭证账簿报表等资料进行检查核对，保证资金的安全性和会计资料的真实性
6．对区域分公司财务工作进行检查和指导，负责区域分公司及下属企业的财务审计工作
7．掌握稽核室职员出勤情况，审核本部门职员的请假
8．每月召开一次稽核部门例会，传达上级指示，制订工作计划，部署工作任务
9．解决下属提出的具体困难和需要，处理相关投诉，协调本部门与其他部门之间的合作关系</td></tr>
<tr><td colspan="6">岗位关键绩效指标</td></tr>
<tr><td>序号</td><td>考核指标</td><td>基本目标</td><td>分值</td><td>完成情况</td><td>考核分数</td></tr>
<tr><td>1</td><td>部门工作计划完成率</td><td>部门工作计划完成率达100%</td><td>20分</td><td></td><td></td></tr>
<tr><td>2</td><td>部门管理费用控制</td><td>部门管理费用控制在预算范围之内</td><td>15分</td><td></td><td></td></tr>
<tr><td>3</td><td>稽核计划执行率</td><td>审计计划执行率在____%以上</td><td>15分</td><td></td><td></td></tr>
<tr><td>4</td><td>稽核报告一次通过率</td><td>稽核报告一次通过率在____%以上</td><td>15分</td><td></td><td></td></tr>
<tr><td>5</td><td>稽核问题追踪检查率</td><td>稽核问题追踪检查率在____%以上</td><td>12分</td><td></td><td></td></tr>
<tr><td>6</td><td>稽核结果准确性</td><td>稽核结果更正的次数在____次以下</td><td>8分</td><td></td><td></td></tr>
<tr><td>7</td><td>稽核报告证据充分性</td><td>因稽核证据不足而使审计结果被推翻的次数在____次以下</td><td>5分</td><td></td><td></td></tr>
<tr><td>8</td><td>稽核报告归档率</td><td>稽核报告归档率达100%</td><td>5分</td><td></td><td></td></tr>
<tr><td>9</td><td>员工管理</td><td>部门员工绩效考核平均得分在____分以上</td><td>5分</td><td></td><td></td></tr>
<tr><td colspan="3">综合考评分值</td><td colspan="3"></td></tr>
<tr><td colspan="3">主要成绩、缺点及改进建议：</td><td colspan="3">直接领导人：
人力资源部负责人：
审批：</td></tr>
</table>

三、会计核算主管绩效考核表

会计核算主管绩效考核如下页表所示。

会计核算主管绩效考核表

考评类别：□月度 □年度 □调薪 □转正 □晋职 考评日期：

<table>
<tr><td>岗位</td><td colspan="2">会计核算主管</td><td colspan="2">在岗人员</td><td></td></tr>
<tr><td colspan="6">岗位职责</td></tr>
<tr><td colspan="6">1．对原始凭证的有效性、款项实物的完整性、财务收支的合法性、业务核算的准确性进行监督
2．加强内部稽核与控制，对货币资金及凭证、账簿、报表等资料进行检查核对
（1）检查记账人员与经济业务事项和会计事项的审批人员、经办人员、财务保管人员的职责与权限
（2）检查分公司对外投资、经济合同、资产处置、资金调度等事项的执行情况
（3）检查财产清查的范围、期限和组织程序
（4）定期对下属企业的财务工作进行审计
（5）配合总公司财务稽核部搞好审计工作
3．定期检查各管理处收款员的工作，对他们的业务和遇到的问题进行培训指导
4．负责协调对外关系，解决下属提出的具体困难和需要，协调本部门与其他部门之间的合作关系
5．掌握会计核算室职员出勤情况，审核本部门职员的请假手续
6．每月召开一次会计核算室的例会，传达上级指示，制订工作计划，部署工作任务
7．解决下属提出的具体困难和需要，处理相关投诉，协调会计核算室与其他部门之间的合作关系</td></tr>
<tr><td colspan="6">岗位关键绩效指标</td></tr>
<tr><td>序号</td><td>考核指标</td><td>基本目标</td><td>分值</td><td>完成情况</td><td>考核分数</td></tr>
<tr><td>1</td><td>日常核算组织工作及时</td><td>及时：月度在每月3日之前；
年度在翌年1月15日之前</td><td>20分</td><td></td><td></td></tr>
<tr><td>2</td><td>日常核算准确性</td><td>准确：错误次数为0</td><td>20分</td><td></td><td></td></tr>
<tr><td>3</td><td>及时、准确完成税项工作</td><td>达到税务要求</td><td>15分</td><td></td><td></td></tr>
<tr><td>4</td><td>固定资产日常账务处理正确</td><td>出错次数：0次</td><td>15分</td><td></td><td></td></tr>
<tr><td>5</td><td>固定资产管理、盘点的正确率</td><td>100%</td><td>15分</td><td></td><td></td></tr>
<tr><td>6</td><td>档案保管完整、及时</td><td>100%</td><td>15分</td><td></td><td></td></tr>
<tr><td colspan="3">综合考评分值</td><td colspan="3"></td></tr>
<tr><td colspan="3">主要成绩、缺点及改进建议：</td><td colspan="3">直接领导人：
人力资源部负责人：
审批：</td></tr>
</table>

四、主办会计绩效考核表

主办会计绩效考核如下页表所示。

主办会计绩效考核表

考评类别：□月度 □年度 □调薪 □转正 □晋职　　　　考评日期：

<table>
<tr><td>岗位</td><td colspan="3">主办会计</td><td>在岗人员</td><td></td></tr>
<tr><td colspan="6">岗位职责</td></tr>
<tr><td colspan="6">1．对本公司所有的经济业务进行电算化会计核算，包括各种款项和有价证券的收付；库存商品的收发、增减和使用；债券债务的发生和结算；资本、基金的增减；收入、支出、费用、成本的计算；财务成果的计算和处理；需要办理会计手续、进行会计核算的其他事项
2．编制和出具每期财务报表，保证会计报表每一要素的真实性、完整性和合法性
3．负责检查分公司财务状况和内控制度，保证分公司财务工作的制度化、程序化、合法化配合其他财务人员各管理处收款工作，检查记账人员与经济业务事项和会计事项的审批人员、经办人员、财务保管人员的职责权限，检查重大对外投资、资产处置、资金调度等事项的执行情况，检查财产清查的范围、期限和组织程序，配合总公司财务稽核部搞好财务审计工作
4．审核公司各部门报销单据有无领导签字，原始凭证是否齐全、真实；审核各管理处报销原始单据的真实性及其收支情况的真实性
5．负责输入每期会计业务单据，保证会计信息的真实性，确保账实相符、账款相符、账账相符、账表相符
6．凭证账表的整理、装订、分类、归档</td></tr>
<tr><td colspan="6">岗位关键绩效指标</td></tr>
<tr><td>序号</td><td>考核指标</td><td>基本目标</td><td>分值</td><td>完成情况</td><td>考核分数</td></tr>
<tr><td>1</td><td>部门工作计划完成率</td><td>部门工作计划完成率达100%</td><td>15分</td><td></td><td></td></tr>
<tr><td>2</td><td>部门管理费用控制</td><td>部门管理费用控制在预算范围之内</td><td>10分</td><td></td><td></td></tr>
<tr><td>3</td><td>财务分析报告及时率</td><td>财务分析报告未在规定时间内完成的次数为0次</td><td>10分</td><td></td><td></td></tr>
<tr><td>4</td><td>日常核算工作准确性</td><td>日常核算数据出错次数低于____次</td><td>10分</td><td></td><td></td></tr>
<tr><td>5</td><td>会计报表编制准确性</td><td>会计报表出错次数低于____次</td><td>10分</td><td></td><td></td></tr>
<tr><td>6</td><td>会计凭证准确性</td><td>会计凭证不符合编制规则，或不符合事实的数量低于____次</td><td>10分</td><td></td><td></td></tr>
<tr><td>7</td><td>总账登记及时性</td><td>总账登记未在公司规定的时间内完成的次数低于____次</td><td>10分</td><td></td><td></td></tr>
<tr><td>8</td><td>对账、结账及时性</td><td>对账、结账未在公司规定的时间内完成的次数低于____次</td><td>10分</td><td></td><td></td></tr>
<tr><td>9</td><td>会计凭证归档率</td><td>会计凭证归档率达100%</td><td>10分</td><td></td><td></td></tr>
</table>

（续表）

序号	考核指标	基本目标	分值	完成情况	考核分数
10	员工管理	部门员工绩效考核平均得分在____分以上	5分		
综合考评分值					
主要成绩、缺点及改进建议：			直接领导人： 人力资源部负责人： 审批：		

五、会计绩效考核表

会计绩效考核如下表所示。

会计绩效考核表

考评类别：□月度　□年度　□调薪　□转正　□晋职　　　　　考评日期：

岗位	会计		在岗人员		
岗位职责					
1．审核公司各部门每日上报原始单据的真实性，审核各管理处每日上报原始单据及收支情况的真实性 2．负责输入每期会计业务单据，保证会计信息的真实性，确保账实相符、账款相符、账账相符、账表相符 3．整理会计凭证、账簿、报表及其他相关的会计资料，并装订成册，进行归档、妥善保管 4．复印、打印和财务部日常事务，完成领导交给的其他任务					
岗位关键绩效指标					
序号	考核指标	基本目标	分值	完成情况	考核分数
1	财务分析报告及时率	财务分析报告及时完成率100%	15分		
2	日常核算工作准确性	日常核算数据出错次数为0次	15分		
3	会计报表编制准确性	会计报表出错次数为0次	15分		
4	会计凭证准确性	会计凭证符合编制规则，符合事实的数量	15分		
5	总账登记及时性	总账登记在公司规定时间内完成	15分		
6	对账、结账及时性	在规定时间内完成对账、结账，未有出错	15分		

（续表）

序号	考核指标	基本目标	分值	完成情况	考核分数
7	会计凭证归档情况	及时、完整地归档	10分		
综合考评分值					
主要成绩、缺点及改进建议：			直接领导人： 人力资源部负责人： 审批：		

六、出纳绩效考核表

出纳绩效考核如下表所示。

出纳绩效考核表

考评类别：□月度 □年度 □调薪 □转正 □晋职　　　　考评日期：

岗位	出纳		在岗人员		
岗位职责					
1．及时、准确办理公司总部及各管理处的货币收支结算业务 2．月底盘点库存现金、核对银行存款，做到账款相符 3．严格掌握现金限额，保证资金安全性 4．严格按公司财务管理制度中《现金支票的借支与管理》规定办理现金与支票的领用、签发及核销 5．根据审核无误的会计凭证及时登记现金、银行存款日记账，记账差错率小于5‰ 6．每月末及时核对现金日记账与库存现金、银行存款日记账及银行对账单和日记账与总账的核对 7．编制银行存款余额调节表并及时查明未达账项原因，做到账款相符、账账相符					
岗位关键绩效指标					
序号	考核指标	基本目标	分值	完成情况	考核分数
1	收付业务的准确完成率	完全准确，投诉次数每月为0次	20分		
2	库存现金账实相符	月底盘点库存现金、核对银行存款，做到账款相符	20分		
3	工资审核、制表的及时性、准确性	员工投诉次数为0	10分		
4	保险费审核的准确性	错误率为0	10分		
5	完成有关制证工作	有关凭证填写完整、准确、清晰；审核细致认真；制证及时、规范，保存完好；当日制证	10分		

（续表）

序号	考核指标	基本目标	分值	完成情况	考核分数
6	记账差错率	根据审核无误的会计凭证及时登记现金、银行存款日记账，记账差错率小于5‰	10分		
7	对账的及时性	每月末及时核对现金日记账与库存现金、银行存款日记账及银行对账单和日记账与总账的核对；账款相符、账账相符	10分		
8	凭证、银行印鉴、支票的保管	安全、无遗失	10分		
综合考评分值					
主要成绩、缺点及改进建议：			直接领导人： 人力资源部负责人： 审批：		

七、税务员绩效考核表

税务员绩效考核如下表所示。

税务员绩效考核表

考评类别：□月度 □年度 □调薪 □转正 □晋职　　　　考评日期：

岗位	税务员	在岗人员	
岗位职责			
1．填制“纳税申报表”及各类申报附表；审核（国税《发票使用明细表》）并计算税款及汇总；将领取的增值税专用发票进行认证，并按税务局有关规定装订成册及填制明细报表，每月10日前（节假日顺延）到主管征收分局申报税款 2．填制纳税申报表（包括停车场），及时做好个人所得税明细表及汇总表；每月21日前到主管税务机关申报税款 3．根据季度会计报表按时填制“重点税源情况调查表”，每季度按时将“季度会计报表”及“重点税源调查情况表”送地方税务局第二检查分局主管科室 4．负责税务注销、登记、变更，及时与相关税务部门做好税务协调工作 5．定期向国家税务局申请领购及验销增值税专用发票，严格按照增值税发票的使用规定向业主（必须为一般纳税人）开具专用发票，严格按照国家税务局要求保管增值税专用发票			

（续表）

<table>
<tr><td colspan="6">6．验销、保管各类普通发票、收据，根据公司业务需要及时向主管税务机关申请领购各类专业发票及验销；对各类发票收据进行审核编号、盖章；检查发票、收据填写是否规范；验销及按顺序发放发票、收据；清点各类发票及核实发票的填制金额；将税务机关已验销完的发票整理归档；发票保管期满，向主管税务机关申请办理发票销毁手续
7．协助各管理处做好家庭装修税收征收工作，负责税票领取、保管、使用及与税务局结算代收税款；协助各管理处做好家庭装修税款有关税务的咨询、解释及税务联系等
8．做好纳税资料的装订及档案管理；其他相关税务资料的整理及档案管理； 工资表、各类津贴表的装订及保管工作
9．按规定统计公司、管理处房屋租赁收费情况及将租赁合同整理归档</td></tr>
<tr><td colspan="6">岗位关键绩效指标</td></tr>
<tr><td>序号</td><td>考核指标</td><td>基本目标</td><td>分值</td><td>完成情况</td><td>考核分数</td></tr>
<tr><td>1</td><td>税务申报的及时性、准确率</td><td>无人为原因造成滞纳金或罚款</td><td>20分</td><td></td><td></td></tr>
<tr><td>2</td><td>税务注销、登记、变更</td><td>及时、符合要求</td><td>20分</td><td></td><td></td></tr>
<tr><td>3</td><td>发票管理使用的合法性</td><td>发票的领购、使用、保管、核销符合税务部门的要求，无违规事项发生</td><td>20分</td><td></td><td></td></tr>
<tr><td>4</td><td>档案管理的及时性、准确性</td><td>纳税资料的装订及档案管理及时，符合企业规定</td><td>20分</td><td></td><td></td></tr>
<tr><td>5</td><td>房屋租赁统计</td><td>按规定统计公司、管理处房屋租赁收费情况及将租赁合同整理归档</td><td>20分</td><td></td><td></td></tr>
<tr><td colspan="3">综合考评分值</td><td colspan="3"></td></tr>
<tr><td colspan="3">主要成绩、缺点及改进建议：</td><td colspan="3">直接领导人：
人力资源部负责人：
审批：</td></tr>
</table>

八、采购主管绩效考核表

采购主管绩效考核如下页表所示。

采购主管绩效考核表

考评类别：□月度　□年度　□调薪　□转正　□晋职　　　　考评日期：

<table>
<tr><td>岗位</td><td colspan="2">采购主管</td><td>在岗人员</td><td colspan="2"></td></tr>
<tr><td colspan="6">岗位职责</td></tr>
<tr><td colspan="6">1．每月对供应商不合格次数进行统计，做相应处理；每半年组织一次物料供应商意见调查和对已有供应商作出评价
2．收集相关物料信息，并每月汇总整理，与现物料价格进行比较；对需新采购物料进行价格的市场调查，确定价格
3．组织大宗物料采购的定样、预算及招标工作，确定物料预算、发布招标书，调查分析，确定采购物品的定样与价格
4．参与制定和审核公司与供应商所签订的物料供应合同
5．组织本部门职员的业务培训学习，控制、审核本部门各类费用开支，编制、修订部门规章制度及作业指导书
6．负责审核各类统计报表并对统计报表进行分析，制定物料采购的价格、库存情况、物料使用量等的分析报告</td></tr>
<tr><td colspan="6">岗位关键绩效指标</td></tr>
<tr><td>序号</td><td>考核指标</td><td>基本目标</td><td>分值</td><td>完成情况</td><td>考核分数</td></tr>
<tr><td>1</td><td>供应商选择</td><td>选择供应商提供的产品符合公司质量要求</td><td>15分</td><td></td><td></td></tr>
<tr><td>2</td><td>供应商不合格处理率</td><td>不合格处理及时、准确</td><td>15分</td><td></td><td></td></tr>
<tr><td>3</td><td>采购价格</td><td>信息收集及时并准确把握市场价格，采购价格不高于市场平均价格</td><td>15分</td><td></td><td></td></tr>
<tr><td>4</td><td>大宗物料采购的招标工作</td><td>确定采购后5个工作日内完成预算、发布招标书，跟踪招标采购过程，控制质量符合采购要求，价格不能超预算的5%</td><td>15分</td><td></td><td></td></tr>
<tr><td>5</td><td>合同签订</td><td>合同中条款无误，不发生合同纠纷</td><td>15分</td><td></td><td></td></tr>
<tr><td>6</td><td>部门管理</td><td>本部门职员无严重违反公司管理规定行为，无不合理开支</td><td>10分</td><td></td><td></td></tr>
<tr><td>7</td><td>各类统计报表的审核与分析</td><td>报表无误差，每半年进行一次分析并提交报告</td><td>15分</td><td></td><td></td></tr>
<tr><td colspan="3">综合考评分值</td><td colspan="3"></td></tr>
</table>

（续表）

主要成绩、缺点及改进建议：	直接领导人： 人力资源部负责人： 审批：

九、采购员绩效考核表

采购员绩效考核如下表所示。

采购员绩效考核表

考评类别：□月度　□年度　□调薪　□转正　□晋职　　　　考评日期：

岗位	采购员		在岗人员		
岗位职责					
1．按照公司采购计划，及时采购所需物资 2．采购物品入库时按程序办理入库手续 3．采购标准以优质、优价为宗旨，采购物品要勤跑多问、货比三家，注意节约资金，力求选购价廉物美的物品，不采购残、次、过期、假冒或不适用的物品 4．遵守财务制度，费用支出有凭有据，执行验收程序，采购的物品及时报销，日清月结 5．妥善保管现金、支票，防止丢失被盗 6．定期提交供应商评审报告，提议进行供应商评审，提报合格供应商资料，供领导参考					
岗位关键绩效指标					
序号	考核指标	基本目标	分值	完成情况	考核分数
1	采购计划的完成情况	采购申请提出后在规定时间内完成，对常用大宗物料购置及时且保证合理库存量；不出现无计划或无审批采购	30分		
2	采购物品的质量	所采购的物料质量符合申请者及环境、安全要求，发现质量问题及时处理	30分		
3	供应商供货的及时性	物料采购能满足管理处需求，按时供货	20分		
4	信息搜集	供应商供货信息、物料价格信息搜集及时	20分		
综合考评分值					
主要成绩、缺点及改进建议：			直接领导人： 人力资源部负责人： 审批：		

第七章　行政部绩效考核表

一、行政部经理绩效考核表

行政部经理绩效考核如下表所示。

行政部经理绩效考核表

考评类别：□月度　□年度　□调薪　□转正　□晋职　　　　考评日期：

岗位	行政部经理	在岗人员	

岗位职责

1．全面主持行政事务部工作，严格遵守国家法律以及各级政府的有关法规，执行公司的各项工作指令和决策
2．建立和完善公司各项管理规章制度，并监督贯彻执行
3．负责公司管理体系文件及行政文件的审核、发布
4．列席参加公司各类行政会议，做好会议记录并负责落实会议精神
5．公司信息平台的建立和维护
6．负责公司各类印章、介绍信、证明、证书的管理
7．审核公司发生的行政费用管理，并降低本部门行政费用
8．安排公司的对外接待，保持与政府部门、上级主管单位的联络
9．对公司总部车辆进行管理
10．对本部门新职员入职指引，对本部门对口的业务负责组织编写教材并实施培训
11．召开部门例会，传达上级指示，部署工作任务，制订部门计划
12．协调部门与管理处的关系及本部门与其他部门、管理处的关系
13．掌握本部门职员出勤情况，审核本部门职员请假手续

岗位关键绩效指标

序号	考核指标	基本目标	分值	完成情况	考核分数
1	行政费用管理	控制在预算范围之内，超出预算额＜1%	15分		
2	信息平台的建立和维护	信息畅通，获得有效利用	15分		
3	办公用品管理	严格按规定执行，无浪费现象	15分		

（续表）

序号	考核指标	基本目标	分值	完成情况	考核分数
4	文件起草与下发的及时性	及时，未因工作失误而造成损失	10分		
5	固定资产管理	账、卡齐全，责任人员到位，无固定资产流失现象	15分		
6	车辆管理	车辆调配使用符合公司规定，确保工作用车	10分		
7	内外沟通协调	各部门与管理处的关系及本部门与其他部门的关系融洽，部门间合作无间	10分		
8	规章制度的规范性与完善程度	制度完善，有版本记录	5分		
9	部门员工培训工作	100%地完成工作	5分		
综合考评分值					
主要成绩、缺点及改进建议：			直接领导人： 人力资源部负责人： 审批：		

二、行政秘书绩效考核表

行政秘书绩效考核如下表所示。

行政秘书绩效考核表

考评类别：□月度 □年度 □调薪 □转正 □晋职　　　　考评日期：

岗位	行政秘书	在岗人员	
岗位职责			
1．负责公司总经理办公室日常事务工作，做好总经理办公室来访人员的接待工作 2．负责公司及总经理办公室函电、文件的收、发、传递、呈阅、催办、清理、归档处理工作 3．做好公司大事记记录，各类会议记录 4．起草公司有关行政文件 5．负责公司的各类会议及会务的安排 6．负责各部门月度绩效目标计划的整理汇总，跟进各部门月度绩效目标的执行情况			

（续表）

7．负责总经理办公室文件、资料、档案的管理 8．做好保密工作，严防泄密的发生					
岗位关键绩效指标					
序号	考核指标	基本目标	分值	完成情况	考核分数
1	文件起草的及时性、规范性	及时，符合公司规范	15分		
2	文件、资料、档案管理的差错率	错误率为0	15分		
3	信息搜集及时性与准确性	及时、准确	15分		
4	会议准备情况	每次会议准备充分，通知及时发放，未耽误人员参加	15分		
5	文件出错率	出错率为0	15分		
6	沟通协调	与其他部门、各管理处的沟通协调良好	15分		
7	保密工作	未有泄密现象	10分		
综合考评分值					
主要成绩、缺点及改进建议：			直接领导人： 人力资源部负责人： 审批：		

三、内务主管绩效考核表

内务主管绩效考核如下表所示。

内务主管绩效考核表

考评类别：□月度　□年度　□调薪　□转正　□晋职　　　　　考评日期：

岗位	内务主管	在岗人员	
岗位职责			
1．负责公司营业执照、资质证书、信誉证书等证的一年一度年审 2．负责企业及分支机构设立、变更、注销、许可证的申报审批及印章的刻制 3．负责提供营业执照复印件 4．负责审核公司各类行政管理费用，并对费用进行统计 5．负责公司电话机、传真机的管理及费用控制			

（续表）

<table>
<tr><td colspan="6">6．负责公司办公区域设施设备的请修
7．负责公司招待所、片区职员宿舍的调配、日常监督管理及公共场所的管理工作
8．负责公司办公区域办公设备、办公用品及工作服的管理工作
9．负责公司车辆维修、保养、年审计划的制定和督导执行
10．负责公司办公环境保洁、安全方案的实施与监督
11．对总务新职员进行入职指引
12．负责公司伙食质量的监督工作，定期对公司宿舍、招待所、食堂等进行意见调查</td></tr>
<tr><td colspan="6">岗位关键绩效指标</td></tr>
<tr><td>序号</td><td>考核指标</td><td>基本目标</td><td>分值</td><td>完成情况</td><td>考核分数</td></tr>
<tr><td>1</td><td>公司证照年审</td><td>各种证照年检，未超期，未漏检</td><td>10分</td><td></td><td></td></tr>
<tr><td>2</td><td>行政管理费用的统计与审核</td><td>费用统计准确、无差错</td><td>10分</td><td></td><td></td></tr>
<tr><td>3</td><td>办公区域环境卫生情况</td><td>办公区域干净整洁</td><td>15分</td><td></td><td></td></tr>
<tr><td>4</td><td>员工宿舍管理</td><td>宿舍利用率高，无意外事件发生</td><td>15分</td><td></td><td></td></tr>
<tr><td>5</td><td>员工食堂管理</td><td>检查合格</td><td>15分</td><td></td><td></td></tr>
<tr><td>6</td><td>车辆调度的合理性</td><td>调度合理，无投诉，车辆维修保养费控制在合理范围内</td><td>15分</td><td></td><td></td></tr>
<tr><td>7</td><td>企业范围内的安全</td><td>安全保卫措施到位，无安全事故</td><td>10分</td><td></td><td></td></tr>
<tr><td>8</td><td>内部沟通协调</td><td>与各部门沟通协调良好，无投诉</td><td>10分</td><td></td><td></td></tr>
<tr><td colspan="3">综合考评分值</td><td colspan="3"></td></tr>
<tr><td colspan="3">主要成绩、缺点及改进建议：</td><td colspan="3">直接领导人：
人力资源部负责人：
审批：</td></tr>
</table>

四、行政事务专员绩效考核表

行政事务专员绩效考核如下页表所示。

行政事务专员绩效考核表

考评类别：□月度 □年度 □调薪 □转正 □晋职 考评日期：

岗位	行政事务专员		在岗人员		
岗位职责					
1．负责公司办公家具、设备、用品的选购与使用管理 2．负责公司各类设备、设施维护，水、电、气、热等能源后勤保障工作 3．进行宣传与安全检查，代表公司与物业部门交涉，管理公司用水、用电情况 4．办理公司购车、车辆年检的相关手续，安排活动用车，并统计人员用车的费用 5．负责商标的申办、报批、续展、资料更改等相关工作 6．负责公务用飞机、火车的票务订购、外来客人住宿安排、公司商务用餐预定安排工作 7．负责公司名片、公司图册、图片、说明书、台历、明信片等的印刷工作 8．负责公司档案（人事档案除外）的建立、保管及查询、借阅等工作 9．负责各项荣誉申报材料的搜集、整理、准备工作 10．负责各种办公、管理费用的结算工作					
岗位关键绩效指标					
序号	考核项目	基本目标	分值	完成情况	考核分数
1	公司证照年审	各种证照年检，未超期、未漏检	15分		
2	办公家具、设备的选购与使用管理	选购货比三家，价位合理，使用的分配合理	15分		
3	办公区域环境卫生情况	办公区域干净整洁	15分		
4	员工宿舍管理	宿舍利用率高，无意外事件发生	15分		
5	办公用品的选购与管理	货比三家，严格进行领用控制，降低成本	15分		
6	车辆管理	及时办理公司车辆的年检手续及统计人员用车的费用	15分		
7	内部沟通协调	与各部门沟通协调良好，无投诉	10分		
综合考评分值					
主要成绩、缺点及改进建议：			直接领导人： 人力资源部负责人： 审批：		

五、前台接待员绩效考核表

前台接待员绩效考核如下页表所示。

前台接待员绩效考核表

考评类别：□月度 □年度 □调薪 □转正 □晋职 考评日期：

<table>
<tr><td>岗位</td><td>前台接待员</td><td>在岗人员</td><td colspan="3"></td></tr>
<tr><td colspan="6">岗位职责</td></tr>
<tr><td colspan="6">1．接听电话，接收传真，记录留言，按要求转接电话或记录信息，确保及时准确
2．对来访客人做好接待、登记、引导，安排洽谈地点，及时通知被访人员
3．保持公司清洁卫生，展示公司良好形象
4．监督员工每日考勤情况，负责每月统计公司员工的考勤情况，考勤资料存档
5．负责公司快递、信件、包裹的收发工作
6．负责办公用品的采购工作，做好登记存档，并对办公用品的领用、发放、出入库做好登记，建立办公用品管理台账，保证账物相符
7．不定时检查用品库存，及时申请采购，做好后勤保障工作
8．负责复印、传真和打印等设备的使用与管理工作，合理使用，降低材料消耗
9．负责整理、分类、保管公司常用表格并依据实际使用情况进行增补
10．负责做好公司例会及中高层领导的会议记录</td></tr>
<tr><td colspan="6">岗位关键绩效指标</td></tr>
<tr><td>序号</td><td>考核项目</td><td>基本目标</td><td>分值</td><td>完成情况</td><td>考核分数</td></tr>
<tr><td>1</td><td>接待事务处理差错延迟次数</td><td>0次</td><td>15分</td><td></td><td></td></tr>
<tr><td>2</td><td>接待服务质量</td><td>客人投诉次数为0次</td><td>15分</td><td></td><td></td></tr>
<tr><td>3</td><td>报纸、信件、刊物等分发事务</td><td>分发无差错、无延迟</td><td>10分</td><td></td><td></td></tr>
<tr><td>4</td><td>外来人员进入办公室登记工作的严格性</td><td>登记记录完整，没有未登记情况</td><td>10分</td><td></td><td></td></tr>
<tr><td>5</td><td>前台接待服务礼仪</td><td>符合公司相关工作规范</td><td>10分</td><td></td><td></td></tr>
<tr><td>6</td><td>办理票务准确与及时性</td><td>差错、延迟数为0次</td><td>10分</td><td></td><td></td></tr>
<tr><td>7</td><td>办公室钥匙管理</td><td>无违规使用情况</td><td>10分</td><td></td><td></td></tr>
<tr><td>8</td><td>办公室门窗的管理</td><td>及时，到位</td><td>10分</td><td></td><td></td></tr>
<tr><td>9</td><td>监督、督促办公室的清洁工作</td><td>认真，办公环境整洁</td><td>10分</td><td></td><td></td></tr>
<tr><td colspan="3">综合考评分值</td><td colspan="3"></td></tr>
<tr><td colspan="3">主要成绩、缺点及改进建议：</td><td colspan="3">直接领导人：
人力资源部负责人：
审批：</td></tr>
</table>

六、司机绩效考核表

司机绩效考核如下表所示。

司机绩效考核表

考评类别：□月度 □年度 □调薪 □转正 □晋职　　　考评日期：

岗位	司机		在岗人员		
岗位职责					
1. 根据行政管理部的用车安排完成指定任务 2. 负责公司车辆的安全驾驶工作，定期参加司机安全学习 3. 负责车辆日常保养工作，建立车辆保养日志 4. 负责公司车辆年检及各项保险办理 5. 负责公司人员车辆事故处理工作 6. 负责领导指派的客户的接待工作 7. 自觉搞好车辆车容，保持车辆清洁卫生					
岗位关键绩效指标					
序号	考核项目	基本目标	分值	完成情况	考核分数
1	出车准确率	按照业务所需，准确率达100%	30分		
2	出车安全	遵守交通规则，安全驾驶、不违章行驶，无交通事故发生	20分		
3	车辆用油	车辆用油控制在合理范围内	20分		
4	车辆维护	定期日常保养维护，发现问题及时汇报，车况良好，车况点检表记录完整，无因主观原因造成车辆机件损坏的情况	10分		
5	车辆卫生	定期清扫车辆，保持车辆整洁	10分		
6	车辆保险	及时办理好车辆的年审、保险、报验工作	10分		
综合考评分值					
主要成绩、缺点及改进建议：			直接领导人： 人力资源部负责人： 审批：		

第八章　人力资源部绩效考评

一、人力资源经理绩效考核表

人力资源经理绩效考核如下表所示。

人力资源经理绩效考核表

考评类别：□月度　□年度　□调薪　□转正　□晋职　　　　考评日期：

岗位	人力资源经理		在岗人员		
岗位职责					
1．制定人力资源战略规划，为重大人事决策提供建议和信息支持 2．组织制定并不断完善各部门相应的岗位说明书、工作规范等，并根据公司职位调整需要进行相应的变更，保证岗位说明书与实际相符 3．统筹安排“招聘与配置、培训与开发、薪酬与绩效、劳动关系与社保”等工作 4．规划人力结构及制定人才梯队建设方案，做好公司的人才储备和开发工作 5．制订本部门年度工作目标和工作计划，并将组织实施情况及时向上级领导汇报 6．根据部门人员需求情况，提出公司内部人员调配方案（包括人员新增、任命及分工），经上级领导审批后实施，促进人员的优化配置 7．公司整体人力资源的汇总、分析、上报 8．公司劳动纪律、规章制度的执行监督及违纪人员的处理工作 9．协调处理各种人事和劳资纠纷					
岗位关键绩效指标					
序号	考核指标	基本目标	分值	完成情况	考核分数
1	人力资源工作计划按时完成率	100%完成	13分		
2	招聘计划完成率	控制在预算范围之内	13分		
3	培训计划完成率	在____%以上	12分		
4	绩效考核计划按时完成率	在____%以上	12分		
5	绩效考核申诉处理及时率	在____%以上	10分		

（续表）

序号	考核指标	基本目标	分值	完成情况	考核分数
6	工资与奖金计算差错次数	提交的各类报表、报告中数据出错的次数控制在____次以内	10分		
7	核心员工流失率	在____%以下	10分		
8	对下属绩效考核	及时、公平、公正，做好业绩沟通	10分		
9	部门内部管理	本部门的规章制度规范，工作流程顺畅	10分		
综合考评分值					
主要成绩、缺点及改进建议：			直接领导人： 人力资源部负责人： 审批：		

二、招聘专员绩效考核表

招聘专员绩效考核如下表所示。

招聘专员绩效考核表

考评类别：□月度 □年度 □调薪 □转正 □晋职 考评日期：

岗位	招聘专员	在岗人员	
岗位职责			
1．负责公司劳动合同的管理，编制和完善员工劳动合同条款，建立劳动合同书，根据劳动合同管理程序，做好新员工合同签订、老员工合同续签工作 2．负责岗位评估和定岗定编工作，编制相应的岗位说明书，并根据公司实际需求进行相应的岗位调整，保证岗位说明书与实际相符 3．根据公司人力资源发展规划，结合公司实际状况和岗位设置的情况，组织招聘活动，负责开发和拓宽招聘渠道，提高招聘效率，建立与各人才市场、专业网站的长期联系 4．负责建立和更新集团员工的档案管理工作，做好档案信息化的数据维护工作 5．负责公司招聘渠道的评估工作，包括及时率、到岗率、离职率等 6．负责接待来公司的面试人员，根据招聘管理程序，对应聘人员进行初试，办理新员工入职手续，与用人部门沟通进行新员工入职培训 7．负责公司员工异动、离职手续的办理，定期对人员离职信息进行汇总，统计公司员工流失率			

（续表）

8．负责定期更新网站招聘信息，维护公司招聘网站，做好内部举荐宣传工作 9．做好与其他部门的沟通协作，完成上级领导交办的其他工作					
岗位关键绩效指标					
序号	考核指标	基本目标	分值	完成情况	考核分数
1	招聘计划、培训计划的制订	计划规范，有可执行性	15分		
2	招聘目标完成率	98%完成	20分		
3	招聘人员的质量/业绩表现	招聘人员适合所聘岗位，试用期内离职率低于2%	15分		
4	人员结构比率	各职务层次人才比率符合预定目标	20分		
5	招聘费用控制	控制在预算范围内	15分		
6	事务性工作完成率	及时、质量高、效率高	15分		
综合考评分值					
主要成绩、缺点及改进建议：			直接领导人： 人力资源部负责人： 审批：		

三、培训专员绩效考核表

培训专员绩效考核如下表所示。

培训专员绩效考核表

考评类别：□月度 □年度 □调薪 □转正 □晋职　　　　考评日期：

岗位	培训专员	在岗人员	
岗位职责			
1．负责新入职员工的培训 2．负责对公司内部进行培训需求调查 3．负责组织实施公司培训及培训考核，协调跟进各部门培训及考核 4．负责公司外部培训的联络和组织，协助外派培训的联络、洽谈等事宜，根据需要引进培训项目 5．与培训师沟通培训相关事宜，如场地、教材、设备和培训用品，并管理这些物品 6．与相关部门配合，进行调查研究，明确培训目的 7．负责建立员工培训档案			

（续表）

8．负责年度培训的总结及效果评估，反馈培训结果，并总结归档 9．负责进行年度和月度培训预算，编制培训预算报表					
岗位关键绩效指标					
序号	考核指标	基本目标	分值	完成情况	考核分数
1	培训工作计划的完成率	100%完成	15分		
2	员工对培训工作的满意度	98%满意	15分		
3	培训覆盖率	85%以上覆盖	15分		
4	培训费用控制	控制在预算范围内	15分		
5	培训考核达标率	90%以上达标	15分		
6	培训档案的归档与管理	100%归档，按企业文档管理制度执行管理	15分		
7	事务性工作完成率	100%完成	10分		
综合考评分值					
主要成绩、缺点及改进建议：			直接领导人： 人力资源部负责人： 审批：		

四、培训讲师绩效考核表

培训讲师绩效考核如下表所示。

培训讲师绩效考核表

考评类别：□月度　□年度　□调薪　□转正　□晋职　　　　考评日期：

岗位	培训讲师	在岗人员	
岗位职责			
1．协助部门经理完成新员工岗前培训工作，组织做好各类专题培训工作，负责各项培训的总结工作，并及时呈报部门经理 2．根据企业培训需求，在部门经理的指导下，收集、评估相关课程、学习资料 3．根据培训内容负责编写、购买、复印培训教材 4．开拓并维护合适的学习与培训渠道，确保培训资料的丰富性与适用性 5．了解学员需求，参与培训授课，编制培训讲义，做好备课工作			

（续表）

6．丰富课程内容，涉及课程结构，做好现场把控，根据课程反馈不断完善培训课程 7．做好培训记录，并跟进培训后的效果反馈 8．分析总结培训工作，提出培训管理与课程完善的合理化建议 9．对培训效果进行评估，并提交分析报告					
岗位关键绩效指标					
序号	考核指标	基本目标	分值	完成情况	考核分数
1	培训计划的完成率	100%完成	15分		
2	课程内容的实用性	内容符合企业实际需要	15分		
3	课程的范围与深度	范围与深度符合学员的实际	15分		
4	授课方式的适宜性	课堂气氛的掌控能力强，宽松、和谐、活跃	15分		
5	课程结构的合理性	课程结构合理，能系统地介绍知识	15分		
6	对培训教材的满意程度	学员满意度高	15分		
7	授课准备程度（包括出勤）	准备比较充分，全勤	10分		
综合考评分值					
主要成绩、缺点及改进建议：			直接领导人： 人力资源部负责人： 审批：		

五、薪酬专员绩效考核表

薪酬专员绩效考核如下表所示。

薪酬专员绩效考核表

考评类别：□月度　□年度　□调薪　□转正　□晋职　　　　考评日期：

岗位	薪酬专员	在岗人员	
岗位职责			
1．负责公司员工薪资、福利费用及互助金的核算，建立各种薪酬信息台账 2．完成公司人力成本分析及月度人事薪酬报表 3．负责各类奖罚的统计与执行			

（续表）

4．负责员工薪酬福利的贯彻、宣传、咨询工作 5．负责薪酬及各项福利、社会保险的档案资料维护和管理 6．负责员工社会保险及商业保险的办理，参保、退保、转保及其他相关工作					
岗位关键绩效指标					
序号	考核指标	基本目标	分值	完成情况	考核分数
1	薪酬调查工作	定期开展薪酬调查，并有调查报告	15分		
2	薪酬（工资与奖金）计算准确率	100%准确	15分		
3	员工保险、福利计算与发放准确率	100%准确	15分		
4	员工薪酬满意度调查与沟通	定期开展调查，并出具调查报告，积极与员工就薪酬进行沟通	15分		
5	员工保险工作的办理及时性、准确性	及时办理，准确率高，未有投诉现象	15分		
6	薪酬资料管理	资料及时归档，管理规范，可追溯	15分		
7	事务性工作完成情况	及时、质量高、效率高	10分		
综合考评分值					
主要成绩、缺点及改进建议：			直接领导人： 人力资源部负责人： 审批：		

六、绩效考核专员绩效考核表

绩效考核专员绩效考核如下表所示。

绩效考核专员绩效考核表

考评类别：□月度　□年度　□调薪　□转正　□晋职　　　　　　考评日期：

岗位	绩效考核专员	在岗人员	
岗位职责			
1．依据公司现状，对年度绩效状况进行总结，提出改进意见，书写《年度绩效工作总结》 2．关注每月部门绩效考核结果，应于每月底提交《全员考核情况总结报告》			

（续表）

3．与相关人员进行持续有效的沟通，从而了解企业各部门、各岗位的工作内容，指导和协助各部门进行绩效体系的完善，督促与绩效相关的流程优化工作

4．每月跟进部门绩效考核数据提交情况，并对提交的考核数据进行汇总统计

5．监督各部门开展绩效面谈工作，使面谈工作确切落实，每季度组织一次问卷调查，问卷调查覆盖范围不低于20%，对绩效反馈的结果进行分类统计和分析

6．对各部门提出的异议进行收集，并反馈给上级，协调组织绩效申诉的裁决，并通知裁决结果

7．每月进行一次全员考核数据表单的抽查或全查，并做好相关记录

8．依据绩效结果及绩效检查情况的总结分析结果，提出绩效改进建议，并协调各部门进行考核方式、标准及流程的优化

9．员工入职时，书写新入职员工岗位说明书，书写工作通知书中有关岗位职责的内容

岗位关键绩效指标					
序号	考核指标	基本目标	分值	完成情况	考核分数
1	绩效考核计划按时完成率	100%完成	15分		
2	绩效考核总结报告提交的及时性	于考核结束后____日内提交	15分		
3	考核数据的准确性	每项数据都有来源，是客观、准确的	15分		
4	绩效考核的跟进	及时跟进，有详细的汇总统计表	15分		
5	绩效问卷调查	每季组织一次问卷调查，并有统计和分析报告	10分		
6	绩效异议的收集与处理	及时收集、及时反馈	10分		
7	考核文件资料管理的规范性	资料及时归档，管理规范，可追溯	10分		
8	事务性工作完成情况	及时、质量高、效率高	10分		
综合考评分值					
主要成绩、缺点及改进建议：			直接领导人： 人力资源部负责人： 审批：		

第九章 物业管理处绩效考核表

一、物业管理处经理绩效考核表

物业管理处经理绩效考核如下表所示。

物业管理处经理绩效考核表

考评类别：□月度 □年度 □调薪 □转正 □晋职　　　　考评日期：

岗位	物业管理处经理	在岗人员	
岗位职责			
1．完成管理处经营管理目标责任书中的经济指标 2．根据公司总的质量方针，组织制定管理处服务品质改进计划并实施，对管理处日常服务品质进行有效监控 3．监管本管理处公章，审核签发日常工作申请、报告及其他行政文件，审核权限范围内的协议、工程合同、经济合同及分包方合同等工作文书 4．审核管理处年度用水用电计划、管理处年度工具配置计划、管理处年度社区文化活动计划、管理处设备大中修计划、管理处设备保养计划，编制管理处年度经营计划、管理处每月工作计划 5．制订本管理处的创优保优计划，组织本管理处相关人员实施创优保优计划 6．对本管理处环境、职业安全方面的因素进行评估，并制定相应的措施 7．营造积极向上、努力实现公司与管理处经营管理目标的、活跃进取的管理处工作团队 8．处理好与发展商、政府部门、业主及物业使用人的关系，处理好本管理处和其他部门之间的关系，解决下属提出的具体困难和需要 9．挖掘经营潜力：在小区的经营管理中，进行合理合法的经营潜力的挖掘 10．对本管理处主管以上职员进行入职指引，推动本管理处培训的实施，积极培养本管理处内部合格培训师 11．每周至少组织一次早读与工作例会，负责本管理处主管以上职员考勤，按权限规定批准本管理处职员的请假 12．负责组织编制和修订本部门业务范围内涉及的作业指导书，向品质部提出完善小区管理制度的申请，待品质部批准后，逐步完善小区各项管理制度 13．营造良好的社区文化氛围，积极推动社区文化活动的开展			

（续表）

岗位关键绩效指标					
序号	考核指标	基本目标	分值	完成情况	考核分数
1	经营目标	完成利润____元/月	20分		
2	物业管理费收缴率	＞99%	20分		
3	有效投诉处理及时率	100%	8分		
4	影响电梯正常运行的故障	无	8分		
5	重大安全、消防责任事故	无	8分		
6	业主对物业管理服务质量的综合满意率	＞95%	8分		
7	全年非预期性的停水、停电	各不超过2次	8分		
8	关键员工流失率	流失率控制在1%以内	8分		
9	对下属绩效考核	及时、公平、公正，做好业绩沟通	6分		
10	管理处内部管理	本部门的规章制度规范，工作流程顺畅	6分		
综合考评分值					
主要成绩、缺点及改进建议：			直接领导人： 人力资源部负责人： 审批：		

二、客服主管绩效考核表

客服主管绩效考核如下表所示。

客服主管绩效考核表

考评类别：□月度 □年度 □调薪 □转正 □晋职　　　　考评日期：

岗位	客服主管	在岗人员	
岗位职责			
1．受理业主各类投诉，并及时处理业主投诉，重大投诉及时上报管理处经理 2．处理好业主的请修，对投诉与请修进行回访			

（续表）

3．处理好本管理处与业主、业主委员会的关系：与业主委员会共同解决业主间的纠纷，起草物业管理委托合同

4．对本管理处进行日常的品质督查，配合品质部门组织的专项品质督查活动，定期向管理处经理提交品质督查报告

5．配合品质管理部门年度客户满意度测评计划的制定和实施

6．组织筹办宣传栏，策划社区文化活动，负责本管理处收款的管理工作

7．负责直接下属的入职指引及其他相关专业课程培训，对直接下属进行考勤

8．负责本中心有关的环境、职业安全方面的因素进行评估，制定相应的措施

9．收集本管理处客户的有关信息

10．在管理处经理授权时代其行驶职权

11．每两周至少召开一次客户服务中心工作例会，并有例会记录

12．充分保持与管理处其他项目组、分公司各部门之间的沟通

13．管理小区会所娱乐室、图书室等

岗位关键绩效指标					
序号	考核指标	基本目标	分值	完成情况	考核分数
1	业主报修受理及时率	100%	10分		
2	物业管理费收缴率	＞98%	15分		
3	有效投诉处理及时率	100%	15分		
4	业主对物业管理服务质量的综合满意率	＞95%	10分		
5	业主档案完好率	100%	10分		
6	回访率	每天对投诉与请修进行回访，回访率为100%	10分		
7	员工培训完成率	100%	10分		
8	营造社区文化氛围	每年至少举办6次文化活动，业主、住户能积极响应，反应良好	10分		
9	与业主、业主委员会的关系	关系良好，纠纷＜2次/年	10分		
综合考评分值					
主要成绩、缺点及改进建议：			直接领导人： 人力资源部负责人： 审批：		

三、工程主管绩效考核表

工程主管绩效考核如下表所示。

工程主管绩效考核表

考评类别：□月度 □年度 □调薪 □转正 □晋职　　　　考评日期：

岗位	工程主管	在岗人员	
岗位职责			
1．编制管理处年度物资装备计划、年度公共用水用电计划、年度工具配置计划、设备大中修计划、设备保养计划，检查计划完成情况，对不能按时完成的工作计划分析原因，提出改善对策，加以实施，并跟踪实施效果 2．每日对小区设备设施进行合理科学的管理和保养 3．及时处理客户服务中心反馈的业主投诉与请修，及时处理环境组反馈的环境设施请修 4．外委工程需按照公司规定程序办理，外委工程全程监理 5．负责管理处物料管理工作 6．负责机电设备分包方的监管 7．对本项目组有关的环境、职业安全因素进行评估，并制定相应的措施 8．向工程技术部提出完善设备管理相关工作制度的建议，持续不断地改进服务质量和提高业主对设备管理的满意度 9．每两周至少召开一次技工班工作例会，并有例会记录 10．充分与管理处其他项目组、公司部门和小区业主的沟通 11．对直接下属入职指引及其他相关专业培训，管理直接下属的考勤			

岗位关键绩效指标

序号	考核指标	基本目标	分值	完成情况	考核分数
1	业主对工程服务、设备保养综合满意率	＞98%	15分		
2	有效报修处理及时率	100%，无因服务态度引起的投诉	10分		
3	维修返修率	≤1%	10分		
4	设备设施保养计划执行率	100%	15分		
5	影响电梯正常运行的故障率	每月不超过2%	10分		
6	非预期性的停水、停电	全年不超过2次，没有无故停水、停电现象	10分		

（续表）

序号	考核指标	基本目标	分值	完成情况	考核分数
7	发电机发电及时性	所辖小区停电后，自动状态的发电机在5分钟内启动发电，手动状态的发电机在15分钟内启动发电	10分		
8	消防设施完好率	完好率达100%	10分		
9	物料管理	物料管理账目清晰，账、物相符，符合公司物料管理规定	10分		
综合考评分值					
主要成绩、缺点及改进建议：			直接领导人： 人力资源部负责人： 审批：		

四、行政主管绩效考核表

行政主管绩效考核如下表所示。

行政主管绩效考核表

考评类别：□月度　□年度　□调薪　□转正　□晋职　　　　考评日期：

岗位	行政主管	在岗人员	
岗位职责			
1．协助管理处经理完善管理处内部管理，并监督贯彻执行公司各项管理规章制度 2．配合人力资源部做好人员调配、评估、档案管理、薪资核算等方面的工作 3．协助管理处经理制订月工作计划及工作总结 4．负责管理处文件、档案的管理工作 5．安排本管理处各类会议，落实会议的地点、规模、形式、需求，并做好会议记录 6．负责本管理处各类办公设备及办公用品的管理工作 7．配合行政事务部做好本管理处的计划生育工作 8．（1）对直接下属入职指引及其他相关专业课程的培训 （2）对直接下属进行考勤和每月对管理处职员考勤进行统计 9．配合客户主任开展社区文化活动 10．负责管理处向公司借款及报销手续的办理			

（续表）

<table>
<tr><td colspan="6">11．做好食堂日常运作与宿舍的日常管理工作
12．负责本管理处办公设施设备的请修及办公环境保洁的监督工作，识别办公区域的环境因素与危险源
13．协助管理处经理处理好与发展商、政府部门、业主及物业使用人的关系，解决下属提出的具体困难和需要，处理好本管理处和其他部门之间的关系</td></tr>
<tr><td colspan="6">岗位关键绩效指标</td></tr>
<tr><td>序号</td><td>考核指标</td><td>基本目标</td><td>分值</td><td>完成情况</td><td>考核分数</td></tr>
<tr><td>1</td><td>管理处人员调配、评估、薪资核算</td><td>严格执行人力资源管理的各项制度</td><td>15分</td><td></td><td></td></tr>
<tr><td>2</td><td>文档管理</td><td>管理处档案完好、无遗漏，符合ISO 9000要求，方便查阅</td><td>15分</td><td></td><td></td></tr>
<tr><td>3</td><td>管理处各类会议的安排</td><td>妥善安排会议的地点、规模、形式、需求，能确保会议按计划实施</td><td>10分</td><td></td><td></td></tr>
<tr><td>4</td><td>管理处各类办公设备及办公用品的管理</td><td>严格执行公司的相关管理流程，建立明确的固定资产及办公用品清单</td><td>15分</td><td></td><td></td></tr>
<tr><td>5</td><td>食堂管理</td><td>保证食堂采购质量，价格不高于市场平均价，财务持平或略有盈余，食堂卫生符合标准</td><td>10分</td><td></td><td></td></tr>
<tr><td>6</td><td>宿舍管理</td><td>宿舍管理符合公司规定</td><td>10分</td><td></td><td></td></tr>
<tr><td>7</td><td>管理处办公设施设备的请修</td><td>请修及时，跟踪维修效果</td><td>10分</td><td></td><td></td></tr>
<tr><td>8</td><td>办公环境保洁、安全的监督</td><td>办公环境、安全符合ISO 14001、OHSAS 18001标准要求</td><td>15分</td><td></td><td></td></tr>
<tr><td colspan="3">综合考评分值</td><td colspan="3"></td></tr>
<tr><td colspan="3">主要成绩、缺点及改进建议：</td><td colspan="3">直接领导人：
人力资源部负责人：
审批：</td></tr>
</table>

五、环境主管绩效考核表

环境主管绩效考核如下页表所示。

环境主管绩效考核表

考评类别：□月度 □年度 □调薪 □转正 □晋职　　　　考评日期：

<table>
<tr><td>岗位</td><td colspan="2">环境主管</td><td colspan="2">在岗人员</td><td></td></tr>
<tr><td colspan="6">岗位职责</td></tr>
<tr><td colspan="6">1．负责装修的初审，日常装修巡查，有效监管日常房屋装修
2．巡查督促环境分包方（护卫、保洁、园艺）工作，对护卫、清洁、绿化工作进行督导并检查；对护卫、清洁、绿化服务的不合格项制定改进措施，组织落实并跟踪实施效果；每天对管理处管理区域进行巡查，能及时有效地处理日常事务及突发事故，对重大事故及时上报
3．每月制订公共设施保养计划，巡查公共设施的保养状况，负责环境设施的请修工作
4．负责本管理处抄表工作的管理
5．对与本项目组有关的环境因素、职业安全健康方面因素进行评价，并制定相应的措施
6．对直接下属入职指引及其他相关专业培训，并且对直接下属进行考勤
7．充分保持与管理处其他项目组、分公司各部门、小区业主间的沟通
8．熟悉物业管理法律、法规，解答住户有关装修方面疑问
9．向工程技术部提出完善设施管理相关工作制度的建议，持续不断地改进服务质量</td></tr>
<tr><td colspan="6">岗位关键绩效指标</td></tr>
<tr><td>序号</td><td>考核指标</td><td>基本目标</td><td>分值</td><td>完成情况</td><td>考核分数</td></tr>
<tr><td>1</td><td>环境组工作安排</td><td>工作安排合理</td><td>10分</td><td></td><td></td></tr>
<tr><td>2</td><td>绿化、保洁工作的现场管理</td><td>各工种工作有序</td><td>15分</td><td></td><td></td></tr>
<tr><td>3</td><td>业主投诉处理与应对</td><td>每月不超过2%</td><td>15分</td><td></td><td></td></tr>
<tr><td>4</td><td>业主对保洁绿化工作满意率</td><td>＞95%（以客户或业主回访的形式）</td><td>15分</td><td></td><td></td></tr>
<tr><td>5</td><td>绿化、保洁率</td><td>100%</td><td>15分</td><td></td><td></td></tr>
<tr><td>6</td><td>无蚊、蝇滋生</td><td>鼠密度＜1%，蟑螂侵害率＜2%，室内不允许出现蚂蚁，室外目视蚂蚁包＜10个聚集点</td><td>10分</td><td></td><td></td></tr>
<tr><td>7</td><td>沟通协调</td><td>班组之间，与管理处其他部门之间协调顺畅</td><td>10分</td><td></td><td></td></tr>
<tr><td>8</td><td>人员专业培训合格率</td><td>培训达标率100%</td><td>10分</td><td></td><td></td></tr>
<tr><td colspan="3">综合考评分值</td><td colspan="3"></td></tr>
</table>

（续表）

主要成绩、缺点及改进建议：	直接领导人： 人力资源部负责人： 审批：

六、护卫主管绩效考核表

护卫主管绩效考核如下表所示。

护卫主管绩效考核表

考评类别：□月度　□年度　□调薪　□转正　□晋职　　　　考评日期：

<table>
<tr><td>岗位</td><td colspan="2">护卫主管</td><td colspan="2">在岗人员</td><td></td></tr>
<tr><td colspan="6">岗位职责</td></tr>
<tr><td colspan="6">1．负责本辖区内的护卫服务管理工作，小区防火及小区公共治安秩序的维护；小区内车辆管理及代收临时停车费；安全事故应急处理
2．根据队员表现对队员提出批评或奖励建议，调解队员内部思想矛盾，增强凝聚力
3．负责检查本辖区各岗位工作情况，每周夜间（2点后）不定期查岗三次以上，每周三、周日就寝时间检查宿舍纪律，做好日检、周巡记录，按要求存档
4．负责组织本管理处护卫员日常培训（含军训）及评估，每月不少于两次
5．每月30日向护卫服务部送交本队全体人员的考勤表
6．每月召开两次以上工作例会，针对队伍内部出现的问题，一周内召开会议，通报违规情况与处置办法
7．根据工作需要调整队员工作岗位
8．能建立有效的工作团队
9．24小时内处于可随时通信联系状态</td></tr>
<tr><td colspan="6">岗位关键绩效指标</td></tr>
<tr><td>序号</td><td>考核指标</td><td>基本目标</td><td>分值</td><td>完成情况</td><td>考核分数</td></tr>
<tr><td>1</td><td>重大安全、消防责任事故</td><td>0次</td><td>15分</td><td></td><td></td></tr>
<tr><td>2</td><td>车辆管理费用收缴完成率</td><td>100%</td><td>10分</td><td></td><td></td></tr>
<tr><td>3</td><td>每年一般火灾发生率（损失价值在500～5000元）</td><td>发生次数不超过两起</td><td>10分</td><td></td><td></td></tr>
<tr><td>4</td><td>业主对物业安保服务质量的综合满意率</td><td>＞98%</td><td>15分</td><td></td><td></td></tr>
</table>

（续表）

序号	考核指标	基本目标	分值	完成情况	考核分数
5	治安、消防培训、演练计划实施率	100%	10分		
6	轻微责任的治安案件	每年不超过1宗/300户	10分		
7	业主投诉次数	小于1次/月	10分		
8	安全管理文件记录的完整性	记录保存完整	10分		
9	护卫队伍建设	队伍人员齐、素质高	10分		
综合考评分值					
主要成绩、缺点及改进建议：			直接领导人： 人力资源部负责人： 审批：		

七、客户助理绩效考核表

客户助理绩效考核如下表所示。

客户助理绩效考核表

考评类别：□月度　□年度　□调薪　□转正　□晋职　　　　考评日期：

岗位	客户助理	在岗人员	
岗位职责			
1．做好客户服务包括咨询、请修服务、投诉受理、建议接待、事务办理、重要电话、留言及来访记录等 2．做好各项业主服务记录，负责整理客户服务档案 3．负责客户入伙手续、装修手续的办理：清楚地告诉来访客户办理入伙与装修需要的具体手续。入伙期间，三天追踪跟进一次客户提出的房屋质量不合格单，建立客户服务档案；装修期间，按公司规定办理装修出入证、放行条 4．办理车位租赁合同和办理车卡，在规定期限内办理完公司与业主签订的车位租赁合同，负责办理本管理处车卡的新卡、延期、注销及建档等 5．管理客户搬入搬出，搬出时，检查有无欠费，若无则开具放行条；搬入时，督促客户办理水电管理费代收代缴委托合同 6．办理入住，水、电、管理费过户和报停报启等手续 7．负责发催款通知，将财务开具催款通知及时送到住户手中 8．打印拒付单，送达住户 9．协助收款员做好本管理处收款工作			

（续表）

岗位关键绩效指标					
序号	考核指标	基本目标	分值	完成情况	考核分数
1	客户服务、投诉处理	热情亲切，各类记录完整，无客户投诉现象	20分		
2	资料归档完整率	资料100%归档	20分		
3	客户入住手续、装修手续的办理	办理及时、准确，热情、主动	10分		
4	办理车位租赁合同和办理车卡	办理及时、准确，热情、主动	10分		
5	客户搬入搬出手续办理	办理及时、准确，热情、主动	10分		
6	办理入住，水、电、管理费过户和报停、报启等手续	办理及时、准确，热情、主动	10分		
7	发催款通知	100%，及时、准确	8分		
8	打印相关单据，送达住户	100%，及时、准确	8分		
9	协助收款	积极、主动	4分		
综合考评分值					
主要成绩、缺点及改进建议：			直接领导人： 人力资源部负责人： 审批：		

八、收款员绩效考核表

收款员绩效考核如下表所示。

收款员绩效考核表

考评类别：□月度　□年度　□调薪　□转正　□晋职　　　　考评日期：

岗位	收款员	在岗人员	
岗位职责			
1．负责水、电、维修费、管理费、固定车位费的收取和管理处日常现金收费项目的收款、建账、核算			

（续表）

序号	考核指标	基本目标	分值	完成情况	考核分数
2．按财务制度规定，对管理处现金、发票、收据、账簿进行保管 3．负责水、电、管理费收费单的分类、发放、统计、报账等工作，协助住户补单 4．向公司财务核算室报送各类财务报表 5．积极解答住户费用方面咨询，熟悉小区内水电费、管理费、车位租赁费等各项收费标准，向住户作有关费用查询的解释工作 6．管理客户搬入搬出，搬出时，检查有无欠费，若无则开具放行条；搬入时，督促客户办理水电管理费代收代缴委托合同 7．负责住户二次装修押金收款及退款办理 8．做好客户服务工作，包括咨询、请修服务、投诉受理、建议接待、事务办理、重要电话、留言及来访记录等					
岗位关键绩效指标					
序号	考核指标	基本目标	分值	完成情况	考核分数
1	收款指标任务的完成率	100%完成管理处经营管理目标责任书中相应的收款指标	20分		
2	建账正确率	管理处现金、发票、收据、账簿等保存得完好、正确、无遗漏，能随时查阅	20分		
3	水、电、管理费收费单的分类、发放、统计、报账等工作，协助住户补单	水、电、管理费分类清楚、明了，住户补单准确及时，无遗漏，无投诉	10分		
4	向公司财务报送各类财务报表的及时性、准确性	每月25日前完成，各类财务报表无错误	10分		
5	解答住户费用方面咨询	耐心向业主解释有关费用方面的疑问，无业主投诉	10分		
6	客户搬入搬出手续办理	按规定办理相关手续，及时督促客户签订水、电管理费代收、代缴委托合同	10分		
7	住户二次装修押金收款及退款办理准确率	准确、无误，差错率为0	10分		
8	做好客户服务工作	接听电话、受理投诉要求热情亲切，声音清晰，态度和蔼，使用礼貌用语，杜绝出现由于自身工作（如服务态度）引起的业主投诉	10分		

（续表）

综合考评分值	
主要成绩、缺点及改进建议：	直接领导人： 人力资源部负责人： 审批：

九、社区文化专员绩效考核表

社区文化专员绩效考核如下表所示。

社区文化专员绩效考核表

考评类别：□月度　□年度　□调薪　□转正　□晋职　　　　考评日期：

<table>
<tr><td>岗位</td><td colspan="2">社区文化专员</td><td>在岗人员</td><td colspan="2"></td></tr>
<tr><td colspan="6">岗位职责</td></tr>
<tr><td colspan="6">1．全面负责社区文化活动工作，做好小区物业管理和精神文明建设的宣传工作
2．负责拟订小区社区文化活动的月工作计划和年工作计划，并报行政部审核
3．推行公司人性化的理念，组织开展联谊活动和体育竞赛，丰富社区活动内容
4．利用社区文化活动场所组织文化活动，并注重实施
5．通过制定和实施丰富多彩的社区文化及环境文化活动，倡导和营造小区和谐友爱、积极向上的良好气氛
6．开办《小区报》，发挥报刊宣传的作用，宣传物业管理服务法律、法规，物业管理服务知识和小区好人好事
7．定期进行总结，表彰先进，布置下阶段任务，明确活动内容和主题
8．在有可能的情况下，创办和管理小区乐队，提供场地和经费，支持小区成立各种文化活动团体，发现并培训骨干，充分利用群众力量开展活动
9．管理好各种室内活动场地和设施，做到物尽其用
10．搞好社区公共关系协调工作，充分利用各种媒体广泛宣传，树立“安全、文明、繁荣、高尚”的小区形象</td></tr>
<tr><td colspan="6">岗位关键绩效指标</td></tr>
<tr><td>序号</td><td>考核指标</td><td>基本目标</td><td>分值</td><td>完成情况</td><td>考核分数</td></tr>
<tr><td>1</td><td>制订社区文化活动计划</td><td>计划完整，能满足社区各个层次的需要</td><td>15分</td><td></td><td></td></tr>
<tr><td>2</td><td>制定社区活动方案</td><td>每次活动都有方案，具有可操作性</td><td>15分</td><td></td><td></td></tr>
<tr><td>3</td><td>定期组织宣传活动</td><td>每两个月至少进行一次社区宣传</td><td>15分</td><td></td><td></td></tr>
</table>

（续表）

序号	考核指标	基本目标	分值	完成情况	考核分数
4	实施社区文化活动	平均每月都有1次活动，业主满意度高	15分		
5	保管文化设施设备	定期巡查，有问题及时报修	10分		
6	外部协作关系	主动，协作良好，未见投诉	10分		
7	客户服务	热情亲切，各类记录完整，无客户投诉现象	10分		
8	记录完整率	100%（每次活动都有记录存档）	10分		
综合考评分值					
主要成绩、缺点及改进建议：			直接领导人： 人力资源部负责人： 审批：		

十、物管员绩效考核表

物管员绩效考核如下表所示。

物管员绩效考核表

考评类别：□月度　□年度　□调薪　□转正　□晋职　　　　考评日期：

岗位	物管员	在岗人员	
岗位职责			
1．做好本管理处装修巡查，有效监管日常房屋装修，对不符合装修要求的现象及时上报环境主管（或管理处经理） 2．做好本管理处设施巡查，巡查公共设施的保养状况，负责环境设施的请修工作 3．巡查督促环境分包方（护卫、保洁、园艺）工作 4．抄报各住户每月水、电的实际用量，将“水电抄报单”、“水电底册”、住户需更改电脑资料送相关部门，并审核住户需更改的电脑收费资料 5．每月统计水电数据，重大问题及时汇报 6．建立住户水电台账，台账准确、清楚 7．熟悉小区内水电费、管理费收费标准及计算方法，解答住户有关费用方面疑问 8．对临时用水用电进行监督、检查 9．掌握各类水电表运行情况，通知技工解决水电表故障			

（续表）

岗位关键绩效指标					
序号	考核指标	基本目标	分值	完成情况	考核分数
1	装修巡查、监管率	每个装修场所一日巡查三次，未出现消防事故，未有业主投诉	15分		
2	设施巡查	每日按规定路线、规定周期巡查，发现问题及时通知相关部门处理	15分		
3	巡查督促环境分包方（保安、保洁、园艺）	每日巡查，发现问题及时报告或处理	15分		
4	抄表到户率	100%，及时、准确，无错抄、漏抄现象	15分		
5	水电数据统计率	100%，及时、准确	15分		
6	住户水、电台账	100%建账，及时、准确	15分		
7	住户有关费用方面疑问	解答住户有关费用方面疑问，耐心、细致，不会因态度引起投诉	5分		
8	对临时用水、用电进行监督、检查	及时处理偷水、偷电现象	5分		
综合考评分值					
主要成绩、缺点及改进建议：			直接领导人： 人力资源部负责人： 审批：		

十一、管理处文员绩效考核表

管理处文员绩效考核如下表所示。

管理处文员绩效考核表

考评类别：□月度　□年度　□调薪　□转正　□晋职　　　　考评日期：

岗位	管理处文员	在岗人员	
岗位职责			
1．配合人力资源部做好人员调配、评估、档案管理、薪资核算等方面的工作 2．负责管理处福利、奖金发放等工作			

（续表）

<table>
<tr><td colspan="6">3．负责协助编写、打印管理处工作文件，收发文件与传达通知，每天至少上网浏览信息两次，及时协助编写、打印管理处通知等工作文件
4．负责本管理处文件的收集、整理、归类、编目、标志、查阅等
5．协助客户主任开展社区文化活动
6．协助制订本管理处月工作计划，每月对本管理处职员进行考勤统计
7．安排好本管理处各类会议，落实会议的地点、规模、形式、需求，并做好会议记录
8．负责管理处向公司借款及报销手续的办理
9．负责食堂借款、食堂采购费用的报销
10．做好食堂管理、宿舍管理工作</td></tr>
<tr><td colspan="6">岗位关键绩效指标</td></tr>
<tr><td>序号</td><td>考核指标</td><td>基本目标</td><td>分值</td><td>完成情况</td><td>考核分数</td></tr>
<tr><td>1</td><td>收发文件</td><td>无过期文件在现场使用</td><td>15分</td><td></td><td></td></tr>
<tr><td>2</td><td>传达通知</td><td>通知传达及时、准确，无遗漏</td><td>10分</td><td></td><td></td></tr>
<tr><td>3</td><td>管理处文件管理</td><td>管理处档案完好、无遗漏；分类明确，标志清晰；符合ISO 9000要求；能随时查阅</td><td>15分</td><td></td><td></td></tr>
<tr><td>4</td><td>协助客服主管开展社区文化活动</td><td>积极主动、不推诿</td><td>10分</td><td></td><td></td></tr>
<tr><td>5</td><td>考勤统计</td><td>符合公司规定，无差错</td><td>15分</td><td></td><td></td></tr>
<tr><td>6</td><td>薪资核算准确性</td><td>正确无误</td><td>15分</td><td></td><td></td></tr>
<tr><td>7</td><td>福利发放</td><td>正确、无遗漏</td><td>10分</td><td></td><td></td></tr>
<tr><td>8</td><td>食堂收支账目</td><td>账目清楚，无违反财务规定的现象</td><td>10分</td><td></td><td></td></tr>
<tr><td colspan="3">综合考评分值</td><td colspan="3"></td></tr>
<tr><td colspan="3">主要成绩、缺点及改进建议：</td><td colspan="3">直接领导人：
人力资源部负责人：
审批：</td></tr>
</table>

十二、维修班长绩效考核表

维修班长绩效考核如下页表所示。

维修班长绩效考核表

考评类别：□月度 □年度 □调薪 □转正 □晋职　　　　考评日期：

岗位	维修班长		在岗人员		
岗位职责					
1．妥善安排好维修技工班各项工作 2．协助工程主管每日对小区设备设施进行合理科学的管理和保养 3．协助工程主管做好外委工程监理 4．处理客户服务中心反馈的业主投诉与请修和环境主管反馈的环境设施请修 5．处理好与管理处其他项目组、运行技工班和小区业主的关系					
岗位关键绩效指标					
序号	考核指标	基本目标	分值	完成情况	考核分数
1	维修服务满意率	及时完成业主请修，满意率>98%	20分		
2	有效维修处理及时率	100%	10分		
3	维修返修率	≤2%	10分		
4	设备设施保养执行率	100%	10分		
5	重大设备运行责任事故、安全事故发生率	安全事故为0	10分		
6	影响电梯正常运行的故障率	每月不超过2%	10分		
7	发电机发电及时性	小区停电后，自动状态的发电机在5分钟内启动发电，手动状态的发电机在15分钟内启动发电	10分		
8	业主有效投诉率	因服务态度引起的投诉为0	10分		
9	工作记录	记录完整、清晰，可追溯，符合ISO 9000要求	10分		
综合考评分值					
主要成绩、缺点及改进建议：			直接领导人： 人力资源部负责人： 审批：		

十三、维修技工绩效考核表

维修技工绩效考核如下表所示。

维修技工绩效考核表

考评类别：□月度 □年度 □调薪 □转正 □晋职　　　　考评日期：

岗位	维修技工		在岗人员		
岗位职责					
1．圆满地完成管理处工程主管和技工班长下达的工作计划与任务 2．接到业主请修的安排，上门进行服务；接到设施请修的安排，立即进行维修 3．每日对小区设备设施进行合理科学的管理和保养					
岗位关键绩效指标					
序号	考核指标	基本目标	分值	完成情况	考核分数
1	维修服务满意率	＞98%	20分		
2	维修时间	服务时间不超过8小时，复杂维修不超过72小时	10分		
3	维修返修率	≤1%	10分		
4	定期检查，维护机电设备	按计划日期检查，有记录，发现情况及时处理上报	10分		
5	安全事故	安全事故为0	10分		
6	发电机发电时间	停电后，自动状态的发电机在5分钟内启动发电，手动状态的发电机在15分钟内启动发电	10分		
7	设备设施保养	严格按计划执行，并且有记录	10分		
8	业主投诉率	≤1%	10分		
9	工作记录	记录完整、清晰，可追溯	10分		
综合考评分值					
主要成绩、缺点及改进建议：			直接领导人： 人力资源部负责人： 审批：		

十四、运行班长绩效考核表

运行班长绩效考核如下页表所示。

运行班长绩效考核表

考评类别：□月度　□年度　□调薪　□转正　□晋职　　　　　考评日期：

<table>
<tr><td>岗位</td><td colspan="2">运行班长</td><td colspan="2">在岗人员</td><td></td></tr>
<tr><td colspan="6">岗位职责</td></tr>
<tr><td colspan="6">1．妥善安排好运行技工班的各项工作
2．每日对设备进行合理科学的管理和保养，当设备发生的故障在自身维修责任范围内则应尽快处理解决，超过自身维修责任范围应尽快请修
3．及时处理各种监视信息（或运行参数），并做好运行记录
4．处理好与管理处其他项目组、维修技工和小区业主的关系</td></tr>
<tr><td colspan="6">岗位关键绩效指标</td></tr>
<tr><td>序号</td><td>考核指标</td><td>基本目标</td><td>分值</td><td>完成情况</td><td>考核分数</td></tr>
<tr><td>1</td><td>设备运行故障报修处理</td><td>及时，无因失职原因造成设备运行故障而未得到修理</td><td>15分</td><td></td><td></td></tr>
<tr><td>2</td><td>重大设备运行事故</td><td>安全事故为0</td><td>15分</td><td></td><td></td></tr>
<tr><td>3</td><td>运行参数记录</td><td>记录完整，并按规定存档</td><td>15分</td><td></td><td></td></tr>
<tr><td>4</td><td>值班情况</td><td>24小时有人值班，夜班无脱岗、睡觉、开小差现象，消防电话畅通</td><td>15分</td><td></td><td></td></tr>
<tr><td>5</td><td>监控信息的处理</td><td>及时，一旦有异常情况反映迅速</td><td>10分</td><td></td><td></td></tr>
<tr><td>6</td><td>监控设备设施保养</td><td>按规定保养，无目视性故障或损坏</td><td>15分</td><td></td><td></td></tr>
<tr><td>7</td><td>业主投诉率</td><td>≤1%</td><td>15分</td><td></td><td></td></tr>
<tr><td colspan="3">综合考评分值</td><td colspan="3"></td></tr>
<tr><td colspan="3">主要成绩、缺点及改进建议：</td><td colspan="3">直接领导人：
人力资源部负责人：
审批：</td></tr>
</table>

十五、运行技工绩效考核表

运行技工绩效考核如下表所示。

运行技工绩效考核表

考评类别：□月度　□年度　□调薪　□转正　□晋职　　　　　考评日期：

岗位	运行技工	在岗人员	

（续表）

岗位职责					
1．每日对设备进行合理科学的管理和保养，当设备发生的故障在自身维修责任范围内则应尽快处理解决，超过自身维修责任范围应尽快请修 2．及时处理各种监视信息（或运行参数），并做好运行记录					
岗位关键绩效指标					
序号	考核指标	基本目标	分值	完成情况	考核分数
1	设备运行故障报修	及时，无因失职原因造成设备运行故障未得到修理	15分		
2	操作性故障次数	故障次数为0	15分		
3	安全事故次数	安全事故为0	15分		
4	运行参数记录	记录完整，并按规定存档	10分		
5	值班情况	在当值时间内当值，无脱岗、睡觉、开小差现象，消防电话保持畅通	15分		
6	监控信息的处理	监视信息处理及时，异常情况反映迅速	10分		
7	监控设备设施保养	按规定保养，无目视性故障或损坏	10分		
8	业主投诉率	≤1%	10分		
综合考评分值					
主要成绩、缺点及改进建议：			直接领导人： 人力资源部负责人： 审批：		

十六、绿化班长绩效考核表

绿化班长绩效考核如下表所示。

绿化班长绩效考核表

考评类别：□月度　□年度　□调薪　□转正　□晋职　　　　考评日期：

岗位	绿化班长	在岗人员	
岗位职责			
1．参与所属员工范围的维护			

（续表）

2．完成公司下达的辖区绿化验收、绿化维护、园艺设备设施管理、特约绿化服务工作的业绩目标、计划和质量事件管理，带领全体下属人员执行公司指令、政策，接受协调、被督办和被查办

3．组织实施种植、养护、抗旱排涝、园艺类的工作任务，进行除虫施肥、修枝整形、记录绿化事件、参与绿化问题回访与投诉处理、紧急事件处理等工作，收集整理种植、养护管理与服务方面的信息

4．协助上级做好与房产公司、项目物业管理有关的行政主管部门、各供应单位、相邻单位的联络与协调

5．完成辖区种植、养护类的资产管理职责，协助上级管理各类物资的账目、库存、调配、异动、报废、处置，使物资得到有效控制和充分利用，以满足经营管理需要

6．负责辖区的绿化任务组织、落实和巡查工作，每天检查苗圃、公园、植物、景观等

7．接受相关部门的协助请求，参与客户沟通，及时认真地解决住户提出的涉及种植、养护的合理要求，对住户提出的环境绿化类有效投诉处理负责跟踪，提出完善管理流程的建议

8．执行绿化、苗圃类突发事件的方案拟制与演习，参与公司重大事件的协调，协助上级和其他部门处理突发事件

9．负责班组药品、机具、劳动作业安全管理

<table>
<tr><th colspan="6">岗位关键绩效指标</th></tr>
<tr><th>序号</th><th>考核指标</th><th>基本目标</th><th>分值</th><th>完成情况</th><th>考核分数</th></tr>
<tr><td>1</td><td>绿化班工作安排</td><td>绿化工之间的工作协调一致，没有工作分配不公的现象</td><td>15分</td><td></td><td></td></tr>
<tr><td>2</td><td>绿化工作的现场管理</td><td>每天巡视，有跟踪记录</td><td>15分</td><td></td><td></td></tr>
<tr><td>3</td><td>业主有效投诉</td><td>无</td><td>15分</td><td></td><td></td></tr>
<tr><td>4</td><td>业主投诉处理与应对</td><td>及时处理</td><td>15分</td><td></td><td></td></tr>
<tr><td>5</td><td>业主对绿化工作满意率</td><td>>95%（以客户或业主回访的形式）</td><td>10分</td><td></td><td></td></tr>
<tr><td>6</td><td>绿化完好率</td><td>100%</td><td>10分</td><td></td><td></td></tr>
<tr><td>7</td><td>沟通协调</td><td>班组之间，与管理处其他部门之间协调顺畅</td><td>10分</td><td></td><td></td></tr>
<tr><td>8</td><td>绿化工培训达标率</td><td>入职培训达标率100%</td><td>10分</td><td></td><td></td></tr>
<tr><td colspan="3">综合考评分值</td><td colspan="3"></td></tr>
<tr><td colspan="3">主要成绩、缺点及改进建议：</td><td colspan="3">直接领导人：
人力资源部负责人：
审批：</td></tr>
</table>

十七、绿化工绩效考核表

绿化工绩效考核如下表所示。

绿化工绩效考核表

考评类别：□月度　□年度　□调薪　□转正　□晋职　　　　考评日期：

<table>
<tr><td>岗位</td><td colspan="2">绿化工</td><td colspan="2">在岗人员</td><td></td></tr>
<tr><td colspan="6">岗位职责</td></tr>
<tr><td colspan="6">1．熟记住宅区内的绿化面积和布局，熟知花草树木的名称、习性以及管理作业程序
2．对花草树木定期施肥、浇水、防病治虫、中耕除草和培土，并及时修枝整型，补栽补种
3．及时处理枯枝落叶，清理场地
4．爱护绿化工具和设备，确保工具和设备的完好，不得随意将工具和设备外借
5．负责对各责任区绿化进行管理，劝阻、纠正一切破坏绿化的行为
6．参加部门组织的专业知识的学习，不断提高业务技能</td></tr>
<tr><td colspan="6">岗位关键绩效指标</td></tr>
<tr><td>序号</td><td>考核指标</td><td>基本目标</td><td>分值</td><td>完成情况</td><td>考核分数</td></tr>
<tr><td>1</td><td>绿化率</td><td>100%达到公司规定的标准</td><td>15分</td><td></td><td></td></tr>
<tr><td>2</td><td>业主对绿化工作满意率</td><td>＞95%（以客户或业主回访的形式）</td><td>15分</td><td></td><td></td></tr>
<tr><td>3</td><td>绿化机具维护、使用、保养</td><td>严格按操作规程进行，机具完好</td><td>10分</td><td></td><td></td></tr>
<tr><td>4</td><td>园林植物病虫害</td><td>及时杀虫，全年病虫害发生次数＜2次</td><td>10分</td><td></td><td></td></tr>
<tr><td>5</td><td>安全、文明操作</td><td>严格按操作规程来进行，无安全事故发生</td><td>10分</td><td></td><td></td></tr>
<tr><td>6</td><td>不合格发生率</td><td>＜2%</td><td>15分</td><td></td><td></td></tr>
<tr><td>7</td><td>不合格发生处理率</td><td>100%</td><td>15分</td><td></td><td></td></tr>
<tr><td>8</td><td>有效投诉处理率</td><td>100%</td><td>10分</td><td></td><td></td></tr>
<tr><td colspan="3">综合考评分值</td><td colspan="3"></td></tr>
<tr><td colspan="3">主要成绩、缺点及改进建议：</td><td colspan="3">直接领导人：
人力资源部负责人：
审批：</td></tr>
</table>

十八、保洁班长绩效考核表

保洁班长绩效考核如下表所示。

保洁班长绩效考核表

考评类别：□月度 □年度 □调薪 □转正 □晋职　　　　考评日期：

岗位	保洁班长	在岗人员	
岗位职责			
1．负责协助公司环境主管对本项目及新增项目的接管及验收工作，做好前期的环境管理工作，包括环境清洁设施，环境污染的受损度的检测，以及防止受污染的设施、设备的安装试用等，特别要注意声、水、大气、电磁、光等方面的污染 2．负责环境清洁绿化班的员工的日常管理、考核，清洁保洁的教育和物业知识的培训，并对培训效果进行考核，以促进保洁员业务素质不断提高，所有涉及本组工作及本专业的技术服务工作质量均能达标并承担相应责任 3．安排专业人员对绿化带和植物，水池等地方进行养护，保证原来的设计达到要求 4．参照实际需要和技术标准进行消杀活动，保证不受蚊虫鼠等危害 5．在部门主管的指导下具体负责物业内各处地方的清洁保洁作业监督，一旦发生不可预见的事故，第一时间赶到现场指挥，其他的事情要会同管理处人员处理 6．负责所有涉及本专业的技术服务工作并承担相应责任，完成日常使用的专业技术资料的收集、管理工作			

岗位关键绩效指标					
序号	考核指标	基本目标	分值	完成情况	考核分数
1	保洁班工作安排	保洁工之间的工作协调一致，没有工作分配不公的现象	10分		
2	保洁工作的现场管理	每天巡视，有跟踪记录	15分		
3	业主有效投诉	无	10分		
4	业主投诉处理与应对	及时处理	10分		
5	业主对保洁工作满意率	＞95%（以客户或业主回访的形式）	15分		
6	保洁率	100%	10分		
7	无蚊、蝇孳生	鼠密度＜1%，蟑螂侵害率＜2%，室内不允许出现蚂蚁，室外目视蚂蚁包＜10个聚集点	10分		

（续表）

<table>
<tr><th>序号</th><th>考核指标</th><th>基本目标</th><th>分值</th><th>完成情况</th><th>考核分数</th></tr>
<tr><td>8</td><td>沟通协调</td><td>班组之间，与管理处其他部门之间协调顺畅</td><td>10分</td><td></td><td></td></tr>
<tr><td>9</td><td>保洁员专业培训合格率</td><td>培训合格率100%</td><td>10分</td><td></td><td></td></tr>
<tr><td colspan="3">综合考评分值</td><td colspan="3"></td></tr>
<tr><td colspan="3">主要成绩、缺点及改进建议：</td><td colspan="3">直接领导人：
人力资源部负责人：
审批：</td></tr>
</table>

十九、保洁员绩效考核表

保洁员绩效考核如下表所示。

保洁员绩效考核表

考评类别：□月度 □年度 □调薪 □转正 □晋职　　　　考评日期：

<table>
<tr><td>岗位</td><td colspan="2">保洁员</td><td>在岗人员</td><td colspan="2"></td></tr>
<tr><td colspan="6">岗位职责</td></tr>
<tr><td colspan="6">1．负责在保洁班长的安排下使用清洁消杀工具进行一线工作，保证环境的清洁卫生
2．参与使用专业的工具，对指定的物业进行环境检测，对建筑物外部的墙面等按计划清洁
3．在墙角、下水道、停车场、排水沟、化粪池等卫生死角按照安排清理，巡逻物业内部，保证清洁设备不受人为的破坏，随时保证环境的清洁卫生状况受控
4．遇到火灾，抢劫等其他事件应马上向相关人员、部门报告，参与抢救
5．认真作业，遇到情况做记录，受权限和手段等原因不能马上处理的及时通知其他队友和班长来处理
6．负责在班长的统一安排下参与消防演习，保证有事可以马上行动</td></tr>
<tr><td colspan="6">岗位关键绩效指标</td></tr>
<tr><td>序号</td><td>考核指标</td><td>基本目标</td><td>分值</td><td>完成情况</td><td>考核分数</td></tr>
<tr><td>1</td><td>清洁、保洁率</td><td>100%</td><td>15分</td><td></td><td></td></tr>
<tr><td>2</td><td>无蚊、蝇孳生</td><td>鼠密度＜1%，蟑螂侵害率＜2%，室内不允许出现蚂蚁，室外目视蚂蚁包＜10个聚集点</td><td>15分</td><td></td><td></td></tr>
<tr><td>3</td><td>不合格发生率</td><td>＜2%</td><td>15分</td><td></td><td></td></tr>
</table>

（续表）

序号	考核指标	基本目标	分值	完成情况	考核分数
4	不合格发生处理率	100%	15分		
5	有效投诉处理率	100%	15分		
6	业主对清洁工作满意率	＞95%（以客户或业主回访的形式）	15分		
7	清洁剂的储存和使用	在使用清洁剂时，严格按说明书进行配比	10分		
综合考评分值					
主要成绩、缺点及改进建议：			直接领导人： 人力资源部负责人： 审批：		

二十、护卫班长绩效考核表

护卫班长绩效考核如下表所示。

护卫班长绩效考核表

考评类别：□月度 □年度 □调薪 □转正 □晋职　　　　考评日期：

岗位	护卫班长		在岗人员		
岗位职责					
1．执行主管的指令，负责本班护卫日常管理工作 2．召开本班会议，总结工作要点并解决实际问题，对本班队员提出具体工作要求并做好记录 3．带班前后提出要求和讲评，并协助主管完成培训计划 4．协调本班与其他班组工作关系以及本班队员之间关系 5．检查本班队员上岗执勤情况，纠正违规现象 6．依据队员实际表现对队员提出相应的奖惩建议					
岗位关键绩效指标					
序号	考核指标	基本目标	分值	完成情况	考核分数
1	班务会	按规定及时主持	15分		
2	小区内突发事件及一般性消防事故的处理及时性	及时、客户满意度高	20分		

（续表）

序号	考核指标	基本目标	分值	完成情况	考核分数
3	有效投诉	被主管领导认为有效投诉次数＜2次/月	20分		
4	本班员工是否有较大过失及严重违纪行为	为0	15分		
5	本班人员内务合格率	100%	15分		
6	本班员工培训、考核通过率	100%	15分		
综合考评分值					
主要成绩、缺点及改进建议：			直接领导人： 人力资源部负责人： 审批：		

二十一、大堂岗护卫员绩效考核表

大堂岗护卫员绩效考核如下表所示。

大堂岗护卫员绩效考核表

考评类别：□月度 □年度 □调薪 □转正 □晋职 考评日期：

岗位	大堂岗护卫员		在岗人员		
岗位职责					
1．按规定值勤，做好交接班记录，以下时间立正姿势站立：7:30～8:30；11:30～12:30；13:30～14:30；17:30～19:00 2．及时为客户开启电子门，对于年老体弱、幼童孕妇及双手提重物的客户主动给予帮助 3．对外来人员进行来访登记并接受来访人员咨询 4．维持大堂内外及电梯正常运行，如有异常及时向上级报告					
岗位关键绩效指标					
序号	考核指标	基本目标	分值	完成情况	考核分数
1	入门持证或登记入门率	95%以上	15分		
2	门前秩序	门口秩序井然，无乱停乱放、乱摆摊点现象	15分		
3	开启电子门锁时间	不超过5秒钟	10分		

（续表）

序号	考核指标	基本目标	分值	完成情况	考核分数
4	登记有效证件的时间及准确率	登记有效证件每人/次不超过60秒钟，不出现失误	10分		
5	有效投诉率	无违纪，无主管认为的有效投诉	10分		
6	因失职出现的业主/物业使用人被盗、被抢等治安及刑事案件	0次	10分		
7	工作环境整洁性	干净、整洁	10分		
8	表格、记录登录的及时性、完整性	及时登记、完好无缺	10分		
9	门岗情况汇报及时	及时汇报，意外情况第一时间汇报	10分		
综合考评分值					
主要成绩、缺点及改进建议：			直接领导人： 人力资源部负责人： 审批：		

二十二、车库岗护卫员绩效考核表

车库岗护卫员绩效考核如下表所示。

车库岗护卫员绩效考核表

考评类别：□月度　□年度　□调薪　□转正　□晋职　　　　考评日期：

岗位	车库岗护卫员	在岗人员	
岗位职责			
1．维护停车场的治安交通秩序，疏导车场的流量，保证交通顺畅，协调和指挥车辆停放在指定的车位 2．提醒业主（住户）或客人离车前关好门窗，带走车上贵重物品，做好巡检工作，保证车辆安全 3．严禁装易燃、易爆及危险品的车辆进入停车场，劝阻超高、超长车辆进入车场，严禁车辆乱停乱放 4．车场内出现治安纠纷或交通事故时要及时报告、疏导和处理 5．认真按规定巡查车场车辆、消防设施及卫生情况，发现问题及时处理或向上一级汇报 6．认真、如实做好值班记录表			

（续表）

岗位关键绩效指标					
序号	考核指标	基本目标	分值	完成情况	考核分数
1	为车主换牌、登记、开启车挡器的时间	一般一辆车不超过15秒钟	10分		
2	登记的迅速、完整、正确	一辆车登记时间不超过20秒钟，不出现车主的投诉	10分		
3	乱停、乱放车辆的情况	出现次数少于1起/月	15分		
4	车主投诉事件	因失职引起投诉次数少于1次/月	15分		
5	交通意外事故	车库（场）内发生次数少于1次/月	10分		
6	车辆被盗案件	0次	10分		
7	交通堵塞情况	无	10分		
8	岗内各种设备、设施	干净、整洁	10分		
9	各种记录、表格	完好无缺	10分		
综合考评分值					
主要成绩、缺点及改进建议：			直接领导人： 人力资源部负责人： 审批：		

二十三、巡逻岗护卫员绩效考核表

巡逻岗护卫员绩效考核如下表所示。

巡逻岗护卫员绩效考核表

考评类别：□月度　□年度　□调薪　□转正　□晋职　　　　考评日期：

岗位	巡逻岗护卫员	在岗人员	
岗位职责			
1．负责按规定巡逻路线和在规定时间内巡查所辖物业，留意治安消防情况，并做好记录 2．负责查询可疑人员，及时将推销及闲杂人员劝离辖区内 3．负责巡查辖区内设备房、公共设备设施和清洁绿化情况，发现问题及时通知服务中心			

（续表）

<table>
<tr><td colspan="6">4．监督检查业主（住户）装修现场的治安消防情况，及时处理违章装修，重大违章装修及时向公司总经理汇报
5．负责顶替需要短时离开岗位的保安员
6．负责巡查停车场治安、消防情况</td></tr>
<tr><td colspan="6">岗位关键绩效指标</td></tr>
<tr><td>序号</td><td>考核指标</td><td>基本目标</td><td>分值</td><td>完成情况</td><td>考核分数</td></tr>
<tr><td>1</td><td>巡逻次数</td><td>每班不少于2～3次，按规定路线巡查</td><td>15分</td><td></td><td></td></tr>
<tr><td>2</td><td>业主/住户被盗、被抢事件</td><td>0次</td><td>15分</td><td></td><td></td></tr>
<tr><td>3</td><td>因失职出现的火灾事故</td><td>及时发现和消除火险隐患，无因失职出现火灾事故</td><td>15分</td><td></td><td></td></tr>
<tr><td>4</td><td>车辆管理</td><td>不因看管不好而损坏一辆车，不出现一起交通事故，不丢失一辆车</td><td>15分</td><td></td><td></td></tr>
<tr><td>5</td><td>接到业主/住户报警赶到现场的及时性</td><td>须在3分钟内报告上级并赶到现场</td><td>10分</td><td></td><td></td></tr>
<tr><td>6</td><td>乱停乱放车辆，乱堆杂物现象</td><td>无</td><td>10分</td><td></td><td></td></tr>
<tr><td>7</td><td>打架斗殴，损坏业主/住户财产事件</td><td>0次</td><td>10分</td><td></td><td></td></tr>
<tr><td>8</td><td>被主管领导确认的有效投诉</td><td>0次</td><td>10分</td><td></td><td></td></tr>
<tr><td colspan="3">综合考评分值</td><td colspan="3"></td></tr>
<tr><td colspan="3">主要成绩、缺点及改进建议：</td><td colspan="3">直接领导人：
人力资源部负责人：
审批：</td></tr>
</table>

二十四、监控中心岗护卫员绩效考核表

监控中心岗护卫员绩效考核如下页表所示。

监控中心岗护卫员绩效考核表

考评类别：□月度 □年度 □调薪 □转正 □晋职　　　　考评日期：

岗位	监控中心岗护卫员	在岗人员	
岗位职责			
1．负责监控中心电视屏幕的监视工作，并密切监视消防控制屏和电脑显示系统，全面观察和掌握各个区域的治安动态，发现问题正确分析，果断决定，及时报告并与有关岗哨取得联系 2．负责对重点部位和可疑情况的电视录像工作 3．负责录像带的保管工作 4．负责查出报警位置，及时调动保安员现场查看并处理；负责接受白天和夜间业主的投诉，并及时通知有关专业组进行处理，积极主动为业主（住户）排忧解困，业主（住户）反映的有关问题要主动及时向有关领导和部门反映，争取尽早解决 5．做好资料保管和保密工作，无关人员不准进入监控室，不准向无关人员谈及监控室的运作情况和值班情况			

岗位关键绩效指标					
序号	考核指标	基本目标	分值	完成情况	考核分数
1	监控时间	消防、监控室24小时实施监控	10分		
2	监控系统所记录的信息资料的保存	妥善保存，保存期限不得少于15日	10分		
3	重大事故发生次数	发现相关事故报警后能及时通知相关部门，不因失职出现一起重大事故	15分		
4	警情的验证、处理	对通过安全防范设施发现的警情应当及时派人验证、处理	10分		
5	有效投诉	无违纪、无主管认为的有效投诉	15分		
6	安全防范设施运行状况	安全防范设施不间断运行，并有效记录监控信息，不擅自改变安全防范设施的用途和位置	10分		
7	岗内各种设备、设施	干净、整洁	10分		
8	记录、表格登记的及时性与完整性	登记及时、完好无缺	10分		
9	岗位上闲杂人员	无	10分		
综合考评分值					

（续表）

主要成绩、缺点及改进建议：	直接领导人： 人力资源部负责人： 审批：

二十五、道口岗护卫员绩效考核表

道口岗护卫员绩效考核如下表所示。

道口岗护卫员绩效考核表

考评类别：□月度 □年度 □调薪 □转正 □晋职　　　　考评日期：

<table>
<tr><td>岗位</td><td colspan="2">道口岗护卫员</td><td>在岗人员</td><td colspan="2"></td></tr>
<tr><td colspan="6">岗位职责</td></tr>
<tr><td colspan="6">1．上岗前自我检查，按规定着装，仪容、仪表端庄、整洁，按交接班制度进行交接班
2．接班后详细查阅上班值班记录，了解岗位情况以及未解决问题
3．认真检查进出辖区内的车辆，对已购买车位或已租了车位的车辆进行放行，对已过租期的车辆要及时通知业主（住户）到管理处办理续租手续
4．业主（住户）没有购买车位或租车位的车辆进入辖区时，开出车辆出入登记卡，写明车牌号码及进入时间，离开辖区时，保安员核对车牌号码、时间，如果超过规定时间的，按规定收费
5．外来车辆进入辖区时，保安员上前有礼貌地询问找哪家业主（住户），在联系到业主（住户），征得其同意，按规定登记后才准许进入辖区
6．保安员收费要给发票，所收款项当天要交给收费负责人，由收费负责人交到财务
7．遇不明身份者来访，问清情况，与业主（住户）联系，业主（住户）在家并征得其同意，按规定登记后才能进入辖区
8．对各类推销人员及其他无关人员，礼貌劝其离开
9．对搬离辖区的物品，要主动地走近，礼貌的请其出示物品放行条，按照放行条上所列内容认真核查每一件物品</td></tr>
<tr><td colspan="6">岗位关键绩效指标</td></tr>
<tr><td>序号</td><td>考核指标</td><td>基本目标</td><td>分值</td><td>完成情况</td><td>考核分数</td></tr>
<tr><td>1</td><td>为车主换牌、登记、开启车挡器的时间</td><td>一般一辆车不超过15秒钟</td><td>15分</td><td></td><td></td></tr>
<tr><td>2</td><td>登记、打卡的迅速、完整、正确</td><td>一辆车登记、打卡时间不超过20秒钟，不出现车主的投诉</td><td>10分</td><td></td><td></td></tr>
<tr><td>3</td><td>车主投诉事件</td><td>因失职发生投诉次数少于1次/月</td><td>15分</td><td></td><td></td></tr>
</table>

（续表）

<table>
<tr><th>序号</th><th>考核指标</th><th>基本目标</th><th>分值</th><th>完成情况</th><th>考核分数</th></tr>
<tr><td>4</td><td>交通意外事故</td><td>车库（场）内发生次数少于1次/月</td><td>10分</td><td></td><td></td></tr>
<tr><td>5</td><td>交通堵塞情况</td><td>无</td><td>10分</td><td></td><td></td></tr>
<tr><td>6</td><td>车辆收费率</td><td>100%</td><td>15分</td><td></td><td></td></tr>
<tr><td>7</td><td>放行物品的检查</td><td>根据放行条认真核查每一件物品，未有因过失而造成业主物品丢失的情况</td><td>15分</td><td></td><td></td></tr>
<tr><td>8</td><td>来访人员的登记</td><td>按规定登记，记录全面、清楚</td><td>10分</td><td></td><td></td></tr>
<tr><td colspan="3">综合考评分值</td><td colspan="3"></td></tr>
<tr><td colspan="3">主要成绩、缺点及改进建议：</td><td colspan="3">直接领导人：
人力资源部负责人：
审批：</td></tr>
</table>

第三部分

员工素质测评

章前导语：

素质测评涉及测评对象的性格、知识、技术、能力、适应性、职业素养等方面的情况。通过素质测评可以全方位、准确、科学地测评一个人的职业能力、个性特征和价值追求，确定受测者的能力优势、适合的岗位和需要加强学习的内容，从而为招聘、选拔、晋升、培训工作提供可靠的依据。

第一章　能力素质评价标准

能力素质，又叫胜任素质，是在特定企业的环境中，在具体的工作岗位上，做出优秀业绩需要的行为特征。员工能力素质模型通常如下表所示。

员工能力素质模型

员工能力素质模型		
知识	技能	职业素养
学历与专业 通用知识 专业知识	计划 领导 创新 沟通 决策 ……	团队精神 责任心 进取心 廉洁 忠诚度 ……

能力素质模型详细规定了企业所需要的知识、技能、职业素养。通过这三个层次的指引，可以正确引导员工达到公司所需要的工作目标。

一、知识部分的素质

知识指员工通过教育培训、工作实践获得的认识和经验的总和。一名优秀的员工，至少可以从以下三个方面来衡量：

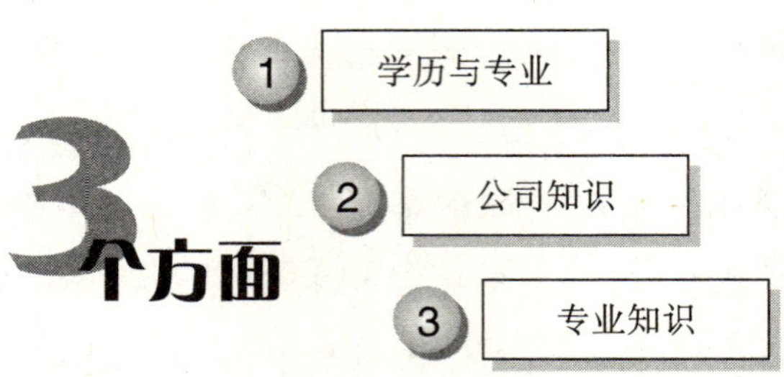

衡量知识的三个方面

（一）学历

按学历分初中、高中（包括中专和中技）、大专、本科、硕士、博士。

学历等级标准

级别	定义
一级	初中及以下
二级	高中及中技
三级	大专
四级	本科
五级	硕士研究生及博士

（二）公司知识

公司知识包括行业知识、产品知识、公司文化（发展历史、理念价值观等）、组织结构、基本规章制度和业务运作流程等。

公司知识等级标准

级别	定义
一级	初入公司，仅了解员工手册与职位相关内容
二级	了解公司发展历史、相关产品知识，熟悉本岗位相关管理制度、流程
三级	了解行业状况，全面了解公司的历史、现状、未来发展方向和目标、全部产品知识以及相关管理制度、流程
四级	熟悉行业状况，熟悉公司整体运作流程、制度，了解公司整体战略规划以及战略步骤
五级	洞悉行业状况中的重大变化与趋势，能基于公司整体战略规划以及战略步骤，对公司整体运作流程与制度提出系统、科学的建设方案，以支持、保证战略目标实现

（三）专业知识

对公司而言，以下专业知识的掌握与运用程度将直接影响到公司的核心竞争力与竞争优势，公司高度关注各职类、职种对其相应的专业知识的掌握状况。

以下所列示的是公司的各专业知识，对具体职位而言，应有不同的侧重。

1．行政管理知识

行政管理知识等级标准

级别	定义
一级	了解工作标准，并能按照工作标准完成工作
二级	了解公司一般的行政管理的内容框架和一般流程、相关制度，主动完成工作，并对工作有所改进
三级	掌握公司行政管理的内容框架、工作流程、相关制度及方法，对本岗位的流程及制度熟练掌握，并能提出合理化建议，持续改进与提高
四级	掌握公司行政管理的内容框架、工作流程、相关制度及方法，并熟练掌握本岗位的流程及制度，发现问题并能提出分析与建议，改进并设计涉及本岗位的行政管理的新思路，新制度
五级	与公司战略结合，从战略角度关注公司行政管理，掌握公司行政管理的内容框架、工作流程、相关制度及方法，并熟练掌握，发现问题并能提出分析与建议，改进并设计行政管理的新思路，新制度

2．计划管理知识

计划管理知识等级标准

级别	定义
一级	了解计划与目标的概念与关系，了解计划管理意义，能制定个人或小组工作计划
二级	了解制订计划的理论工具，了解专业工作相关业务的运作情况，了解制订计划的程序，了解计划与绩效的关系，掌握一个专业系统的制订计划、控制计划与调整计划的知识
三级	了解计划与预算的关系，了解相关部门的业务运作情况，掌握制订计划的部分理论工具，具有相对独立地制订一个部门的工作计划所需知识
四级	熟悉公司计划管理流程与制度，熟悉公司各业务部门或分管部门业务运作情况，具有基于年度经营目标而制订公司年度经营计划的相关知识，并使年度经营计划与财务预算有效衔接
五级	了解计划与战略的关系，能理解公司战略规划，掌握公司计划管理体系运行中存在的问题与改进方向，具有围绕战略目标而革新公司计划管理体系的相关知识，使计划有效支持战略的实施，并保证战略目标的实现

3．人力资源知识

人力资源知识，主要包括以下知识：

A类：工作分析。

B类：员工关系管理、人事档案管理、劳动法律法规。

C类：人员招聘与调配管理。

D类：培训管理。

E类：绩效管理。

F类：激励与薪酬管理。

G类：组织管理、人力资源规划、职业生涯管理。

人力资源知识等级标准

级别	定义
一级	了解公司人力资源管理制度、流程与相关政策
二级	熟悉公司人力资源管理制度、流程与相关政策，对人员招聘、培训、激励与绩效管理的重要技术、工具有一定了解
三级	了解人力资源管理系统的内在逻辑关系，熟悉B、C、D、E、F中的三项内容并掌握其中一项，掌握A项内容
四级	了解G项内容，熟悉人力资源管理系统的内在逻辑关系，熟悉B、C、D、E、F的内容，并掌握其中三项；了解人力资源管理的先进理念、技术、工具
五级	掌握G项内容，精通B、C、D、E、F中的三项；掌握人力资源管理的先进理念、技术、工具

4．财务知识

财务知识，主要包括以下知识：

A类：会计学原理、统计学原理、税收。

B类：工业企业财务管理、工业企业会计、会计电算化。

C类：管理会计、成本会计。

D类：审计学。

E类：金融证券、投融资管理。

财务知识等级标准

级别	定义
一级	了解A类所包含的基本知识，了解基本的财务术语，能看懂财务报表
二级	了解A、B类所包含的基本知识，熟悉与本职工作相关的工作标准及流程，能按工作标准完成工作；同时能对财务数据作简单指标分析

（续表）

级别	定义
三级	（1）掌握A、B类所包含的知识 （2）掌握A类知识，了解C类知识并能利用所学知识不断提高工作能力
四级	精通A、B、C类知识，掌握D、E类知识，并能进行主动的分析与总结，设计成本控制的各项流程
五级	精通A、B、C、D、E类知识并能运用所学知识，在各方面为公司开源节流

5．法律知识

法律知识等级标准

级别	定义
一级	知道工作相关法律名称，但具体信息需要查询
二级	了解工作相关法律知识，并能掌握其中大概的内容
三级	熟悉工作相关法律知识，并能在工作中运用，严密工作法律程序
四级	掌握工作相关法律知识，了解其他法律知识，能避免法律纠纷
五级	精通公司相关的全部法律知识，并预先为公司有效地避免法律纠纷，出现纠纷时能运用法律有效解决

6．战略知识

战略知识等级标准

级别	定义
一级	了解战略的一般概念及内容框架，了解公司战略，了解竞争对手情况，了解企业未来发展方向、工作重点
二级	熟悉战略分析、选择、实施的一般概念、内容框架与相关工具，熟悉公司战略，熟悉公司未来发展方向及工作重点，熟悉涉及本部门的人员流程、运营流程
三级	掌握战略分析、选择、实施的技术与工具，熟悉公司战略，并能制定合理可行的战略流程（包括人员流程与运营流程）
四级	精通战略分析、选择、实施工具的应用，掌握公司发展方向，并能在发展过程中及时根据条件的变化提出合理化建议，调整策略的实施方式与方法

（续表）

级别	定义
五级	掌握行业与竞争企业的最新战略思想与动态，能提出公司战略思想，系统地进行战略分析、战略选择、战略实施，对公司整体发展有全局的掌控

7．营销策划知识

营销策划知识，主要包括：

A类：营销心理学、公共关系学、客户关系管理、营销通路管理、价格管理、终端管理。

B类：预测与调研、营销信息管理、市场策划、品牌管理、广告学。

C类：推销与销售技巧、客户服务技巧。

营销策划知识等级标准

级别	定义
一级	了解A、B、C类中的一种基本知识，在领导的指导下，能进行一般客户的交流和一般的客户管理
二级	了解A、B、C类的一般概念及内容框架、一般原理和方法，对市场敏感性强，有营销意识，能运用营销的理念进行市场开发或客户管理
三级	掌握A、B、C中任意一类的操作运用原理，对销售工作了解，有一定的经验积累，可进行简单的市场、客户调研与分析，编制简单的营销策划方案
四级	熟练掌握A、B、C中任意两类操作运用原理，综合利用各种营销策划知识，进行项目部分营销方案的编写，能独立工作并指导销售工作
五级	熟练掌握三类知识的操作运用原理，精通营销策划知识，编写的营销策划方案可行且有创新，并能在实践中创造品牌效应，创造价值

8．工程技术知识

工程技术知识等级标准

级别	定义
一级	了解工作相关的基础理论知识和专业技术知识、技术标准
二级	掌握本岗位基础理论知识和专业技术知识、技术标准、规范和规程，了解技术状况和发展趋势，了解其他相关岗位的专业技术知识

（续表）

级别	定义
三级	掌握本岗位基础理论知识和专业技术知识、技术标准、规范和规程及相关岗位专业技术知识，熟悉技术状况和发展趋势，能对一般技术问题进行总结和分析
四级	精通工作相关的基础理论知识和专业技术知识、技术标准、规范和规程，熟悉技术状况和发展趋势，能对重大技术问题进行总结和分析
五级	精通工作相关基础理论知识和专业技术知识、技术标准、规范和规程，熟悉技术状况和发展趋势，能创造性地完成重大技术改造、产品开发

9．服务知识

服务知识包括服务礼仪、服务工作流程、工作标准及投诉处理的技巧等。

服务知识等级标准

级别	定义
一级	了解物业公司服务的主要特点与要求
二级	了解与本岗位有关的作业流程、要求与礼仪，会有礼貌地接待投诉并处理与本职有关的投诉事项
三级	全面了解与本班组有关的作业流程、要求与礼仪，会有礼貌地接待投诉并处理与本班组有关的投诉事项
四级	全面了解与本部门有关的作业流程、要求与礼仪，有礼貌地接待投诉并处理与本部门有关的投诉事项
五级	全面了解公司内各项作业流程、要求与礼仪，能接待投诉并处理投诉事项

10．质量管理知识

质量管理知识，包括：

A类：质量体系知识。

B类：全面质量管理。

C类：概率论与数理统计。

D类：计量与检验。

E类：可靠性知识。

质量管理知识等级标准

级别	定义
一级	了解A、B的基本概念
二级	了解A、B的基本概念，掌握D的原理与方法
三级	了解C的原理与方法，掌握A、B、D的原理与方法
四级	了解E的原理与方法，掌握A、B、C、D的原理与方法，能进行较为全面的质量分析，并提出相关解决措施
五级	掌握E的原理与方法，精通A、B、C、D的原理与方法，对重大质量问题能进行科学分析、解释，可以科学设计质量保证措施

11．外语知识

外语知识等级标准

级别	定义
一级	中专、高中英语知识水平
二级	大专毕业的外语知识水平
三级	相当于CET-4级知识水平
四级	相当于CET-6级知识水平
五级	相当于英语专业8级知识水平

二、技能部分的素质

技能指运用资源解决问题的某一能力。一个优秀的员工，技能至少包括以下部分或全部方面的能力：

1 **领导能力**
- 团队领导
- 战略规划

2 **管理能力**
- 计划执行
- 决策能力
- 培养指导
- 影响能力
- 组织协调

3 **专业素质**
- 成本意识
- 客户导向
- 专业性

4 思维能力

· 创新能力
· 分析式思维
· 归纳思维
· 信息收集
· 学习领悟

5 管理能力

· 成就动机
· 关注细节
· 坚持不懈
· 人际交往
· 自信心
· 沟通能力
· 积极主动
· 灵活性
· 自控能力

技能的五大组成部分

（一）领导能力

1．团队领导力

团队领导力是指通过授权、激励等管理手段充分发挥团队成员优势，促进团队合作，解决人员冲突，带领团队成员完成工作目标的能力。

团队领导力等级标准

级别	定义
一级	（1）主动向团队成员传达某项决定的内容或工作任务的要求，清晰地表明工作的原则和权限范围，明确要完成的目标 （2）以正式的渠道公告授权内容，向团队成员解释其中的过程或原因，确保他们了解必要的信息，帮助他们获得配合和减少冲突
二级	（1）确保团队的合理需要得到满足，并为团队成员的工作开展争取所需要的各种信息、资源 （2）保护自己领导的团队及其声誉，采取各类实质性的举措让团队成员感受到自己对团队利益的重视
三级	（1）通过以身作则，向团队成员示范自己所期望的行为，使他们接受自己为团队设定的使命和目标，以及作出的安排和决定等，确保集体的任务能够完成 （2）在必要的时候与下属同甘共苦，赢得下属的信赖
四级	（1）针对不同的情况，灵活采取不同的激励手段，激发下属的热情 （2）善于描绘激动人心的使命和目标，使下属充满热情和希望 （3）采用各种方式来提高团队的士气，如迅速解雇绩效不佳者，对工作流程进行科学、合理的调整等，以改进团队的工作效率，加强集体向心力
五级	（1）成为团队的精神领袖，从做事方式上深入影响下属，利用个人人格魅力或突出的工作能力在下属和同事间树立威信 （2）鼓励团队成员之间互相帮助，创造坦率、温暖、合作的团队氛围

2．战略规划能力

战略规划能力是指通过对组织内外环境的分析判断，制定组织的中长期发展目标，并有把具体工作安排和整体发展目标有效结合起来的能力。

战略规划能力等级标准

级别	定义
一级	认识到自己的日常工作与组织战略（由他人制定）的联系，了解短期利益与长远目标间的关系，清楚自己管辖范围内的工作在组织整体发展中的位置和作用
二级	按照外部或组织战略的要求安排工作的轻重缓急和优先次序，在资源分配方面，向战略发展的重点方向倾斜，不因为短期业绩压力，忽略长期发展战略的要求
三级	在组织整体战略的大范围内，根据局部区域的特点和条件，设计落实管辖范围内的工作战略
四级	（1）设定自己管辖范围内工作的具体目标并推动相应的落实措施 （2）能够有效抵制与组织战略方向不统一的工作行为
五级	（1）了解分析社会市场大环境条件的变化和长远发展目标的要求对日常工作可能产生的影响，检讨当前的战略和工作部署 （2）在当前具体工作安排时要分析短期目标是否有助于实现长期规划，从宏观和整体进行考虑，作出有利于组织长远发展的工作决策

（二）管理能力

1．计划执行能力

计划执行能力是指工作中能够迅速理解上级意图，形成目标并制定出具体可操作的行动方案，通过有效组织各类资源，和对任务优先顺序的安排，保证计划的高效、顺利实施，并努力完成工作目标的能力。

计划执行能力等级标准

级别	定义
一级	能够根据公司或上级的明确要求，结合本岗位的职责，确定自己工作的短期目标
二级	根据具体目标，将工作分解为若干的关键可操作性步骤，设立优先次序，形成任务时间进度表
三级	能够准确评估实现工作目标所需的人、财、物等资源，并作出资源配置的可行性方案
四级	建立监控和反馈机制，能够从整体上把握计划实施的进程

（续表）

级别	定义
五级	（1）在工作计划中预先考虑预留弹性或额外工作时间，以应对意外事件 （2）主动评估工作中可能存在的风险，随时准备应对各种障碍和问题，并提前制定应变方案，以确保工作任务总是按时、保质地完成

2．决策能力

决策能力是指通过对多个可行方案进行分析和判断，挑选出最适当的方案及实施时机，并能够勇于承担风险，作出有利于推进工作的明晰决定的能力。

决策能力等级标准

级别	定义
一级	在收集到较为充分的信息后，清楚地向团队成员表明自己的要求，并给予他们基本的、例行的指示，但当遇到一些例外事项或突发事件时，往往需要借助他人力量
二级	能够坚持立场，决策时以事实为依据，拒绝他人不合理的要求；对一些例外事项和突发事件也能独立判断，作出决策
三级	面对有竞争性的方案时，能够全面考虑各方面意见，细致分析影响因素，认真对比各个备选方案，及时作出决定
四级	能够合理预测决策可能带来的风险，衡量潜在的收益，及时作出抉择，并勇于承担风险
五级	在复杂、模糊且风险很高的形势下，或在大多数人反对的情况下仍能够坚持观点，毫不犹豫地作出对组织有长远影响的有利决策

3．培养指导能力

培养指导能力是指有培养他人的意愿，通过关注下属的潜能与可塑性，为下属的工作提供正确的指导，必要的支持，通过分享经验、评价反馈等方法提高其工作绩效的能力。

培养指导能力等级标准

级别	定义
一级	（1）相信他人有主动性，并且有能力学会或改进工作，对他人取得的正面成绩或进步行为表示公开赞扬 （2）对下属目前特点、优势以及成熟度有比较深入的了解，对蕴含在其身上的潜能和未来前途有肯定的预测和评价

（续表）

级别	定义
二级	（1）进行详细的指示或是给予示范，告诉别人如何完成某项任务的具体步骤，提出明确有用的建议 （2）通常能够针对个体不同的特点，采用不同的指导方式，使其掌握完成任务的具体方法
三级	（1）在做指示或示范时，愿意与他人分享成败的经验，提供为什么要采用某种做法的道理，帮助他人理解以强化培训效果，并利用提问题、测验或其他的方法来判断他人是否理解，以协助其顺利完成任务 （2）为下属的工作提供具体的支持和帮助（例如主动提供有用的工具、有价值信息和资源条件支持等）
四级	（1）对他人的工作表现及时给予客观的、有针对性的反馈意见，从而帮助其认识到需要改进的地方或取得进步的方向 （2）在他人遇到挫折时给予支持和鼓励，针对行为而非个人给予反馈，并对其未来的表现表达出正面期待或给予个别化的改进建议
五级	（1）发现他人需要提高的方面，为其安排有针对性的工作任务、培训项目或其他实践机会，并设计工作改进和培训计划，以促进其学习和成长 （2）鼓励下属承担有挑战性的任务，在控制风险的前提下充分授权，让他们按照自己的方式完成工作

4．影响能力

影响能力是指运用数据、事实等直接影响手段，或通过人际关系、个人魅力等间接策略来影响他人，使其接受自己的观点或使其产生预想行为的能力。

影响能力等级标准

级别	定义
一级	采用单一、直接的方法或论据对他人进行说服（如：讲大道理、平铺直叙法、死缠烂打等），试图使他人支持自己的观点或要求对方作出承诺或保证
二级	采用两种以上的步骤，或准备多种论据进行说服，但仍然是按照自己的想法进行，没有表现出有意识地针对被影响对象设计影响方式
三级	（1）善于换位思考，能够根据对方的关注点（如：兴趣、爱好、利益、声誉、顾虑等），把握恰当时机，灵活选择适合对方的说服影响方式，或调整影响的内容和形式 （2）预先考虑到不同对象的可能反应，提前作出准备或预备方案，期待并准备应付别人可能会产生的反应

（续表）

级别	定义
四级	寻找支持自己观点并能对别人真正产生影响的人物，使用连环套的方式对目标施加影响，如：借助上级力量，游说关键性人物，利用人际关系网络进行间接影响等
五级	能够根据情况设计复杂的影响策略，与关键人物结成政治或利益联盟，采用幕后交易的方式获得他们的支持

5．组织协调能力

组织协调能力是指根据工作目标的需要，合理配置相关资源，协调各方面关系、调动各方面的积极性，并及时处理和解决目标实现过程中各种问题的能力。

组织协调能力等级标准

级别	定义
一级	了解组织中的资源现状，能基本保证完成工作任务所需的资源按时到位
二级	（1）组织各种工作时考虑周到，能根据任务的重要紧急程度，提前分配或调动各种资源 （2）有一定的组织活动能力，愿意与人建立联系，但缺乏足够的创意方法，对参与者缺乏吸引力和控制力
三级	组织中出现冲突时具有一定的调解技巧，必要时借助上级或其他力量以保证工作继续开展
四级	（1）工作中常能有新的创意，组织各项工作时有一定的方法和技巧调动参与者的积极性，善于根据工作需要策划出大家喜爱参与，又有利于实现组织目标的活动 （2）善于同各方面保持融洽的关系，在兼顾对方利益的基础上促进相互理解、共同合作，保证工作顺利开展
五级	（1）有良好的沟通能力，社会交往面较宽，善于与外界建立合作关系，利用方方面面的资源为工作服务 （2）通过及时有效的分配和调动资源，克服由于他人原因引起的延误，圆满解决超出自己控制范围的问题

（三）专业素质

1．成本意识

成本意识是指在保证正常工作状态和产品质量的前提下，通过控制成本、增加产出、优化流程等手段，使利润最大化。

成本意识等级标准

级别	定义
一级	能够运用预算工具对工作中可能的成本进行合理估算
二级	贯彻公司的财务制度，在保证工作质量的前提下，定期监督工作支出状况，将费用控制在预算内
三级	（1）对他人的浪费行为，能够进行提醒或劝阻 （2）敢于挑战并尽量避免可能会使成本增加的一些官僚做法
四级	总是能够想方设法，积极地以灵活、创新的方式（如优化流程等）改善工作，从而节省成本
五级	能够进行投入和产出分析，在控制成本的基础上，通过尝试识别新的高产出机会，增加有效投入，以实现公司利益的最大化

2．客户导向

客户导向是指能够关注外部客户不断变化的需求，竭尽全力帮助和服务客户，为客户创造价值。

客户导向等级标准

级别	定义
一级	耐心倾听客户的咨询、要求和抱怨，及时回应客户的要求，解决常规性的客户问题
二级	与客户保持沟通，当客户需要帮助的时候可以随时取得联系，关注客户的满意度，提供对客户有帮助的信息
三级	（1）把客户的明确需求看成是自己的工作任务，为此投入时间和精力去做工作 （2）当常规产品和服务不能满足客户需要时，为客户提供个性化的产品和服务，尽可能快速准确地解决客户问题
四级	关注和了解客户的潜在需求，致力于开发符合客户需求的产品和服务
五级	（1）担任客户的顾问角色，针对客户的需求、问题提出自己独立的观点，并采取行动解决问题，积极参与帮助客户进行决策 （2）为客户寻找长期利益，能够采取具体的措施为客户提供增值服务，并借此成功取信于客户

3．专业性

专业性是指由内在的专业导向或者价值导向引起的一系列行为。在内心中将自己看成是某个领域的专家形象，主动提供专业级的技术支持和指导。

专业性等级标准

级别	定义
一级	当被问及时作为专家一样回答问题，会告诉别人他对一些技术问题的理解
二级	尽力回答更深入的问题，并花时间告诉他人额外的知识，帮助他们解决技术问题，或帮助其影响客户
三级	像一位技术顾问一样，主动提供个人的专业知识，寻找机会帮助人们解决技术难题或提升技术水平
四级	作为技术工作人员向他人介绍新的技术，争取新的技术在公司范围内得到认可
五级	想办法向外部传播专业知识：在专业性杂志上发表文章，公开演讲，使新的知识，技术广为人知

（四）思维能力

1．创新能力

创新能力是指关注身边的新技术、新方法和新事物，挑战传统的工作方式，推陈出新，在服务、技术、产品和管理等方面追求卓越，进行突破性创新的行为特征。

创新能力等级标准

级别	定义
一级	当面对新挑战时，通常利用以往经验，或者参照系统内部的观点进行推断
二级	（1）主动关注身边发生的新技术和新方法，与现有事物进行比较，发现其中的差异所在 （2）思考新技术或新问题对自己工作可能产生的影响
三级	（1）不断对现有事物提出问题，挑战传统的工作方法和思维方式 （2）对本职工作的改善有自己的见解，不断引入其他领域的观念和方法来指导工作
四级	（1）尝试新的事物，而且通过自己的判断进行合理使用，降低风险 （2）改进现有的方案，找到更好更有效的工作方式或产品
五级	（1）形成和运用新的概念，创造出全新的工作方法或产品 （2）拥有市场上的新发明，或能够建立获得社会认可的理论体系，可以指导并提高绩效 （3）敢于为制定新政策、采取新措施或尝试新方法承担风险

2．分析式思维能力

分析式思维能力是指通过把整体分解为部分来认识事物的能力，即对问题进行逐步推进式的分析，进行前因后果的线性分析的能力。

分析式思维能力等级标准

级别	定义
一级	将问题分解为各项独立的互不联系的任务或活动，并罗列出来
二级	将问题分解为简单关联的若干部分，认识到简单直接的因果关系（单因单果），进行黑白分明的选择（支持或反对，接受或拒绝等）
三级	将问题或事物分解成相互关联的若干部分，认识到简单的多重因果关系（一因多果，多因一果的简单因果链）
四级	（1）将问题或事物分解成相互关联且重要性不等的若干部分，认识到复杂因果链 （2）能够对某种原因或结果的可能性和重要性进行分析，衡量不同行动方法的价值
五级	（1）预测可能的障碍，并事先设想接下来解决问题的步骤 （2）能事先想出几个解决问题的方案，在权衡轻重、利弊和可能性的基础上，对不同方案进行判断和选择

3．归纳思维能力

归纳思维能力是指由部分结合形成整体来认识事物的能力，在面对复杂的问题或现象时，能够发现和掌握关键问题所在，或者是能够创造性地分析问题。

归纳思维能力等级标准

级别	定义
一级	（1）能够运用浅显的规律（经验法则）和普通常识确定问题所在 （2）当所面临的情况与以前经历过的情况相同时，能够识别出共同之处并应用以前的经验
二级	面对不完全相同的现象和问题时，可以认识到不同事物（如所面临的情况与以前经历过的情况）之间的相似之处
三级	利用学习到的理论知识，以及在处理其他问题时取得的经验，对现有问题进行整体分析和处理
四级	面对复杂的情况时，能将各种观点、问题和搜索到的数据归纳提炼出核心的观点或简洁的结论
五级	（1）在处理问题时，能够用自己创造的概念来反映各个事物间的内在联系并指导问题的解决 （2）在处理问题时能够发现别人没有发现的关键点，透过表面，深入问题的本质，总结出规律

4．信息搜集能力

信息搜集能力是指能根据工作的需要，不局限于眼前现有的资料，主动花费力气通过各种方法搜集各类相关信息的能力。

信息搜集能力等级标准

级别	定义
一级	（1）面临困难任务时，想到要尽可能收集多方面的信息来解决问题 （2）直接询问相关知情人员，获得现成的信息来源，并花时间汇集资料
二级	亲自去现场对情况进行观察，询问相关人员，搜集有用的信息
三级	（1）接触其他尽可能多的渠道或对象，获得他们的观点、背景资料及经验等各种相关或潜在相关的信息 （2）不满足于表面信息的获得，能深入询问，挖掘问题的核心和真相
四级	（1）建立相关的信息搜集系统，通过系统的正式研究渠道（如报纸、杂志等）来获取信息 （2）对搜集到的信息进行系统分类、整理和保存等方面的管理
五级	（1）形成搜集信息的习惯，建立起能够长期运作的信息搜集系统 （2）长期不间断地使用自己的系统方法搜集信息，并不断挖掘未来可能的潜在信息和信息搜集途径

5．学习领悟能力

学习领悟能力是指通过个人有计划学习和实践，增加学识、提高技能，并把它应用到日常工作中以提高个人和组织绩效能力。

学习领悟能力等级标准

级别	定义
一级	（1）对别人身上的闪光点或者好的做法，即使目前不使用，也记录和积累下来 （2）多向有经验的人学习好的想法和好的做法
二级	将别人明确表述的经验和做法，应用到工作中
三级	对别人明确表述的经验和做法加以调整修改，运用于解决不同的问题
四级	将各方面知识的精髓融为一体，得到处理不同问题的通则或经验方法，并将之变成为自己的东西，用它来分析现实中的工作问题，提出有效的解决办法
五级	从经历的偶发体验或事件中，亲自总结出解决问题的方法并加以运用

（五）个人特质

1．成就动机

成就动机指个人有强烈的追求工作成功的愿望，不断设定挑战性的目标挑战自我，关注自身职业生涯的发展，追求事业的成功和卓越。

成就动机等级标准

级别	定义
一级	表现出把工作做好的愿望，对浪费和低效率感到不满和沮丧（例如，抱怨浪费时间、资源等）
二级	工作表现符合公司制定的管理标准
三级	为自己制定衡量进步的具体的客观标准（比如自己要把工作成绩做到前十名或者像某个榜样那样）
四级	根据所制定的进步标准，对现有的工作方法和内容进行改进，以提高工作绩效
五级	为自己制定具有挑战性的目标并采取具体行动去实现目标（“挑战性”是指尽了很大的努力后，成功的可能性为80%左右的目标，如同类人员中的优秀标准）

2．沟通能力

沟通能力是指针对一定的受众对象，通过倾听，清晰表达自己的意见，公开进行反馈，与他人进行信息传递的能力。

沟通能力等级标准

级别	定义
一级	有沟通的愿望，能够回应他人发出的沟通信号
二级	（1）能够耐心倾听他人的观点，基本把握他人谈话的主旨 （2）能比较完整地表达自己的意见和想法，使对方能够理解
三级	（1）在与他人交流时能够准确理解他人的观点，积极地给予反馈 （2）表达言简意赅，具有较强的逻辑性，观点清晰明确
四级	（1）通过一些语言技巧（如使用比喻、排比等）清晰地表达较为深奥而复杂的观点 （2）在表达时有意识地使用一些肢体语言作为辅助，增加语言表达的感染力
五级	（1）预见到他人的需要和关注点，根据不同对象采取相应的沟通策略 （2）对不同对象和情境所要求的沟通方式有系统和深入的认识，并能自如地运用和进行灵活调整

3．关注细节

关注细节是指为了保证在工作中不出现错误或失误，而对自己和他人的工作进行反复的监督和检查的能力。

关注细节等级标准

级别	定义
一级	对自己的工作要求严格，都会按照既定的操作规范或上级指示进行，较少出现错误
二级	注重对自己的工作进行检查，以核实提供的资料和信息的真实性
三级	在提供资料或信息前，能够主动通过多种途径，对其真实性进行交叉验证
四级	（1）注意督促下属或配合自己工作的其他人员对工作的各个环节进行多角度、全方位的考虑，确保工作准确无误 （2）能够对他人的工作的细节进行要求或检查，发现或纠正其工作中的差错和疏忽等
五级	学习并督促自己及他人掌握各种可以提升和改进工作细节的方法，能够设计或使用程序化检查错误的手段

4．积极主动

积极主动是指在工作中自觉地付出超乎工作预期和原有需要层级的努力，在没有他人鼓励的情况下善于发现和创造新的机会，提前预计到事情可能的障碍，并有计划地采取行动避免问题的发生，提高工作绩效的能力。

积极主动等级标准

级别	定义
一级	在一两天的时间范围内，认识到眼前的机会并立即采取行动，纠正眼前的问题
二级	在面对危机情况时，迅速果断地采取行动去处理问题
三级	通过提前一个月采取独特和额外的行动来创造机会或降低问题发生的可能性（如设立新的项目或机构，进行有针对性的巡视等）
四级	（1）预测三个月范围内其他人并未意识到的某个机会或问题，并采取相应的准备行动 （2）提前三个月采取行动以避免可能出现的危机
五级	（1）能够预期到半年，或更多年以后可能发生的情况 （2）提前半年以上采取行动以创造机会或避免问题，这些机会或问题通常不被其他人所意识到

5．坚持不懈

坚持不懈指个人坚定不移地沿着既定的目标前进并持续关注目标，即使处于艰苦或不利的情况下，也能克服外部和自身的困难，坚持实现目标。

坚持不懈的等级标准

级别	定义
一级	（1）在工作中树立了不松懈的工作信念 （2）在受到挫折和批评时，能够抑制自己的消极想法和冲动
二级	为了达到目标，能够持续不懈地努力工作，甚至面临烦琐的、枯燥的工作任务时也能坚持
三级	（1）面对挫折时能够主动意识并正确对待自己的不足，从错误中吸取教训，坚持从头再来 （2）能够承受较大的工作压力，采取积极行动去克服困难
四级	追求目标的过程中不断地激励自己，即使很艰难也照样不停歇
五级	（1）面对突发情况或强烈反对也毫不退缩和动摇，并团结和带领他人为实现目标一起奋斗 （2）越挫越勇，在屡战屡败的情况下不放弃采取新的理念和方法去探索，以完成任务或达到目标

6．灵活性

灵活性即随机应变，在工作及周围的环境发生变化时，能依照情况需求改变自己的工作方法或处事方式，并在组织或工作要求上有所改变或能容易接受改变。

灵活性的等级标准

级别	定义
一级	能客观地看到情况的变化，面对新的、不同的环境或条件时，表示愿意调整
二级	（1）面对不同的证据和信息，有改变自己看法的意愿，不固执己见 （2）能够分析周围环境的变化情况，判断自己需要怎样调整
三级	（1）为了完成任务或达到组织目标，适当地对正常的工作程序或规章制度做临时调整以适应某种特殊情况 （2）针对情况或他人的反应，改变自己的策略、目标或计划，以适应个人情况和客观环境
四级	在自己的组织内部提倡进行小规模或短期的调整，以适应情况所需

（续表）

级别	定义
五级	在自己组织内部对工作计划、行动方案、预期目标等进行较大规模的全面及长期的调整以适应具体环境的要求

7．人际交往

人际交往是指与可能有助于完成工作相关目标的人，建立或维持友善、和谐关系的能力。

人际交往的等级标准

级别	定义
一级	（1）与他人保持工作相关的接触，维持正式的工作关系 （2）能够接受他人邀请参加社交活动，从而建立工作关系，但不扩大邀请或是刻意建立工作关系
二级	（1）能敏感地把握他人的性格特点和利益需求，为今后的交往奠定基础 （2）偶尔在工作中开始以非正式的方式与别人交流
三级	（1）积极创造与他人接触的机会，主动联络对方，利用非正式接触建立融洽关系 （2）在交往场合，能够调动大家的交流情绪，营造使大家可以轻松交流的气氛
四级	（1）经常在工作外的集会、活动上，继续与同事或客户及其他相关人员保持友善关系 （2）利用他人间接的关系，扩大人际网络范围
五级	（1）与他人建立长期稳定的亲密私人友谊，相互之间可以坦率地交流，谈论敏感问题和私事，对方在对与自己有重要关系的问题上，能够主动地通风报信 （2）能够利用私人友谊扩展业务网络

8．自控能力

自控能力是指在面对他人的反对、敌意、挑衅和压力环境下，能够保持冷静，控制负面情绪和消极行为，继续完成工作任务的能力。

自控能力的等级标准

级别	定义
一级	有能力抵制可能的诱惑，不会采取不恰当和冲动的行为
二级	在感觉到强烈的感情（例如：发怒、极其沮丧或高度压力）时，能抑制其表现出来

（续表）

级别	定义
三级	（1）当感觉到强烈情绪时（如发怒、极其沮丧或高度压力）时，不仅能抑制其表现出来，而且能继续平静地进行谈话或开展工作 （2）能够长时间地抑制感情或抵抗压力，在持续的压力状况下以一贯的正常状态推进工作
四级	感觉到强烈的感情或其他压力，抑制住它们并以建设性的方法回应压力和不良情绪，冷静分析问题来源，甚至能总结避免今后出现类似情况的预防措施和应对方法
五级	在群体人员都受到强烈冲击时，不仅能够控制自己的情绪，也能鼓励别人也冷静下来，保持良好心态

9．自信心

自信心是指相信自己有能力或采用某种有效手段完成某项任务、处理困难情境或解决问题的信念。

自信心等级标准

级别	定义
一级	（1）明确表示不需要监督或他人主动的指导和帮助，自觉工作 （2）以有信心、强有力地给他人留下深刻印象的方式呈现自己
二级	（1）适当的时候，能够突破他人明确要求遵守的传统和标准 （2）必要时，即使别人反对，也能独立行动并对后果承担责任
三级	（1）对自己的能力有信心，在同级别的同事或朋友群中，认为自己是专家，能力比别人强，是事情成功的关键和重要推动者 （2）证明自己的观点有道理，在冲突中能够清楚表达自己的立场，以行动来证明自己所表达的自信心
四级	（1）喜欢具有挑战性的任务，对富有挑战性的工作感到兴奋，积极要求承担新的任务和工作 （2）当与上级管理人员、客户或其他权势人物产生意见分歧时，能直截了当但彬彬有礼地表明自己不同的看法
五级	（1）始终坚持自己的观点和意见，不害怕与上级主管或客户发生冲突 （2）有意识地选择极具挑战性的任务和工作

三、职业素养

职业素养是指工作态度，既是员工对公司企业文化的认知与认同，也是组织对员工个人素质方面的要求。一个优秀的员工，职业素养至少包括以下部分或全部的职业素养：

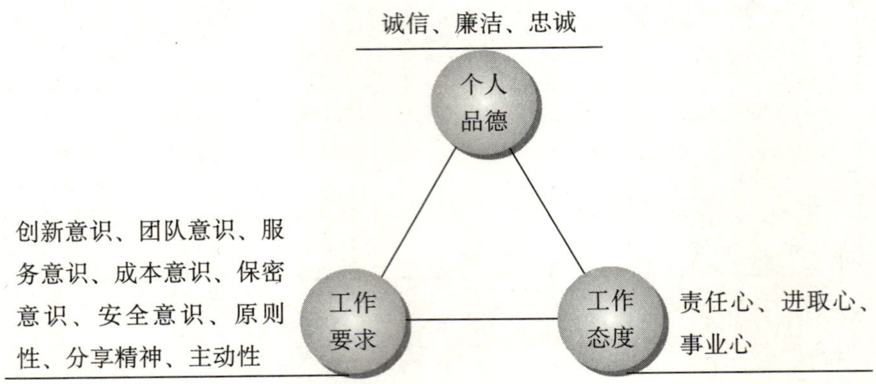

职业素养的组成

（一）个人品德

1．诚信正直

诚信正直是指能依据事物原本的情况处理组织中的事务，不受个人利益、好恶的影响，信守承诺，正确对待自己的错误。

诚信正直的等级标准

级别	定义
一级	（1）遵纪守法，遵守社会公德 （2）遵守公司的政策原则和规章制度，不超越制度规定权限
二级	不轻易承诺，但对承诺过的事情会想办法实现
三级	（1）不说假话，真实反映客观情况，不为个人利益隐瞒事实或欺骗他人 （2）对事情进行公平公正的评价和处理，不受个人利益影响
四级	（1）遇到利益诱惑时能够顶住压力，坚持原则 （2）正直廉洁，不凭借权力谋取个人私利
五级	（1）从自我做起，自觉维护企业在市场中树立的诚信形象，为他人充当起道德行为的楷模 （2）对于他人违法经营、损害企业诚信形象的行为能够勇敢说服和劝导，做到自我监督和与他人的相互监督

2．廉洁

廉洁是指不利用岗位权利之便，损公肥私。

廉洁的等级标准

级别	定义
一级	严格遵循公司行为准则，不将公司物品、用具、材料等小额物品挪作私用
二级	严格遵守公司管理制度，在业务交往中不私自接受对方的礼品
三级	在商业交往与合作中，不接受对方的贿赂，不损害公司利益
四级	能以身作则，积极引导员工遵循公司行为准则，不贪污、挪用公司财物，或以公司财物、商业机密、专利技术等谋取个人私利
五级	能坚决与损公肥私的行为作斗争，并能不断地思考、创新、完善公司管理制度，堵塞管理漏洞，参与到创建健康的公司企业文化中，不断提升员工职业素养

3．忠诚

忠诚是指对工作、团队、组织的信任及忠实的程度。

忠诚的等级标准

级别	定义
一级	忠实于本职工作，不做与职业道德相违的事情
二级	忠实于本职工作，不做任何对团队、公司不利的事
三级	忠实于团队，对团队成员充分信任，积极维护团队利益
四级	忠实于公司，对危害公司利益的行为进行批评与纠正，并采取适当防范措施
五级	忠实于公司利益，积极主动影响组织成员忠诚于公司

（二）工作态度

1．责任心

责任心是指认可自己的工作职责，认真地采取行动去完成这些职责，并自发自觉地承担工作后果的意识。

责任心的等级标准

级别	定义
一级	明确自己的工作职责和角色，认识到自己承担工作的重要性
二级	以一种积极主动的姿态处理事情，对职责范围内的工作进展情况及时进行核查，对发现的问题采取必要的行动，以保证工作按要求标准完成
三级	当工作中面临需要同时处理职责内和职责外的任务时，能主动采取应对措施，保证不因为职责以外的任务而影响职责内工作的完成情况
四级	主动公开地承担本职工作中的责任问题，不欺上瞒下，并及时主动地采取补救预防措施，防止类似的问题再次发生
五级	支持公司战略目标的实现，即使面临巨大压力或个人利益受到损失时，仍能不折不扣完成工作并承担责任

2．进取心

进取心是指树立更高的工作目标，不懈追求发展。

进取心的等级标准

级别	定义
一级	安心于本职工作
二级	热爱本职工作，进行专业学习，以有效发挥职位效能
三级	追求事业的发展，为自己设置具有挑战性但又确实可行的目标，为更好地达到目标，主动寻找差距，并通过学习进行弥补
四级	有坚强的信念，善于寻找并利用各种途径解决问题，坚持完成工作任务，坚持学习、吸收新的知识，专业能力提升较快，并愿意承担更大的责任，有远期的追求目标
五级	具有较强的使命感，主动迎接工作挑战，并采取相关有效措施确保目标完成，在工作中追求完美和高质量，成为本职工作的专家的同时，相关专业能力得到显著提升

3．事业心

事业心是指以企业为家，不断经营、管理，力求发展与成长。

事业心的等级标准

级别	定义
一级	以打工的心态做事，给多少钱做多少事，有利就做，无利就走

（续表）

级别	定义
二级	以打工的心态做事，但忠于职守，力求高质量完成工作，并对企业有所贡献
三级	以职业经理人的心态做事，忠于职守与专业，力求超越工作标准与目标，并对企业有重大贡献
四级	以企业家的心态做事，以企业的事业作为自己的事业，奉献自己全部才智，力求企业的不断成长与发展
五级	以企业家的心态做事，以企业的事业作为自己的事业，以企业为家，与企业共进退，与企业共荣辱，奉献自己全部才智，承担企业经营风险，力求企业的持续经营、持续发展

4．敬业精神

敬业精神指具有使命感，热爱工作，认可自己的工作职责，可以全身心地投入到工作中去，尽心尽力采取行动去完成工作任务。

敬业精神等级标准

级别	定义
一级	（1）遵守公司的各项规章制度，不迟到早退 （2）保证饱满的工作时间，不处理与工作无关的私人事情
二级	认真完成领导交办的工作任务，保证按时交付成果，符合一定的工作标准
三级	工作中能够吃苦耐劳，不计较得失，以高质量标准要求自己，尽力把工作做到最好
四级	（1）对工作充满激情，甘于奉献，宁愿放弃休息时间也要按时保质保量地完成任务 （2）在工作中遇到困难时不放弃，会努力克服困难完成任务
五级	在工作中愿意为了公司或团队的利益付出额外的努力，放弃或牺牲个人利益

（三）工作要求

1．全局观念

全局观念是指开展工作或进行决策时，能够考虑他人、其他部门或公司整体的情况，从组织的整体或长远利益出发，顾全大局，为了整体利益能够牺牲局部利益或个人利益。

全局观念等级标准

级别	定义
一级	（1）明确了解组织中的整体战略目标和本部门目标及个人目标，企业整体利益与局部利益、个人利益之间的关系 （2）理解组织的整体利益与局部利益、个人利益之间会不可避免地出现矛盾
二级	（1）关心组织的整体发展和其他部门、岗位的工作情况 （2）在组织要求局部利益或个人利益作出让步时，能够进行自我调整，以服从大局
三级	遵从企业运作中的各种规则和组织的整体战略方向，从组织的整体和长远利益出发考虑本部门的工作，不会为局部小利而轻易打破规则和已经建立的平衡
四级	（1）积极倡导部门间的协同工作，并身体力行地团结或配合他人共同实现目标 （2）在决策时通盘考虑，必要时为保证组织的整体利益不受损害，能够牺牲局部或个人利益
五级	（1）当局部利益和组织整体利益发生冲突时，能够顶着所在部门或团队内部的压力，作出有利于整个组织的决策 （2）以企业发展大局为重，在组织利益受到损害时能够挺身而出，积极地维护企业利益

2．创新意识

创新意识是指在工作中不断尝试创新的意识。

创新意识的等级标准

级别	定义
一级	只具有在现有制度、规定下灵活解决问题的愿望
二级	具有主动改进现有制度、规定、做法，寻找更合理的解决方法的愿望，也能进行一些小改良、改造
三级	常常积极开动脑筋，进行一些调查研究，提出基本可行的改良、改造方案，取得不错的创新效果
四级	习惯专注于对问题的探索，制定深入、系统、全面的调研方案，采取各种技术手段去深入研究问题，寻求问题的重大突破与解决效果
五级	能持之以恒地专注于对问题的研究，通过先进理念引进、科学方法与技术手段的应用，寻求问题的系统、彻底、根本性的解决之道，取得突飞猛进的革命性的重大创新突破与效果

3．团队意识

团队意识是指自觉地融入团队，与同事合作完成工作任务的意识。

团队意识的等级标准

级别	定义
一级	（1）愿意与他人合作开展工作，自愿参与和支持团队的决定 （2）能与群体中的其他成员共同交流，分享有用的信息和资源
二级	（1）尊重他人的意见和专业知识，愿意向他人学习 （2）在做决策时，诚恳地征求团队中他人的意见、创意和经验
三级	（1）用正面字眼看待和谈论团队的成员，表达出对他人才智的尊重，对其他团队成员的能力和贡献给予公开赞赏和鼓励 （2）在危机或关键时刻愿意站出来帮助其他的团队成员解决难题
四级	在团队中建立起饱满的士气，统一的定义和价值观以及健康的合作氛围，提升团队凝聚力
五级	不会隐藏和回避团队中的冲突，开诚布公地处理团队内部矛盾，并积极寻求有利的冲突解决方案

4．服务意识

服务意识是指在工作中满足内外部顾客需求的意识。

服务意识的等级标准

级别	定义
一级	能按工作职责提供必要的服务
二级	根据工作职责提供必要的服务，理解客户的需要，客户满意度较好
三级	以内外部顾客需求为导向，主动提供服务，根据客户的反馈，不断改进服务质量
四级	以内外部顾客需求为导向，改善工作流程、方法以提升服务质量，为客户提供全面的服务，服务质量好，客户满意度高
五级	无论任何情况下，都能在正常维护公司利益的前提下，将客户利益放在第一位，并能够不断提高为客户服务的技能，在业务范围内保证客户有较高的满意度

5．成本意识

成本意识是指注重投入与产出、节约公司资源的意识。

成本意识的等级标准

级别	定义
一级	了解公司成本管理制度及本岗位在公司成本管理流程中的主要责任与义务
二级	熟悉公司成本管理制度与本岗位在公司成本管理流程中的责任与义务，并能够在日常工作中贯彻执行
三级	能严格执行公司成本管理相关制度，在工作中自觉进行投入产出分析，注重成本的节约，对超出制度范围的成本问题能够敏感认知
四级	能关注本业务成本管理的关键性节点,并积极参与改进，带领或影响身边的同事
五级	关注成本管理最新理念，并适时为完善公司成本管理工作提供建议及方案

6．保密意识

保密意识指自觉遵守公司保密制度，保守和维护公司商业秘密的意识。

保密意识的等级标准

级别	定义
一级	了解公司保密制度，对岗位的保密责任有一定的认识
二级	熟悉公司保密制度，明确职责范围内的保密事项，并根据制度采取相应的维护措施
三级	以身作则，自觉、严格遵守公司保密制度，对保密制度未明确界定的问题能够很好地处理
四级	影响身边的同事，宣传保密制度，随时提醒同事；发现保密制度的缺陷和漏洞，能及时向有关部门报告，并提出完善意见
五级	获悉他人违反和破坏保密制度时，积极抵制，能够及时向公司有关部门报告,并分情况采取积极措施以最大限度的减少恶性后果，处理得当

7．安全意识

安全意识指自觉遵守公司安全管理制度，关注安全状况，时刻提防事故发生的意识。

安全意识的等级标准

级别	定义
一级	了解公司安全制度，对岗位的安全责任与安全的重要性有一定的认识
二级	熟悉公司安全制度，对安全事项比较重视，并采取了相应预防措施

（续表）

级别	定义
三级	在工作中严格遵守公司安全管理制度，对可能存在安全隐患的地方非常清楚，经常检查其安全状况
四级	高度重视安全工作，能主动宣传公司安全管理制度，帮助同事提高安全意识、做好安全防护，发现安全缺陷和漏洞，能及时报告，并提出改进措施与建议
五级	积极抵制他人违反、破坏安全制度的行为，并视情况采取积极措施以最大限度地减少恶性后果，同时能采取系统性措施预防安全事故的发生

8．原则性

原则性指以身作则及执行制度的坚定性。

原则性的等级标准

级别	定义
一级	执行公司规章制度与工作流程
二级	严格执行公司规章制度与工作流程，并以身作则
三级	能够对制度中未涵盖的内容，依公司企业文化所倡导原则行事，是非分明
四级	能按照公司规章制度来影响同事的行为，并敢于指出、纠正没有按制度办事的行为
五级	倡导企业文化，并主动积极营造坚持原则性的工作氛围

9．分享精神

分享精神是指主动将自己所掌握的知识信息、资源信息，通过与同事的交流，对下属的培训等形式进行专业交流，以期共同提高。

分享精神的等级标准

级别	定义
一级	能根据上级要求，提出自己的工作设想、经验及心得
二级	在本职工作中，能够主动与本部门同事坦诚地进行工作的交流（工作设想及经验、心得）
三级	主动将自己所掌握的行业或专业的最新信息（公司保密信息除外）与外部客户进行信息分享，并获取有效信息，积极充当促进公司内部或外部团队之间信息共享与交流的联系人

（续表）

级别	定义
四级	善于进行信息的资源整合，将自己掌握的信息与经验通过对下属的培训，强化信息的推广应用，改进工作
五级	善于寻找和创造机会，建立开放的、双向沟通的平台，并积极参与旨在分享信息以提升公司竞争力的各种团队活动

10．主动性

主动性是指积极、有效地完成工作任务的行为状况。

主动性的等级标准

级别	定义
一级	按上级安排、指示做事，安排什么做什么
二级	按自己的职位职责做事，工作任务大都能完成；同时，对工作出现的各种问题，也能被动反应，予以处理
三级	对自己的工作大致有思考，上级安排任务时能有效配合确定工作计划，并按计划完成工作任务；同时，能积极处理工作出现的各种问题，需要请示或上级支持时也能按程序办理
四级	提前思考、主动安排自己的工作计划，并将之主动与上级沟通、协商、确定，按计划推进、完成工作任务；对工作问题提前预测，做好防范，并妥善处理各类问题；能积极主动地协助同事完成职责范围以外的其他工作
五级	上级只给出一个方向或任务，即能独立地制订计划、组织资源、推进实施、保证完成，支持、鼓励团队成员与周围同事积极主动开展工作，能营造积极、主动的文化氛围

11．组织承诺

组织承诺是指个体有能力和意愿使自己的行为与组织的需求、目标等保持一致，并在行动上协助达成组织的目标或符合组织需求。

组织承诺的等级标准

级别	定义
一级	（1）了解并遵守组织的各种规章制度、礼仪规范、企业文化等 （2）关注组织的对外形象和荣誉

（续表）

级别	定义
二级	（1）了解并支持组织的任务和目标 （2）服从上级安排，根据组织的需要调整自己的工作，表现出合作的态度
三级	认同组织价值观和企业文化，经常在组织内外传播、宣导组织要求的行为规范和价值导向
四级	组织利益与个人利益发生冲突时，将组织需求置于个人需求之上，必要的时候牺牲个人利益以保证组织的利益
五级	（1）即使会导致不受他人欢迎，为了组织的利益，也要力排众议 （2）要求他人也作出牺牲以符合组织的需求

第二章　市场拓展部各岗位素质测评

一、市场拓展部经理素质测评

市场拓展部经理素质测评如下表所示。

市场拓展部经理素质测评表

岗位：市场拓展部经理　　　　　　　　　　　　　在岗人员：

测评要素	分值	测评标准	测评得分
知识	15分	（1）了解企业管理基础知识、房地产开发常识 （2）了解物业管理基础知识、物业管理相关条例及法规 （3）掌握物业管理合同、物业管理方案和物业项目投标书的内容、格式与写作要求 （4）了解公共关系学知识 （5）熟知国内的物业管理市场状况及业务拓展流程，了解物业招标投、标流程及细节	
工作能力	60分	（1）计划能力：根据上级的规划或部署，明确市场拓展部的工作任务和改进方向，能制订市场拓展工作计划，清楚地确定其工作目标、行动步骤、方案和完成时间 （2）组织能力：善于获取上级与周围同事的支持，整合可利用资源，合理分工、理顺内部关系、建立明确目标，带领市场拓展团队高效、有效地完成工作任务 （3）领导激励能力：能有效带领、指导、激励市场拓展团队，协调各方面的关系，团队和谐、充满激情地按时、高质量地履行部门职能，实现部门工作目标 （4）控制能力：能基于市场拓展的工作目标与工作计划展开工作，监控、检查过程，解决实施中存在的问题，完成工作计划 （5）团队管理能力：关心、关注、辅导市场拓展团队的每一位成员，并能进行有效的激励，使每位成员获得成长，部门内部和谐、士气高昂、绩效出色	

（续表）

<table>
<tr><th>测评要素</th><th>分值</th><th colspan="2">测评标准</th><th>测评得分</th></tr>
<tr><td>职业素养</td><td>25分</td><td colspan="2">（1）团队意识：能影响团队中的其他成员，采取各种措施增强团队凝聚力，建设团队合作的良好氛围，为了团队的成功，愿意牺牲自己的利益
（2）服务意识：无论任何情况下，都能在正常维护公司利益的前提下，将客户利益放在第一位，并能够不断提高为客户服务的技能，在业务范围内保证客户有较高的满意度
（3）事业心：以企业家的心态做事，以企业的事业作为自己的事业，以企业为家，与企业共进退，与企业共荣辱，奉献自己全部才智，承担企业经营风险，力求企业的持续经营、持续发展
（4）成本意识：关注成本管理最新理念，并适时为完善公司成本管理工作提供建议及方案
（5）分享精神：善于寻找和创造机会建立开放的、双向沟通的平台，并积极参与旨在分享信息以提升公司竞争力的各种团队活动</td><td></td></tr>
<tr><td colspan="3">等级标准：
优秀：90分以上；良好：75～89分；
一般：60～74分；不合格：60分以下</td><td>综合测评分值</td><td></td></tr>
<tr><td colspan="3">测评级别：
A：超过了标准　　B：完全达到了标准
C：大部分达到标准　　D：基本达到标准
E：未能达到标准</td><td colspan="2" rowspan="2">直接领导人：

人力资源部负责人：

审批：</td></tr>
<tr><td colspan="3">计分方式：
（1）等级比值：A等比值为1.0；B等比值为0.8；C等比值为0.6；D等比值为0.3；E等比值为0
（2）得分的计算公式：得分=配分×等级比值</td></tr>
</table>

二、市场拓展专员素质测评

市场拓展专员素质测评如下页表所示。

市场拓展专员素质测评表

岗位：市场拓展专员　　　　　　　　　　　　　　　　　　　　在岗人员：

测评要素	分值	测评标准	测评得分
知识	25分	（1）了解房地产开发常识、本地房地产开发现状、本地物业管理的竞争对手及其所管物业项目的特点 （2）了解物业管理基础知识、物业管理相关条例及法规 （3）掌握物业管理合同、物业管理方案和物业项目投标书的内容、格式与写作要求 （4）了解公共关系学知识、市场调查知识、客户拜访与管理方面的知识 （5）熟知国内的物业管理市场状况及业务拓展流程，了解物业招标、投标流程及细节	
工作能力	50分	（1）潜在客户开发能力：能够运用营销技巧，将潜在客户转变为现实客户 （2）商务谈判能力：能从维护公司利益出发，熟练运用谈判技巧进行项目洽谈 （3）执行力：能将公司的各项市场拓展目标转化为现实 （4）文件编制能力：能根据不同类型的物业特点，及时编制物业管理全委（顾问）计划书、物业管理全委（顾问）合同书 （5）学习能力：主动并能从工作中不断总结经验，吸取教训，对工作有所改进，遇到新的知识，能去学习，并且积极主动地参加公司安排的有关培训与交流活动	
职业素养	25分	（1）诚信：遵守公司行为准则，工作中不说假话，一旦给客户或同事作出承诺，即能全力以赴，信守时间诺言 （2）团队意识：对自己的团队角色有正确的认知，对团队及其成员抱有积极的态度，能根据团队分工进行较好合作 （3）服务意识：根据工作职责提供必要的服务，理解客户的需要，客户满意度较好 （4）保密意识：熟悉公司保密制度，明确职责范围内的保密事项，并根据制度采取相应的维护措施 （5）分享精神：在本职工作中，能够主动与本部门同事坦诚地进行工作的交流（工作设想及经验、心得）	
等级标准： 优秀：90分以上；良好：75～89分； 一般：60～74分；不合格：60分以下		综合测评分值	

（续表）

<table>
<tr><td>测评级别：
A：超过了标准　　B：完全达到了标准
C：大部分达到标准　D：基本达到标准
E：未能达到标准</td><td rowspan="2">直接领导人：

人力资源部负责人：

审批：</td></tr>
<tr><td>计分方式：
（1）等级比值：A等比值为1.0；B等比值为0.8；C等比值为0.6；D等比值为0.3；E等比值为0
（2）得分的计算公式：得分=配分×等级比值</td></tr>
</table>

三、市场拓展文员素质测评

市场拓展文员素质测评如下表所示。

市场拓展文员素质测评表

岗位：市场拓展文员　　在岗人员：

测评要素	分值	测评标准	测评得分
知识	25分	（1）了解基本的房地产知识、物业管理知识、物业管理法律法规知识 （2）了解物业管理合同、物业管理方案、物业管理投标书的内容与制作技巧 （3）熟悉常用的办公文件，例如Word、Excel、Photoshop、Powerpoint等 （4）掌握一定的统计、财务知识、物业管理成本与管理费测算知识 （5）掌握文书档案管理的知识	
工作能力	50分	（1）口头表达与沟通能力：能够针对工作事项进行联系或相互简单的交流，思想、内容表达清楚，电话沟通时，具有专业化的电话接听技能，能给对方留下热情又有效率的印象 （2）判断分析能力：能简明地叙述，把事情总结清楚；能及时看到系统存在的表象问题 （3）创新能力：在继承本职位原先的工作做法及成果时，有自己的有效可行的新想法及新点子，并得到同事的认同 （4）建立关系与协调能力：待人坦诚、友好，在一般情况下能整合双方的资源，完成工作任务，合作关系融洽	

（续表）

<table>
<tr><th>测评要素</th><th>分值</th><th colspan="2">测评标准</th><th>测评得分</th></tr>
<tr><td>工作能力</td><td>50分</td><td colspan="2">（5）写作能力：了解物业市场拓展方面商务文书写作的基本知识和格式，语法正确，能正确地使用语法、词汇和标点符号，经领导修改较少，并能确保他人能理解自己的思想和意图</td><td></td></tr>
<tr><td>职业素养</td><td>25分</td><td colspan="2">（1）诚信：遵守公司行为准则，工作中不说假话，一旦给客户或同事作出承诺，即能全力以赴，信守时间诺言
（2）责任心：能够严格按照工作标准完成工作目标，对本职工作负责到底，工作中从不推卸责任
（3）服务意识：根据工作职责为同事提供必要的服务，理解同事的需要，同事满意度较好
（4）保密意识：熟悉公司保密制度，明确职责范围内的保密事项，并根据制度采取相应的维护措施
（5）原则性：严格执行公司规章制度与工作流程，并以身作则</td><td></td></tr>
<tr><td colspan="3">等级标准：
优秀：90分以上；良好：75～89分；
一般：60～74分；不合格：60分以下</td><td>综合测评
分值</td><td></td></tr>
<tr><td colspan="3">测评级别：
A：超过了标准　　B：完全达到了标准
C：大部分达到标准　　D：基本达到标准
E：未能达到标准</td><td colspan="2" rowspan="2">直接领导人：

人力资源部负责人：

审批：</td></tr>
<tr><td colspan="3">计分方式：
（1）等级比值：A等比值为1.0；B等比值为0.8；C等比值为0.6；D等比值为0.3；E等比值为0
（2）得分的计算公式：得分=配分×等级比值</td></tr>
</table>

第三章 物业咨询部岗位素质测评

一、物业咨询部经理素质测评

物业咨询部经理素质测评如下表所示。

物业咨询部经理素质测评表

岗位：物业咨询部经理 在岗人员：

测评要素	分值	测评标准	测评得分
知识	15分	（1）熟知本地及国内的物业管理市场状况、管理顾问及业务拓展流程 （2）掌握房地产开发常识、物业管理专业知识、物业管理相关法规 （3）掌握企业管理专业知识、管理咨询专业知识、市场调研知识、质量管理、环境及职业安全卫生知识	
工作能力	60分	（1）推动力：运用咨询工具及相关技术手段，推动咨询项目的启动以及相关方案的制定和执行 （2）协调力：与发展商、客户、咨询项目协作方保持良好的沟通与联系的能力 （3）洞察力：善于挖掘咨询项目存在的问题并利用各种资源推行，确保公司利润实现的能力 （4）谈判能力：从维护公司利益出发，充分利用谈判手段确保项目阶段移交直至整体移交的能力 （5）控制能力：在配合市场拓展中，根据市场情况以及顾问咨询工作的特点，向市场拓展部积极提出客户甄别、项目开发新思路建议的能力 （6）逻辑思维能力及诊断能力：对项目具有诊断能力，找出关联问题的逻辑关系，并能够认知事实的能力	
职业素养	25分	（1）忠诚度：高度认同公司文化，随时保持公司形象，处处维护公司利益 （2）敬业精神：热爱本职工作并全身心投入，为实现公司目标而不懈努力	

（续表）

<table>
<tr><th>测评要素</th><th>分值</th><th>测评标准</th><th>测评得分</th></tr>
<tr><td>职业素养</td><td>25分</td><td>（3）表率性：以身作则，从严要求自己，起到模范及表率作用
（4）团队精神：完成本职工作并能不计较个人得失，积极协助其他部门和同事共同达成工作目标
（5）自我开发热情：具有良好的进取心，不断学习和接受新思维、新观念并加以运用</td><td></td></tr>
<tr><td colspan="3">等级标准：
优秀：90分以上；良好：75～89分；
一般：60～74分；不合格：60分以下</td><td>综合测评分值</td></tr>
<tr><td colspan="3">测评级别：
A：超过了标准　　B：完全达到了标准
C：大部分达到标准　　D：基本达到标准
E：未能达到标准</td><td rowspan="2">直接领导人：

人力资源部负责人：

审批：</td></tr>
<tr><td colspan="3">计分方式：
（1）等级比值：A等比值为1.0；B等比值为0.8；C等比值为0.6；D等比值为0.3；E等比值为0
（2）得分的计算公式：得分=配分×等级比值</td></tr>
</table>

二、物业咨询师素质测评

物业咨询师素质测评如下表所示。

物业咨询师素质测评表

岗位：物业咨询师　　　　在岗人员：

测评要素	分值	测评标准	测评得分
知识	25分	（1）熟知物业管理知识及企业顾问咨询知识 （2）物业管理基础知识、房地产开发常识、物业管理相关条例及法规 （3）公共关系学、企业管理专业知识及质量管理、环境及职业安全卫生知识 （4）熟练企业管理咨询及培训的流程、方法与技巧 （5）熟练运用Word、Excel、Powerpoint及办公自动化软件	

（续表）

测评要素	分值	测评标准	测评得分
工作能力	50分	（1）计划能力：能合理地安排本职工作，同时能制订所负责的咨询小组的工作计划，有问题及时进行反馈 （2）组织能力：在上级的支持与指导下，能够克服一定的政策与资源限制，带领咨询小组完成既定的工作任务 （3）领导激励能力：能有效带领、指导、激励咨询团队，协调内外部关系，团队和谐、充满激情地完成相对复杂的工作目标 （4）控制能力：能基于个人及班组工作目标与工作计划展开工作，确保计划完成 （5）辅导教练能力：能够根据下属现有的工作绩效、能力水平及组织的发展需要，与下属一起制定其个人发展目标和培训方法、改进措施	
职业素养	25分	（1）责任心：当咨询工作中面临需要同时处理职责内和职责外的任务时，能主动采取应对措施，保证不因为职责以外的任务而影响职责内工作的完成情况 （2）主动性：对自己的咨询工作大致有思考，上级安排任务时能有效配合确定工作计划，并按咨询计划完成工作任务；同时，能积极处理工作中出现的各种问题，需要请示上级支持时也能按程序办理 （3）诚信正直：不说假话，真实反映客观情况，不为个人利益隐瞒事实或欺骗他人；对事情进行公平公正的评价和处理，不受个人利益影响 （4）敬业精神：对工作充满激情，甘于奉献，宁愿放弃休息时间也要按时、保质保量地完成任务；在咨询工作中遇到困难时不放弃，会努力克服困难完成任务 （5）全局观念：关心企业的整体发展和其他部门、岗位的工作情况；在企业要求局部利益或个人利益作出让步时，能够进行自我调整，以服从大局	
等级标准： 优秀：90分以上；良好：75～89分； 一般：60～74分；不合格：60分以下		综合测评分值	
测评级别： A：超过了标准　　B：完全达到了标准 C：大部分达到标准　D：基本达到标准 E：未能达到标准		直接领导人：	

（续表）

计分方式： （1）等级比值：A等比值为1.0；B等比值为0.8；C等比值为0.6；D等比值为0.3；E等比值为0 （2）得分的计算公式：得分=配分×等级比值	人力资源部负责人： 审批：

三、咨询项目驻场经理素质测评

咨询项目驻场经理素质测评如下表所示。

咨询项目驻场经理素质测评表

岗位：咨询项目驻场经理　　　　在岗人员：

测评要素	分值	测评标准	测评得分
知识	25分	（1）掌握物业管理方案的格式、内容、写作要求 （2）了解物业管理机构的设置、人员编制的设定方法及日常运作模式 （3）了解被顾问地的房地产市场动态，懂得信息收集的渠道与方法 （4）熟知本顾问项目的顾问合同（协议），对合同约定的物业管理标准了然于胸 （5）了解驻外员工的管理、督导及激励方法与技巧	
工作能力	50分	（1）计划执行：在项目顾问工作计划中预先考虑预留弹性或额外工作时间，以应对意外事件；主动评估工作中可能存在的风险，随时准备应对各种障碍和问题，并提前制定应变方案，以确保工作任务总是按时、保质地完成 （2）组织能力：善于获取上级与周围同事的支持，整合可利用资源，合理分工、理顺内部关系、建立明确目标，带领顾问团队高效、有效地完成工作任务 （3）沟通协调能力：能够与发展商进行有效沟通，同当地物业主管部门建立有效联系，处理辖区内重大问题等，并将结果及时反馈给公司 （4）督导跟踪能力；能有效跟踪落实顾问建议和顾问团每次考察建议的实施情况，对于影响到管理目标没有实施的问题，加大力度提请发展商落实，并将结果反馈给公司顾问管理部 （5）团队管理能力：能够根据团队成员特点合理分工，在团队成员工作过程中能进行工作指导，工作任务完成较出色	

（续表）

<table>
<tr><th>测评要素</th><th>分值</th><th>测评标准</th><th>测评得分</th></tr>
<tr><td>工作能力</td><td>50分</td><td>（6）领导激励能力：能有效带领、指导、激励顾问团队，协调内外部关系，团队和谐、充满激情地完成相对复杂的顾问项目的工作目标</td><td></td></tr>
<tr><td>职业素养</td><td>25分</td><td>（1）诚信正直：遇到利益诱惑时能够顶住压力，坚持原则；正直廉洁，不凭借权力谋取个人私利
（2）敬业精神：对工作充满激情，甘于奉献，宁愿放弃休息时间也要按时、保质保量地完成任务；在工作中遇到困难时不放弃，会努力克服困难完成任务
（3）全局观念：积极倡导部门间的协同工作，并身体力行地团结或配合他人共同实现目标；在决策时通盘考虑，必要时为保证组织的整体利益不受损害，能够牺牲局部或个人利益
（4）责任心：主动公开地承担本职工作中的责任问题，不欺上瞒下，并及时主动地采取补救预防措施，防止类似的问题再次发生
（5）分享精神：善于进行信息的资源整合，将自己掌握的信息与经验通过对下属的培训强化信息的推广应用，改进工作</td><td></td></tr>
<tr><td colspan="3">等级标准：
优秀：90分以上；良好：75～89分；
一般：60～74分；不合格：60分以下</td><td>综合测评分值</td><td></td></tr>
<tr><td colspan="3">测评级别：
A：超过了标准　　B：完全达到了标准
C：大部分达到标准　　D：基本达到标准
E：未能达到标准</td><td colspan="2" rowspan="2">直接领导人：

人力资源部负责人：

审批：</td></tr>
<tr><td colspan="3">计分方式：
（1）等级比值：A等比值为1.0；B等比值为0.8；C等比值为0.6；D等比值为0.3；E等比值为0
（2）得分的计算公式：得分=配分×等级比值</td></tr>
</table>

四、机电设备顾问素质测评

机电设备顾问素质测评如下页表所示。

机电设备顾问素质测评表

岗位：机电设备顾问　　　　　　　　　　　　　　　　　　在岗人员：

测评要素	分值	测评标准	测评得分
知识	30分	（1）对自己所负责的机电设备（如供配电系统、电梯、消防系统、给排水系统、中央空调系统等）的交接验收资料、标准都了如指掌 （2）熟知自己所负责的专业可能出现的遗留问题 （3）熟知自己所负责的机电设备的维护保养频次、标准、要求与工作流程 （4）熟知机电设备房的标志要求、安全运行的环境要求及各类参数 （5）熟知作业指导书的写作格式、要求	
工作能力	40分	（1）口头表达与沟通能力：能够针对所顾问的工作事项进行联系或交流，思想、内容表达清楚，电话沟通时，具有专业化的电话接听技能，能给对方留下热情又有效率的印象 （2）判断分析能力：能简明地叙述，把事情总结清楚；能及时看到系统存在的表象问题 （3）客户关系管理与维护能力：能与客户有效沟通，解答疑问，主动帮助解决常规问题，建立比较正常、和谐的工作、业务关系 （4）团队合作：善于与他人合作共事，相互支持，充分发挥各自的优势，保持良好的团队工作氛围 （5）解决矛盾：巧妙地和建设性地解决在顾问工作中存在的矛盾与纠纷	
职业素养	30分	（1）责任心：当工作中面临需要同时处理职责内和职责外的任务时，能主动采取应对措施，保证不因为职责以外的任务而影响职责内工作的完成情况 （2）主动性：对自己的工作大致有思考，上级安排任务时能有效配合确定工作计划，并按计划完成工作任务；同时，能积极处理工作中出现的各种问题，需要请示上级支持时也能按程序办理 （3）诚信正直：不说假话，真实反映客观情况，不为个人利益隐瞒事实或欺骗他人；对事情进行公平公正的评价和处理，不受个人利益影响	

（续表）

<table>
<tr><th>测评要素</th><th>分值</th><th>测评标准</th><th>测评得分</th></tr>
<tr><td>职业素养</td><td>30分</td><td>（4）敬业精神：对工作充满激情，甘于奉献，宁愿放弃休息时间也要按时、保质保量地完成任务；在工作中遇到困难时不放弃，会努力克服困难完成任务
（5）全局观念：遵从企业运作中的各种规则和企业的整体战略方向，从企业的整体和长远利益出发考虑本部门的工作，不会为局部小利而轻易打破规则和已经建立的平衡</td><td></td></tr>
<tr><td colspan="3">等级标准：
优秀：90分以上；良好：75～89分；
一般：60～74分；不合格：60分以下</td><td>综合测评分值</td></tr>
<tr><td colspan="3">测评级别：
A：超过了标准　　B：完全达到了标准
C：大部分达到标准　D：基本达到标准
E：未能达到标准</td><td rowspan="2">直接领导人：

人力资源部负责人：

审批：</td></tr>
<tr><td colspan="3">计分方式：
（1）等级比值：A等比值为1.0；B等比值为0.8；C等比值为0.6；D等比值为0.3；E等比值为0
（2）得分的计算公式：得分=配分×等级比值</td></tr>
</table>

五、安全保卫顾问素质测评

安全保卫顾问素质测评如下表所示。

安全保卫顾问素质测评表

岗位：安全保卫顾问　　　　在岗人员：

测评要素	分值	测评标准	测评得分
知识	30分	（1）精通护卫专业知识，掌握各项业务技能，特别是搏击技术、制敌技术、驾驶技术以及保安人员防御性械具的使用等 （2）了解一定的房地产开发常识，企业管理常识 （3）了解物业管理的相关法律法规知识和物业管理基础知识 （4）了解物业小区内的各种安防设施设备的特点、操作要求等 （5）了解物业管理中护卫服务的工作范围、工作流程及一些突发事件的处理方法	

（续表）

<table>
<tr><th>测评要素</th><th>分值</th><th>测评标准</th><th>测评得分</th></tr>
<tr><td>工作能力</td><td>40分</td><td>（1）口头表达与沟通能力：能够针对顾问的工作事项进行联系或交流，思想、内容表达清楚，电话沟通时，具有专业化的电话接听技能，能给对方留下热情又有效率的印象
（2）客户关系管理与维护能力：能与客户有效沟通，解答疑问，主动帮助解决常规问题，建立比较正常、和谐的工作、业务关系
（3）团队合作：善于与顾问团队中的其他顾问合作共事，相互支持，充分发挥各自的优势，保持良好的团队工作氛围
（4）解决矛盾：巧妙地和建设性地解决在顾问工作中存在的矛盾与纠纷
（5）辅导教练能力：能够根据护卫员的工作绩效、能力水平及组织的发展需要，来设计培训方案、培训课程并组织实施</td><td></td></tr>
<tr><td>职业素养</td><td>30分</td><td>（1）责任心：当工作中面临需要同时处理职责内和职责外的任务时，能主动采取应对措施，保证不因为职责以外的任务而影响职责内工作的完成情况
（2）主动性：对自己的工作大致有思考，上级安排任务时能有效配合确定工作计划，并按计划完成工作任务；同时，能积极处理工作中出现的各种问题，需要请示上级支持时也能按程序办理
（3）诚信正直：不说假话，真实反映客观情况，不为个人利益隐瞒事实或欺骗他人；对事情进行公平公正的评价和处理，不受个人利益影响
（4）敬业精神：对工作充满激情，甘于奉献，宁愿放弃休息时间也要按时、保质保量地完成任务；在工作中遇到困难时不放弃，会努力克服困难完成任务
（5）全局观念：关心企业的整体发展和其他部门、岗位的工作情况；在企业要求局部利益或个人利益作出让步时，能够进行自我调整，以服从大局</td><td></td></tr>
<tr><td colspan="3">等级标准：
优秀：90分以上；良好：75～89分；
一般：60～74分；不合格：60分以下</td><td>综合测评分值</td></tr>
<tr><td colspan="3">测评级别：
A：超过了标准　　B：完全达到了标准
C：大部分达到标准　　D：基本达到标准
E：未能达到标准</td><td>直接领导人：</td></tr>
</table>

（续表）

计分方式： （1）等级比值：A等比值为1.0；B等比值为0.8；C等比值为0.6；D等比值为0.3；E等比值为0 （2）得分的计算公式：得分=配分×等级比值	人力资源部负责人： 审批：

六、质量管理顾问素质测评

质量管理顾问素质测评如下表所示。

质量管理顾问素质测评表

岗位：质量管理顾问　　　　在岗人员：

测评要素	分值	测评标准	测评得分
知识	30分	（1）通晓ISO 9001：2008质量管理体系的知识与内审技巧；熟悉企业建立ISO质量体系的工作流程和内部审核要点 （2）具备企业管理、人事管理、物业管理知识、房地产开发等方面的知识 （3）清楚地了解物业服务等级标准及各项物业服务的质量标准 （4）熟悉住宅小区、大厦、工业区创优达标的评分标准及评分细则，了解物业创优达标工作的开展程序与要领 （5）掌握QC手法及一系列质量管理工具的运用技巧	
工作能力	40分	（1）口头表达与沟通能力：能够针对顾问项目中的质量问题进行联系或交流，思想、内容表达清楚，电话沟通时，具有专业化的电话接听技能，能给对方留下热情又有效率的印象 （2）客户关系管理与维护能力：能与客户有效沟通，解答疑问，主动帮助解决常规问题，建立比较正常、和谐的工作、业务关系 （3）团队合作：善于与顾问团队中的其他顾问合作共事，相互支持，充分发挥各自的优势，保持良好的团队工作氛围 （4）解决矛盾：巧妙地和建设性地解决在顾问工作中存在的矛盾与纠纷 （5）辅导教练能力：能够根据顾问项目工作人员的质量知识、能力水平及项目管理的需要，来设计质量方面的培训方案、培训课程并组织实施	

（续表）

<table>
<tr><th>测评要素</th><th>分值</th><th>测评标准</th><th>测评得分</th></tr>
<tr><td>职业素养</td><td>30分</td><td>（1）责任心：当工作中面临需要同时处理职责内和职责外的任务时，能主动采取应对措施，保证不因为职责以外的任务而影响职责内工作的完成情况
（2）主动性：对自己的工作大致有思考，上级安排任务时能有效配合确定工作计划，并按计划完成工作任务；同时，能积极处理工作中出现的各种问题，需要请示上级支持时也能按程序办理
（3）诚信正直：不说假话，真实反映客观情况，不为个人利益隐瞒事实或欺骗他人；对事情进行公平公正的评价和处理，不受个人利益影响
（4）敬业精神：对工作充满激情，甘于奉献，宁愿放弃休息时间也要按时、保质保量地完成任务；在工作中遇到困难时不放弃，会努力克服困难完成任务。
（5）全局观念：关心企业的整体发展和其他部门、岗位的工作情况；在企业要求局部利益或个人利益作出让步时，能够进行自我调整，以服从大局</td><td></td></tr>
<tr><td colspan="2">等级标准：
优秀：90分以上；良好：75～89分；
一般：60～74分；不合格：60分以下</td><td>综合测评分值</td><td></td></tr>
<tr><td colspan="2">测评级别：
A：超过了标准　　B：完全达到了标准
C：大部分达到标准　　D：基本达到标准
E：未能达到标准</td><td colspan="2" rowspan="2">直接领导人：

人力资源部负责人：

审批：</td></tr>
<tr><td colspan="2">计分方式：
（1）等级比值：A等比值为1.0；B等比值为0.8；C等比值为0.6；D等比值为0.3；E等比值为0
（2）得分的计算公式：得分=配分×等级比值</td></tr>
</table>

七、物业咨询文员素质测评

物业咨询文员素质测评如下页表所示。

物业咨询文员素质测评表

岗位：物业咨询文员　　　　　　　　　　　　　在岗人员：

<table>
<tr><th>测评要素</th><th>分值</th><th>测评标准</th><th>测评得分</th></tr>
<tr><td>知识</td><td>30分</td><td>（1）熟知物业管理知识、文档管理知识及物业咨询顾问相关知识
（2）了解房地产开发常识、物业管理相关条例及法规
（3）熟练运用Word、Excel、Powerpoint及办公自动化软件</td><td></td></tr>
<tr><td>工作能力</td><td>40分</td><td>（1）表达能力：用语言准确表达自己的见解，完成各种文字写作方案
（2）沟通能力：保持畅通的沟通渠道，能与各种相关人员建立良好的关系
（3）协调能力：能够较好地处理公司与顾问公司及人员之间的各种关系
（4）学习能力：主动并能从工作中不断总结经验，吸取教训，对工作有所改进，遇到新的知识，能去学习，并且积极主动地参加公司安排的有关培训与交流活动</td><td></td></tr>
<tr><td>职业素养</td><td>30分</td><td>（1）忠诚度：高度认同公司文化，随时保持公司形象，处处维护公司利益
（2）敬业精神：遵守公司的各项规章制度，不迟到早退；认真完成领导交办的工作任务，保证按时交付成果，符合一定的工作标准
（3）团队精神：愿意与他人合作开展工作，自愿参与和支持团队的决定；能与群体中的其他成员共同交流，分享有用的信息和资源
（4）服务意识：根据工作职责提供必要的服务，理解客户的需要，客户满意度较好
（5）保密意识：熟悉公司保密制度，明确职责范围内的保密事项，并根据制度采取相应的维护措施</td><td></td></tr>
<tr><td colspan="3">等级标准：
优秀：90分以上；良好：75～89分；
一般：60～74分；不合格：60分以下</td><td>综合测评分值</td></tr>
<tr><td colspan="3">测评级别：
A：超过了标准　　　B：完全达到了标准
C：大部分达到标准　D：基本达到标准
E：未能达到标准</td><td>直接领导人：</td></tr>
</table>

（续表）

<table>
<tr><td>计分方式：
（1）等级比值：A等比值为1.0；B等比值为0.8；C等比值为0.6；D等比值为0.3；E等比值为0
（2）得分的计算公式：得分=配分×等级比值</td><td>人力资源部负责人：

审批：</td></tr>
</table>

第四章　秩序护卫部素质测评

一、护卫部经理素质测评

护卫部经理素质测评如下表所示。

护卫部经理素质测评表

岗位：护卫部经理　　　　在岗人员：

测评要素	分值	测评标准	测评得分
知识	15分	（1）精通护卫专业知识 （2）了解一定的房地产开发常识和企业管理常识 （3）了解物业管理的相关法律法规知识和物业管理基础知识 （4）了解物业管理中护卫服务的工作范围、工作流程及一些突发事件的处理方法 （5）掌握员工管理、员工激励的方法、技巧	
工作能力	60分	（1）领导力：能利用各种管理技巧，有效激励和调动下属的工作积极性和主动性 （2）执行力：能有效贯彻落实公司的各项指示及政策方针 （3）协调力：能妥善处理好与各部门、各管理处的关系，对外保持与公安、交管、消防等部门的业务沟通及建立良好工作关系 （4）应变力：能妥善处理有关消防、治安等方面的紧急突发事件 （5）督导力：能对现有的或潜在的护卫服务问题，提出纠正和预防措施，并跟踪实施效果 （6）辅导教练能力：能够根据下属保安人员现有的工作绩效、能力水平及组织的发展需要，与下属一起商定其个人发展目标和培训方法、改进措施	
职业素养	25分	（1）责任心：支持公司战略目标的实现，即使面临巨大压力或个人利益受到损失时，仍能不折不扣完成工作并承担责任 （2）组织承诺：即使会导致不受他人欢迎，为了企业的利益，也要力排众议；同时要求他人也作出牺牲以符合企业的需求 （3）全局观念：当局部利益和企业整体利益发生冲突时，能够顶着所在部门或团队内部的压力，作出有利于整个企业的决策	

（续表）

<table>
<tr><th>测评要素</th><th>分值</th><th>测评标准</th><th colspan="2">测评得分</th></tr>
<tr><td>职业素养</td><td>25分</td><td>（4）服务意识：无论任何情况下，都能在正常维护公司利益的前提下，将客户利益放在第一位，并能够不断提高为客户服务的技能，在业务范围内保证客户有较高的满意度
（5）安全意识：积极抵制他人违反、破坏安全制度的行为，并视情况采取积极措施以最大限度地减少恶性后果，同时能采取系统性措施预防安全事故的发生</td><td colspan="2"></td></tr>
<tr><td colspan="3">等级标准：
优秀：90分以上；良好：75～89分；
一般：60～74分；不合格：60分以下</td><td>综合测评分值</td><td></td></tr>
<tr><td colspan="3">测评级别：
A：超过了标准　　B：完全达到了标准
C：大部分达到标准　　D：基本达到标准
E：未能达到标准</td><td colspan="2" rowspan="2">直接领导人：

人力资源部负责人：

审批：</td></tr>
<tr><td colspan="3">计分方式：
（1）等级比值：A等比值为1.0；B等比值为0.8；C等比值为0.6；D等比值为0.3；E等比值为0
（2）得分的计算公式：得分=配分×等级比值</td></tr>
</table>

二、保安培训师素质测评

保安培训师素质测评如下表所示。

保安培训师素质测评表

岗位：保安培训师　　　　　　　　　　在岗人员：

测评要素	分值	测评标准	测评得分
知识	20分	（1）熟悉物业管理的法律法规、各类型物业中安全防范的重点与难点 （2）精通各项保安业务技能．特别是搏击技术、制敌技术、驾驶技术以及保安人员防御性械具的使用等 （3）掌握各项安全管理制度、急救技术、火场救人方法 （4）掌握培训授课的方法、技巧 （5）掌握培训方案的写作格式、要求	

（续表）

<table>
<tr><th>测评要素</th><th>分值</th><th colspan="2">测评标准</th><th>测评得分</th></tr>
<tr><td>工作能力</td><td>50分</td><td colspan="2">（1）计划能力：能合理地安排本职工作，同时能制订所负责的培训业务的工作计划，有问题及时进行反馈
（2）组织能力：在上级的支持与指导下，能够克服一定的政策与资源限制，完成既定的培训工作任务
（3）控制能力：能基于个人及培训组工作目标与工作计划展开工作，确保计划完成
（4）团队管理能力：能够根据团队成员特点合理分工，在团队成员工作过程中能进行工作指导，工作任务完成较出色
（5）辅导教练能力：能够根据学员的工作绩效、能力水平及组织的发展需要，与学员一起商定其个人发展目标和培训方法、改进措施</td><td></td></tr>
<tr><td>职业素养</td><td>30分</td><td colspan="2">（1）责任心：当工作中面临需要同时处理职责内和职责外的任务时，能主动采取应对措施，保证不因为职责以外的任务而影响职责内工作的完成情况
（2）敬业精神：对工作充满激情，甘于奉献，宁愿放弃休息时间也要按时、保质保量地完成任务；在工作中遇到困难时不放弃，会努力克服困难完成任务
（3）全局观念：遵从企业运作中的各种规则和组织的整体战略方向，从组织的整体和长远利益出发考虑本部门的工作，不会为局部小利而轻易打破规则和已经建立的平衡
（4）服务意识：以内外部顾客需求为导向，主动提供服务，根据客户的反馈，不断改进服务质量
（5）安全意识：在工作中严格遵守公司安全管理制度，对可能存在安全隐患的地方非常清楚，经常检查其安全状况</td><td></td></tr>
<tr><td colspan="3">等级标准：
优秀：90分以上；良好：75～89分；
一般：60～74分；不合格：60分以下</td><td>综合测评分值</td><td></td></tr>
<tr><td colspan="3">测评级别：
A：超过了标准　　　　B：完全达到了标准
C：大部分达到标准　　D：基本达到标准
E：未能达到标准</td><td colspan="2" rowspan="2">直接领导人：

人力资源部负责人：

审批：</td></tr>
<tr><td colspan="3">计分方式：
（1）等级比值：A等比值为1.0；B等比值为0.8；C等比值为0.6；D等比值为0.3；E等比值为0
（2）得分的计算公式：得分=配分×等级比值</td></tr>
</table>

三、护卫部文员素质测评

护卫部文员素质测评如下表所示。

护卫部文员素质测评表

岗位：护卫部文员　　　　　　　　　　　　　　　　在岗人员：

测评要素	分值	测评标准	测评得分
知识	30分	（1）了解物业管理基础知识、物业管理法律法规基础知识、劳资知识、统计基本知识 （2）掌握文书档案管理知识、基本的公务文书的写作格式、要领 （3）熟练运用Office办公自动化软件	
工作能力	40分	（1）执行力：针对上级的工作指示，能够制订相应工作计划并有效实施 （2）理解力：能够正确理解上级指示及公司各项规章制度 （3）文档处理能力：能够按照公司文档管理的要求进行管理护卫部的各类文档 （4）建立关系与协调能力：待人坦诚、友好，在一般情况下能整合双方的资源，完成工作任务，合作关系融洽	
职业素养	30分	（1）忠诚度：高度认同公司文化，随时保持公司形象，处处维护公司利益 （2）敬业精神：遵守公司的各项规章制度，不迟到早退；认真完成领导交办的工作任务，保证按时交付成果，符合一定的工作标准 （3）团队精神：愿意与他人合作开展工作，自愿参与和支持团队的决定；能与群体中的其他成员共同交流，分享有用的信息和资源 （4）服务意识：根据工作职责提供必要的服务，理解客户的需要，客户满意度较好 （5）保密意识：熟悉公司保密制度，明确职责范围内的保密事项，并根据制度采取相应的维护措施	
等级标准： 优秀：90分以上；良好：75～89分； 一般：60～74分；不合格：60分以下		综合测评分值	

（续表）

<table>
<tr><td>测评级别：
A：超过了标准　　　B：完全达到了标准
C：大部分达到标准　D：基本达到标准
E：未能达到标准</td><td rowspan="2">直接领导人：

人力资源部负责人：

审批：</td></tr>
<tr><td>计分方式：
（1）等级比值：A等比值为1.0；B等比值为0.8；C等比值为0.6；D等比值为0.3；E等比值为0
（2）得分的计算公式：得分=配分×等级比值</td></tr>
</table>

第五章　工程技术部岗位素质测评

一、工程技术部经理素质测评

工程技术部经理素质测评如下表所示。

工程技术部经理素质测评表

岗位：工程技术部经理　　　　在岗人员：

测评要素	分值	测评标准	测评得分
知识	15分	（1）熟悉小区（大厦）市政设施、园林绿化、房屋及其附属设备设施的构成 （2）熟悉物业管理知识、房地产开发知识 （3）精通某项技术专业知识（如园林绿化、机电设备、空调工程、消防工程、电气工程等） （4）精通前期介入、图纸会审、质量监督、验收接管及日常管理的技术要求，熟知各项业务开展的工作流程、必须控制的关键环节 （5）掌握企业管理知识，员工管理、激励的方法与技巧	
工作能力	60分	（1）计划能力：在工程部的工作计划中预先考虑预留弹性或额外工作时间，以应对意外事件；主动评估工作中可能存在的风险，随时准备应对各种障碍和问题，并提前制定应变方案，以确保工作任务总是按时、保质地完成 （2）组织能力：善于获取上级与周围同事的支持，整合可利用资源，合理分工、理顺内部关系、建立明确目标，带领工程部高效、有效地完成工作任务 （3）领导激励能力：能够通过多层次分权、授权，有效带领、指导、激励直接、间接下属，统一目标、协调一致、和谐而富有动力地完成全局性工作目标 （4）控制能力：能基于工程技术部的工作目标与工作计划展开工作，监控、检查过程，解决实施中存在的问题，完成工作计划	

（续表）

<table>
<tr><th>测评要素</th><th>分值</th><th>测评标准</th><th>测评得分</th></tr>
<tr><td>工作能力</td><td>60分</td><td>（5）团队管理能力：能发挥个人影响力，整合团队成员价值取向，积极影响团队氛围，形成良好的团队文化，带领团队成员克服各种困难，取得优异团队绩效
（6）辅导教练能力：能够给工程技术部门或专业技术人员随时提供专业范围内的培训与咨询，及时就下属的业绩和进步进行交流，适时提出建设性的反馈意见，员工专业能力提升效果显著</td><td></td></tr>
<tr><td>职业素养</td><td>25分</td><td>（1）敬业精神：在工作中愿意为了公司或团队的利益付出额外的努力，放弃或牺牲个人利益
（2）全局观念：当局部利益和企业整体利益发生冲突时，能够顶着所在部门或团队内部的压力，作出有利于整个企业的决策；以企业发展大局为重，在企业利益受到损害时能够挺身而出，积极地维护企业利益
（3）团队合作：不会隐瞒和回避团队中的冲突，开诚布公地处理团队内部矛盾，并积极寻求有利的冲突解决方案
（4）责任心：支持公司战略目标的实现，即使面临巨大压力或个人利益受到损失时，仍能不折不扣完成工作并承担责任
（5）组织承诺：即使会导致不受他人欢迎，为了企业的利益，也要力排众议；要求他人也作出牺牲以符合企业的需求</td><td></td></tr>
<tr><td colspan="3">等级标准：
优秀：90分以上；良好：75～89分；
一般：60～74分；不合格：60分以下</td><td>综合测评分值</td></tr>
<tr><td colspan="3">测评级别：
A：超过了标准　　B：完全达到了标准
C：大部分达到标准　　D：基本达到标准
E：未能达到标准</td><td rowspan="2">直接领导人：

人力资源部负责人：

审批：</td></tr>
<tr><td colspan="3">计分方式：
（1）等级比值：A等比值为1.0；B等比值为0.8；C等比值为0.6；D等比值为0.3；E等比值为0
（2）得分的计算公式：得分=配分×等级比值</td></tr>
</table>

二、园林绿化工程主管素质测评

园林绿化工程主管素质测评如下页表所示。

园林绿化工程主管素质测评表

岗位：园林绿化工程主管　　　　　　　　　　　　　　　　在岗人员：

测评要素	分值	测评标准	测评得分
知识	25分	（1）掌握园艺绿化基本知识、环境艺术知识等相关基本知识 （2）了解前期介入、图纸会审、质量监督、验收接管中关于园林设施的验收标准、要求及常见的遗留问题 （3）熟悉住宅区的绿化地面积和布局，充分利用和发展绿化地面积，并且合理布置花草树木的品种和数量 （4）熟悉各地小区中所植花草树木的品种、名称、特性和培植方法，及养护的频次、标准及要求 （5）掌握园林设施正常使用和绿化养护的技术	
工作能力	50分	（1）计划能力：能合理地安排园林绿化工作，同时能制订所负责的园林绿化小组的工作计划，有问题及时进行反馈 （2）组织能力：在上级的支持与指导下，能够克服一定的政策与资源限制，带领园林绿化小组完成既定的工作任务 （3）领导激励能力：能有效带领、指导、激励园林绿化小组，协调内外部关系，团队和谐、充满激情地完成相对复杂的工作目标 （4）团队管理能力：能够根据园林绿化小组成员特点合理分工，在团队成员工作过程中能进行工作指导，工作任务完成较出色 （5）培养指导能力：能够进行详细的指示或是给予示范，告诉下属如何完成某项任务的具体步骤，提出明确有用的建议；通常能够针对个体不同的特点，采用不同的指导方式，使其掌握完成任务的具体方法	
职业素养	25分	（1）敬业精神：对工作充满激情，甘于奉献，宁愿放弃休息时间也要按时保质保量地完成任务；在工作中遇到困难时不放弃，会努力克服困难完成任务 （2）进取心：有坚强的信念，善于寻找并利用各种途径解决问题坚持完成工作任务，坚持学习、吸收新的知识，园林绿化专业能力提升较快，并愿意承担更大的责任，有远期的追求目标 （3）服务意识：以内外部顾客需求为导向，改善园林绿化管理工作流程、方法以提升服务质量，为各管理处提供全面的服务 （4）成本意识：能关注园林绿化管理中成本控制的关键性节点，并积极参与改进，带领或影响身边的同事	

（续表）

<table>
<tr><th>测评要素</th><th>分值</th><th>测评标准</th><th>测评得分</th></tr>
<tr><td>职业素养</td><td>25分</td><td>（5）分享精神：善于进行信息的资源整合，将自己掌握的信息与经验通过对下属的培训强化信息的推广应用，改进园林绿化管理工作</td><td></td></tr>
<tr><td colspan="3">等级标准：
优秀：90分以上；良好：75～89分；
一般：60～74分；不合格：60分以下</td><td>综合测评分值</td></tr>
<tr><td colspan="3">测评级别：
A：超过了标准　　B：完全达到了标准
C：大部分达到标准　　D：基本达到标准
E：未能达到标准</td><td rowspan="2">直接领导人：

人力资源部负责人：

审批：</td></tr>
<tr><td colspan="3">计分方式：
（1）等级比值：A等比值为1.0；B等比值为0.8；C等比值为0.6；D等比值为0.3；E等比值为0
（2）得分的计算公式：得分=配分×等级比值</td></tr>
</table>

三、给排水工程主管素质测评

给排水工程主管素质测评如下表所示。

给排水工程主管素质测评表

岗位：给排水工程主管　　　　　　　　　　　　在岗人员：

测评要素	分值	测评标准	测评得分
知识	25分	（1）熟悉给排水工程的施工流程及常见隐患 （2）了解给排水设计的地区、行业规范 （3）熟悉给排水专业及岗位所需计算机操作系统 （4）了解前期介入、图纸会审、质量监督、验收接管中关于园林设施的验收标准、要求及常见的遗留问题 （5）掌握给排水系统日常维护保养的频次、标准及常见故障的处理方法	
工作能力	50分	（1）计划能力：能合理地安排本职工作，同时能制订所负责的给排水工程管理的工作计划，有问题及时进行反馈 （2）组织能力：在上级的支持与指导下，能够克服一定的政策与资源限制，带领给排水工程小组完成既定的工作任务	

（续表）

<table>
<tr><th>测评要素</th><th>分值</th><th>测评标准</th><th colspan="2">测评得分</th></tr>
<tr><td>工作能力</td><td>50分</td><td>（3）领导激励能力：能有效带领、指导、激励给排水工程小组，协调内外部关系，团队和谐、充满激情地完成相对复杂的工作目标
（4）团队管理能力：能够根据给排水工程小组成员特点合理分工，在团队成员工作过程中能进行工作指导，工作任务完成较出色
（5）培养指导能力：进行详细的指示或是给予示范，告诉下属如何完成某项任务的具体步骤，提出明确有用的建议</td><td colspan="2"></td></tr>
<tr><td>职业素养</td><td>25分</td><td>（1）敬业精神：对工作充满激情，甘于奉献，宁愿放弃休息时间也要按时保质保量地完成任务；在工作中遇到困难时不放弃，会努力克服困难完成任务
（2）进取心：有坚强的信念，善于寻找并利用各种途径解决问题坚持完成工作任务，坚持学习、吸收新的知识，给排水工程管理专业能力提升较快，并愿意承担更大的责任，有远期的追求目标
（3）服务意识：以内外部顾客需求为导向，改善给排水工程管理工作流程、方法以提升服务质量，为各管理处提供全面的服务
（4）成本意识：能关注给排水工程管理中成本控制的关键性节点，并积极参与改进，带领或影响身边的同事
（5）分享精神：善于进行信息的资源整合，将自己掌握的信息与经验通过对下属的培训强化信息的推广应用，改进给排水工程管理工作</td><td colspan="2"></td></tr>
<tr><td colspan="3">等级标准：
优秀：90分以上；良好：75～89分；
一般：60～74分；不合格：60分以下</td><td>综合测评分值</td><td></td></tr>
<tr><td colspan="3">测评级别：
A：超过了标准　　　　B：完全达到了标准
C：大部分达到标准　D：基本达到标准
E：未能达到标准</td><td colspan="2" rowspan="2">直接领导人：

人力资源部负责人：

审批：</td></tr>
<tr><td colspan="3">计分方式：
（1）等级比值：A等比值为1.0；B等比值为0.8；C等比值为0.6；D等比值为0.3；E等比值为0
（2）得分的计算公式：得分=配分×等级比值</td></tr>
</table>

四、电气工程主管素质测评

电气工程主管素质测评如下表所示。

电气工程主管素质测评表

岗位：电气工程主管　　　　在岗人员：

测评要素	分值	测评标准	测评得分
知识	25分	（1）能够读懂电气工程图纸 （2）会审核电气施工方案，检查施工过程中材料的规格、品牌、技术性能等与图纸是否一致，对一般性质量问题进行及时处理 （3）了解前期介入、图纸会审、质量监督、验收接管中关于电气工程的验收标准、要求及常见的遗留问题 （4）掌握电气设施日常维护保养的频次、标准及常见故障的处理方法 （5）掌握基本的房地产开发知识、物业管理知识	
工作能力	50分	（1）计划能力：能合理地安排本职工作，同时能制订所负责的电气工程小组的工作计划，有问题及时进行反馈 （2）组织能力：在上级的支持与指导下，能够克服一定的政策与资源限制，带领电气工程小组完成既定的工作任务 （3）领导激励能力：能有效带领、指导、激励电气工程小组，协调内外部关系，团队和谐、充满激情地完成相对复杂的工作目标 （4）团队管理能力：能够根据电气工程小组成员特点合理分工，在团队成员工作过程中能进行工作指导，工作任务完成较出色 （5）培养指导能力：进行详细的指示或是给予示范，告诉下属如何完成某项任务的具体步骤，提出明确有用的建议；通常能够针对个体不同的特点，采用不同的指导方式，使其掌握完成任务的具体方法	
职业素养	25分	（1）敬业精神：对工作充满激情，甘于奉献，宁愿放弃休息时间也要按时保质保量地完成任务；在工作中遇到困难时不放弃，会努力克服困难完成任务 （2）进取心：有坚强的信念，善于寻找并利用各种途径解决问题，坚持完成工作任务，坚持学习、吸收新的知识，园林绿化专业能力提升较快，并愿意承担更大的责任，有远期的追求目标	

（续表）

测评要素	分值	测评标准	测评得分
职业素养	25分	（3）服务意识：以内外部顾客需求为导向，改善电气设施管理工作流程、方法以提升服务质量，为各管理处提供全面的服务 （4）成本意识：能关注电气设施管理中成本控制的关键性节点，并积极参与改进，带领或影响身边的同事 （5）分享精神：善于进行信息的资源整合，将自己掌握的信息与经验通过对下属的培训强化信息的推广应用，改进电气设施管理工作	
等级标准： 优秀：90分以上；良好：75～89分； 一般：60～74分；不合格：60分以下		综合测评分值	
测评级别： A：超过了标准　　B：完全达到了标准 C：大部分达到标准　D：基本达到标准 E：未能达到标准		直接领导人： 人力资源部负责人： 审批：	
计分方式： （1）等级比值：A等比值为1.0；B等比值为0.8；C等比值为0.6；D等比值为0.3；E等比值为0 （2）得分的计算公式：得分=配分×等级比值			

五、电梯工程主管素质测评

电梯工程主管素质测评如下表所示。

电梯工程主管素质测评表

岗位：电梯工程主管　　　　在岗人员：

测评要素	分值	测评标准	测评得分
知识	25分	（1）了解前期介入、图纸会审、质量监督、验收接管中关于电梯的验收标准、要求及常见的遗留问题 （2）掌握电梯日常维护保养的频次、标准、常见故障的处理方法 （3）掌握电梯经济运行的技术管理知识	
工作能力	50分	（1）计划能力：能合理地安排本职工作，同时能制订所负责的电梯管理工作计划，有问题及时进行反馈	

（续表）

测评要素	分值	测评标准	测评得分
工作能力	50分	（2）组织能力：在上级的支持与指导下，能够克服一定的政策与资源限制，带领电梯工程小组完成既定的工作任务 （3）领导激励能力：能有效带领、指导、激励电梯工程小组，协调内外部关系，团队和谐、充满激情地完成相对复杂的工作目标 （4）团队管理能力：能够根据电梯工程小组成员特点合理分工，在团队成员工作过程中能进行工作指导，工作任务完成较出色 （5）培养指导能力：进行详细的指示或是给予示范，告诉下属如何完成某项任务的具体步骤，提出明确有用的建议；通常能够针对个体不同的特点，采用不同的指导方式，使其掌握完成任务的具体方法	
职业素养	25分	（1）敬业精神：对工作充满激情，甘于奉献，宁愿放弃休息时间也要按时保质保量地完成任务；在工作中遇到困难时不放弃，会努力克服困难完成任务 （2）进取心：有坚强的信念，善于寻找并利用各种途径解决问题，坚持完成工作任务，坚持学习、吸收新的知识，电梯管理专业能力提升较快，并愿意承担更大的责任，有远期的追求目标 （3）服务意识：以内外部顾客需求为导向，改善电梯管理工作流程、方法以提升服务质量，为各管理处提供全面的服务 （4）成本意识：能关注电梯维保、运行中成本控制的关键性节点，并积极参与改进，带领或影响身边的同事 （5）分享精神：善于进行信息的资源整合，将自己掌握的信息与经验通过对下属的培训强化信息的推广应用，改进电梯维保管理工作	
等级标准： 优秀：90分以上；良好：75～89分； 一般：60～74分；不合格：60分以下		综合测评分值	
测评级别： A：超过了标准　B：完全达到了标准 C：大部分达到标准　D：基本达到标准 E：未能达到标准		直接领导人：	

（续表）

计分方式： （1）等级比值：A等比值为1.0；B等比值为0.8；C等比值为0.6；D等比值为0.3；E等比值为0 （2）得分的计算公式：得分=配分×等级比值	人力资源部负责人： 审批：

六、消防工程主管素质测评

消防工程主管素质测评如下表所示。

消防工程主管素质测评表

岗位：消防工程主管　　　　在岗人员：

测评要素	分值	测评标准	测评得分
知识	25分	（1）掌握消防系统设备设施正常运行的技术 （2）熟悉消防设备设施系统运行、维修和保养方面的知识，保养的频次、标准与要求，掌握消防设备的操作技术要求 （3）熟悉消防工程施工材料市场行情及工程预算 （4）熟悉消防工程管理专业及岗位所需计算机操作系统 （5）了解前期介入、图纸会审、质量监督、验收接管中关于消防工程的验收标准、要求及常见的遗留问题	
工作能力	50分	（1）计划能力：能合理地安排消防工程工作，同时能制订所负责的消防工程小组的工作计划，有问题及时进行反馈 （2）组织能力：在上级的支持与指导下，能够克服一定的政策与资源限制，带领消防工程小组完成既定的工作任务 （3）领导激励能力：能有效带领、指导、激励消防工程小组，协调内外部关系，团队和谐、充满激情地完成相对复杂的工作目标 （4）团队管理能力：能够根据消防工程小组成员特点合理分工，在团队成员工作过程中能进行工作指导，工作任务完成较出色 （5）培养指导能力：进行详细的指示或是给予示范，告诉下属如何完成某项任务的具体步骤，提出明确有用的建议；通常能够针对个体不同的特点，采用不同的指导方式，使其掌握完成任务的具体方法	

（续表）

<table>
<tr><th>测评要素</th><th>分值</th><th colspan="2">测评标准</th><th>测评得分</th></tr>
<tr><td>职业素养</td><td>25分</td><td colspan="2">（1）敬业精神：对工作充满激情，甘于奉献，宁愿放弃休息时间也要按时保质保量地完成任务；在工作中遇到困难时不放弃，会努力克服困难完成任务
（2）进取心：有坚强的信念，善于寻找并利用各种途径解决问题，坚持完成工作任务，坚持学习、吸收新的知识，消防设施管理专业能力提升较快，并愿意承担更大的责任，有远期的追求目标
（3）服务意识：以内外部顾客需求为导向，改善消防设施设备管理工作流程、方法以提升服务质量，为各管理处提供全面的服务
（4）成本意识：能关注消防设施设备管理中成本控制的关键性节点，并积极参与改进，带领或影响身边的同事
（5）分享精神：善于进行信息的资源整合，将自己掌握的信息与经验通过对下属的培训强化信息的推广应用，改进消防设施设备管理工作</td><td></td></tr>
<tr><td colspan="3">等级标准：
优秀：90分以上；良好：75～89分；
一般：60～74分；不合格：60分以下</td><td>综合测评分值</td><td></td></tr>
<tr><td colspan="3">测评级别：
A：超过了标准　　B：完全达到了标准
C：大部分达到标准　　D：基本达到标准
E：未能达到标准</td><td colspan="2" rowspan="2">直接领导人：

人力资源部负责人：

审批：</td></tr>
<tr><td colspan="3">计分方式：
（1）等级比值：A等比值为1.0；B等比值为0.8；C等比值为0.6；D等比值为0.3；E等比值为0
（2）得分的计算公式：得分=配分×等级比值</td></tr>
</table>

七、空调工程主管素质测评

空调工程主管素质测评如下页表所示。

空调工程主管素质测评表

岗位：空调工程主管　　　　　　　　　　　　　　　　在岗人员：

测评要素	分值	测评标准	测评得分
知识	25分	（1）掌握空调系统设备设施正常运行的技术 （2）熟悉空调系统设备设施运行、维修和保养方面的知识，保养的频次、标准与要求 （3）熟悉空调专业改造工程施工材料市场行情及工程预算 （4）熟悉空调工程管理专业及岗位所需计算机操作系统 （5）了解前期介入、图纸会审、质量监督、验收接管中关于空调工程的验收标准、要求及常见的遗留问题	
工作能力	50分	（1）计划能力：能合理地安排本职工作，同时能制订所负责的空调工程管理工作计划，有问题及时进行反馈 （2）组织能力：在上级的支持与指导下，能够克服一定的政策与资源限制，带领空调工程小组完成既定的工作任务 （3）领导激励能力：能有效带领、指导、激励空调工程小组，协调内外部关系，团队和谐、充满激情地完成相对复杂的工作目标 （4）团队管理能力：能够根据空调工程小组成员特点合理分工，在团队成员工作过程中能进行工作指导，工作任务完成较出色 （5）培养指导能力：进行详细的指示或是给予示范，告诉下属如何完成某项任务的具体步骤，提出明确有用的建议；通常能够针对个体不同的特点，采用不同的指导方式，使其掌握完成任务的具体方法	
职业素养	25分	（1）敬业精神：对工作充满激情，甘于奉献，宁愿放弃休息时间也要按时保质保量地完成任务；在工作中遇到困难时不放弃，会努力克服困难完成任务 （2）进取心：有坚强的信念，善于寻找并利用各种途径解决问题，坚持完成工作任务，坚持学习、吸收新的知识，空调管理专业能力提升较快，并愿意承担更大的责任，有远期的追求目标 （3）服务意识：以内外部顾客需求为导向，改善空调管理工作流程、方法以提升服务质量，为各管理处提供全面的服务 （4）成本意识：能关注空调工程管理中成本控制的关键性节点，并积极参与改进，带领或影响身边的同事	

（续表）

<table>
<tr><th>测评要素</th><th>分值</th><th colspan="2">测评标准</th><th>测评得分</th></tr>
<tr><td>职业素养</td><td>25分</td><td colspan="2">（5）分享精神：善于进行信息的资源整合，将自己掌握的信息与经验通过对下属的培训强化信息的推广应用，改进空调工程管理工作</td><td></td></tr>
<tr><td colspan="3">等级标准：
优秀：90分以上；良好：75～89分；
一般：60～74分；不合格：60分以下</td><td>综合测评分值</td><td></td></tr>
<tr><td colspan="3">测评级别：
A：超过了标准　B：完全达到了标准
C：大部分达到标准　D：基本达到标准
E：未能达到标准</td><td colspan="2" rowspan="2">直接领导人：

人力资源部负责人：

审批：</td></tr>
<tr><td colspan="3">计分方式：
（1）等级比值：A等比值为1.0；B等比值为0.8；C等比值为0.6；D等比值为0.3；E等比值为0
（2）得分的计算公式：得分=配分×等级比值</td></tr>
</table>

八、强电主管素质测评

强电主管素质测评如下表所示。

强电主管素质测评表

岗位：强电主管　　　　在岗人员：

测评要素	分值	测评标准	测评得分
知识	25分	（1）能够运用ACD设计强电系统图及施工图 （2）掌握强电系统设备设施（如供配电系统设备，包括开闭所、低压配电室、发电机房等）正常运行环境要求、运行参数、管理要求 （3）熟悉强电系统设备设施运行、维修和保养方面的知识，保养的频次、标准与要求 （4）熟悉强电系统改造工程施工材料市场行情及工程预算 （5）了解前期介入、图纸会审、质量监督、验收接管中关于强电系统的验收标准、要求及常见的遗留问题	
工作能力	50分	（1）计划能力：能合理地安排本职工作，同时能制订所负责的强电工程小组的工作计划，有问题及时进行反馈	

（续表）

<table>
<tr><th>测评要素</th><th>分值</th><th>测评标准</th><th>测评得分</th></tr>
<tr><td>工作能力</td><td>50分</td><td>（2）组织能力：在上级的支持与指导下，能够克服一定的政策与资源限制，带领强电工程小组完成既定的工作任务
（3）领导激励能力：能有效带领、指导、激励强电工程小组，协调内外部关系，团队和谐、充满激情地完成相对复杂的工作目标
（4）团队管理能力：能够根据强电工程小组成员特点合理分工，在团队成员工作过程中能进行工作指导，工作任务完成较出色
（5）培养指导能力：进行详细的指示或是给予示范，告诉下属如何完成某项任务的具体步骤，提出明确有用的建议；通常能够针对个体不同的特点，采用不同的指导方式，使其掌握完成任务的具体方法</td><td></td></tr>
<tr><td>职业素养</td><td>25分</td><td>（1）敬业精神：对工作充满激情，甘于奉献，宁愿放弃休息时间也要按时保质保量地完成任务；在工作中遇到困难时不要放弃，会努力克服困难完成任务
（2）进取心：有坚强的信念，善于寻找并利用各种途径解决问题，坚持完成工作任务，坚持学习、吸收新的知识，强电系统管理专业能力提升较快，并愿意承担更大的责任，有远期的追求目标
（3）服务意识：以内外部顾客需求为导向，改善强电系统管理工作流程、方法以提升服务质量，为各管理处提供全面的服务
（4）成本意识：能关注强电系统管理中成本控制的关键性节点，并积极参与改进，带领或影响身边的同事
（5）分享精神：善于进行信息的资源整合，将自己掌握的信息与经验通过对下属的培训强化信息的推广应用，改进强电系统管理工作</td><td></td></tr>
<tr><td colspan="3">等级标准：
优秀：90分以上；良好：75～89分；
一般：60～74分；不合格：60分以下</td><td>综合测评分值</td></tr>
<tr><td colspan="3">测评级别：
A：超过了标准　　B：完全达到了标准
C：大部分达到标准　D：基本达到标准
E：未能达到标准</td><td>直接领导人：</td></tr>
</table>

（续表）

计分方式： （1）等级比值：A等比值为1.0；B等比值为0.8；C等比值为0.6；D等比值为0.3；E等比值为0 （2）得分的计算公式：得分=配分×等级比值	人力资源部负责人： 审批：

九、弱电主管素质测评

弱电主管素质测评如下表所示。

弱电主管素质测评表

岗位：弱电主管　　　　在岗人员：

测评要素	分值	测评标准	测评得分
知识	25分	（1）能够运用ACD设计弱电系统图及施工图，熟悉常见安防系统原理，熟悉弱电安防系统的施工及维修技术 （2）掌握弱电系统设备设施正常运行的技术 （3）熟悉弱电系统设备设施运行、维修和保养方面的知识，保养的频次、标准与要求 （4）熟悉弱电系统改造工程施工材料市场行情及工程预算 （5）了解前期介入、图纸会审、质量监督、验收接管中关于弱电系统的验收标准、要求及常见的遗留问题	
工作能力	50分	（1）计划能力：能合理地安排本职工作，同时能制订所负责的弱电工程小组的工作计划，有问题及时进行反馈 （2）组织能力：在上级的支持与指导下，能够克服一定的政策与资源限制，带领弱电工程小组完成既定的工作任务 （3）领导激励能力：能有效带领、指导、激励弱电工程小组，协调内外部关系，团队和谐、充满激情地完成相对复杂的工作目标 （4）团队管理能力：能够根据弱电工程小组成员特点合理分工，在团队成员工作过程中能进行工作指导，工作任务完成较出色 （5）培养指导能力：进行详细的指示或是给予示范，告诉下属如何完成某项任务的具体步骤，提出明确有用的建议；通常能够针对个体不同的特点，采用不同的指导方式，使其掌握完成任务的具体方法	

（续表）

<table>
<tr><th>测评要素</th><th>分值</th><th>测评标准</th><th colspan="2">测评得分</th></tr>
<tr><td>职业素养</td><td>25分</td><td>（1）敬业精神：对工作充满激情，甘于奉献，宁愿放弃休息时间也要按时保质保量地完成任务；在工作中遇到困难时不放弃，会努力克服困难完成任务
（2）进取心：有坚强的信念，善于寻找并利用各种途径解决问题，坚持完成工作任务，坚持学习、吸收新的知识，弱电系统管理专业能力提升较快，并愿意承担更大的责任，有远期的追求目标
（3）服务意识：以内外部顾客需求为导向，改善弱电系统管理工作流程、方法以提升服务质量，为各管理处提供全面的服务
（4）成本意识：能关注弱电系统管理中成本控制的关键性节点，并积极参与改进，带领或影响身边的同事
（5）分享精神：善于进行信息的资源整合，将自己掌握的信息与经验通过对下属的培训强化信息的推广应用，改进弱电系统管理工作</td><td colspan="2"></td></tr>
<tr><td colspan="3">等级标准：
优秀：90分以上；良好：75～89分；
一般：60～74分；不合格：60分以下</td><td>综合测评分值</td><td></td></tr>
<tr><td colspan="3">测评级别：
A：超过了标准　　　B：完全达到了标准
C：大部分达到标准　D：基本达到标准
E：未能达到标准</td><td colspan="2" rowspan="2">直接领导人：

人力资源部负责人：

审批：</td></tr>
<tr><td colspan="3">计分方式：
（1）等级比值：A等比值为1.0；B等比值为0.8；C等比值为0.6；D等比值为0.3；E等比值为0
（2）得分的计算公式：得分=配分×等级比值</td></tr>
</table>

十、网络管理员素质测评

网络管理员素质测评如下页表所示。

网络管理员素质测评表

岗位：网络管理员　　　　在岗人员：

测评要素	分值	测评标准	测评得分
知识	25分	（1）熟悉现代企业运作流程、模式及特点；熟悉常用办公软件的性能 （2）良好的网络安全知识，掌握网络监控方法与工具 （3）熟悉信息收集的方法与工具，熟悉网络数据流量检查方法与手段 （4）熟悉局域网结构与性能，具备网络常见故障处理的实务能力 （5）有扎实的电脑基础知识，熟悉电脑结构与性能，精通计算机常见故障的处理方法，熟悉计算机常用备品备件性能	
工作能力	50分	（1）口头表达与沟通能力：能够针对工作事项进行联系或相互简单的交流，思想、内容表达清楚，电话沟通时，具有专业化的电话接听技能，能给对方留下热情又有效率的印象 （2）理解能力：能够抓住事物或别人思想的主要方面，疏漏较少 （3）信息搜集能力：接触尽可能多的渠道或对象，获得他们的观点、背景资料及经验等各种相关或潜在相关的信息 （4）学习能力：主动从工作中不断总结经验，吸取教训，对工作有所改进，遇到与网络有关的新知识，能主动去学习 （5）创新能力：在继承本岗位已有的工作做法及成果时，有自己的有效可行的新想法及新点子，并得到同事的认同	
职业素养	25分	（1）责任心：能够严格按照工作标准完成工作目标，对本职工作负责到底，工作中不推卸责任、不上交矛盾，失误较少 （2）服务意识：根据工作职责为内外部客户提供必要的服务，理解客户的需要，客户满意度较高 （3）保密意识：熟悉公司保密制度，明确职责范围内的保密事项，并根据制度采取相应的维护措施 （4）安全意识：熟悉公司对网络的安全制度，对安全事项比较重视，并采取了相应预防措施 （5）原则性：严格执行公司的各项规章制度与工作流程	
等级标准： 优秀：90分以上；良好：75～89分； 一般：60～74分；不合格：60分以下		综合测评分值	

（续表）

<table>
<tr><td>测评级别：
A：超过了标准　　B：完全达到了标准
C：大部分达到标准　　D：基本达到标准
E：未能达到标准</td><td rowspan="2">直接领导人：

人力资源部负责人：

审批：</td></tr>
<tr><td>计分方式：
（1）等级比值：A等比值为1.0；B等比值为0.8；C等比值为0.6；D等比值为0.3；E等比值为0
（2）得分的计算公式：得分=配分×等级比值</td></tr>
</table>

十一、技术工程师素质测评

技术工程师素质测评如下表所示。

技术工程师素质测评表

岗位：技术工程师　　在岗人员：

测评要素	分值	测评标准	测评得分
知识	30分	（1）熟悉物业管理知识、房地产开发知识 （2）精通自己所负责的专业（如园林绿化、机电设备、空调工程、消防工程、电气工程、给排水等）知识及相关的法律法规要求、国家标准的要求 （3）精通前期介入、图纸会审、质量监督、验收接管及日常管理中本专业的技术要求，熟知各项业务开展的工作流程、必须控制的关键环节	
工作能力	40分	（1）客户导向能力：耐心倾听客户的咨询、要求和抱怨，及时回应客户的要求，解决客户的问题；与客户保持沟通，当客户需要帮助的时候可以随时取得联系，关注客户的满意度，提供对客户有帮助的信息 （2）专业能力：尽力回答更深入的问题，并花时间告诉他人额外的知识，帮助他们解决技术问题，或帮助其影响客户 （3）思维能力：将问题分解为简单关联的若干部分，认识到简单直接的因果关系（单因单果），进行黑白分明的选择（支持或反对，接受或拒绝等） （4）关注细节的能力：对自己的工作要求严格，按照既定的操作规范或上级指示进行，较少出现错误	

（续表）

测评要素	分值	测评标准	测评得分
职业素养	30分	（1）纪律性：能够长期严格遵守工作规定与标准，有非常强的自觉性和纪律性 （2）团队合作：善于与他人合作共事，相互支持，充分发挥各自的优势，保持良好的团队工作氛围 （3）积极性：长期坚持学习业务知识；对于额外任务能主动请求并且能高质量完成；工作中经常提出新思路和建议 （4）保密意识：熟悉公司保密制度，明确职责范围内的保密事项，并根据制度采取相应的维护措施 （5）安全意识：熟悉公司安全制度，对安全事项比较重视，并采取了相应预防措施 （6）原则性：严格执行公司规章制度与工作流程，并以身作则	

等级标准： 优秀：90分以上；良好：75～89分； 一般：60～74分；不合格：60分以下	综合测评分值	

测评级别： A：超过了标准　　B：完全达到了标准 C：大部分达到标准　　D：基本达到标准 E：未能达到标准	直接领导人： 人力资源部负责人： 审批：
计分方式： （1）等级比值：A等比值为1.0；B等比值为0.8；C等比值为0.6；D等比值为0.3；E等比值为0 （2）得分的计算公式：得分=配分×等级比值	

十二、技术文员素质测评

技术文员素质测评如下表所示。

技术文员素质测评表

岗位：技术文员　　　　　　　　　　　　　在岗人员：

测评要素	分值	测评标准	测评得分
知识	30分	（1）了解公文写作的基本知识，并熟悉本岗位所涉及的商业公文的格式，语法正确，能正确地使用语法、词汇和标点符号	

（续表）

测评要素	分值	测评标准	测评得分
知识	30分	（2）熟练准确地掌握文书档案管理的知识 （3）掌握一定的物业工程知识、物业管理基本知识、物业管理法律法规知识 （4）熟悉工程部管理规章制度、工作流程，并且具有一定的接待礼仪知识 （5）熟悉常用的应用软件，例如Word、Excel、Photoshop、Powerpoint等	
工作能力	40分	（1）口头表达与沟通能力：能够针对工作事项进行联系或相互简单的交流，思想、内容表达清楚，电话沟通时，具有专业化的电话接听技能，能给对方留下热情又有效率的印象 （2）建立关系与协调能力：待人坦诚、友好，在一般情况下能整合双方的资源，完成工作任务，合作关系融洽 （3）客户关系管理与维护能力：能与客户有效沟通，解答疑问，主动帮助解决常规问题，建立比较正常、和谐的工作、业务关系 （4）协调能力：能够较好地处理工程部与发展商、各管理处及其他部门和人员之间的各种关系 （5）学习能力：主动并能从工作中不断总结经验，吸取教训，对工作有所改进，遇到新的知识，能去学习，并且积极主动地参加公司安排的有关培训与交流活动	
职业素养	30分	（1）诚信：遵守公司行为准则，工作中不说假话，一旦给客户或同事作出承诺，即能全力以赴，信守时间诺言 （2）责任心：能够严格按照工作标准完成工作目标，对本职工作负责到底，工作中从不推卸责任 （3）服务意识：根据工作职责提供必要的服务，理解客户的需要，客户满意度较好 （4）保密意识：熟悉公司保密制度，明确职责范围内的保密事项，并根据制度采取相应的维护措施 （5）原则性：严格执行公司规章制度与工作流程，并以身作则	
等级标准： 优秀：90分以上；良好：75～89分； 一般：60～74分；不合格：60分以下		综合测评分值	

（续表）

<table>
<tr><td>测评级别：
A：超过了标准　　B：完全达到了标准
C：大部分达到标准　　D：基本达到标准
E：未能达到标准</td><td rowspan="2">直接领导人：

人力资源部负责人：

审批：</td></tr>
<tr><td>计分方式：
（1）等级比值：A等比值为1.0；B等比值为0.8；C等比值为0.6；D等比值为0.3；E等比值为0
（2）得分的计算公式：得分=配分×等级比值</td></tr>
</table>

第六章　质量部岗位素质测评

一、质量部经理素质测评

质量部经理素质测评如下表所示。

质量部经理素质测评表

岗位：质量部经理　　　　　　　　　　　　　在岗人员：

测评要素	分值	测评标准	测评得分
知识	15分	（1）通晓ISO9001：2008质量管理体系的知识与内审技巧；熟悉企业通过 ISO认证的工作流程和内部审核流程 （2）具备企业管理、人力资源管理、物业管理知识、房地产开发等方面的知识 （3）清楚地了解物业服务等级标准及各项物业服务的质量标准 （4）熟练住宅小区、大厦、工业区创优达标的评分标准及评分细则，了解物业创优达标工作的开展程序与要领 （5）掌握QC手法及一系列质量管理工具的运用技巧	
工作能力	60分	（1）领导力：能利用各种管理技巧，有效激励和调动下属的工作积极性和主动性 （2）策划能力：能运用ISO 9000、ISO 14001、OHSAS 18001标准，策划和完善管理体系 （3）协调能力：能针对品管中出现的问题和矛盾，妥善处理好各方面关系 （4）应变力：妥善处理质量管理体系中涉及的有关紧急突发事件 （5）沟通能力：熟练运用沟通技巧，正确传达公司质量政策，了解员工对质量管理体系的建议和意见 （6）创新力：能吸收最先进的管理理念，对质量管理体系运作有独到见解，能提出具有可操作的方案	
职业素养	25分	（1）忠诚：忠实于公司利益，积极主动影响组织成员忠诚于公司 （2）原则性：倡导企业文化，并主动积极营造坚持原则性的工作氛围	

（续表）

<table>
<tr><th>测评要素</th><th>分值</th><th colspan="2">测评标准</th><th>测评得分</th></tr>
<tr><td>职业素养</td><td>25分</td><td colspan="2">（3）事业心：以企业家的心态做事，以企业的事业作为自己的事业，以企业为家，与企业共进退，与企业共荣辱，奉献自己全部才智，承担企业经营风险，力求企业的持续经营、持续发展
（4）分享精神：善于寻找和创造机会建立开放的、双向沟通的平台，并积极参与旨在分享信息以提升公司竞争力的各种团队活动
（5）主动性：上级只给出一个方向或任务，即能独立地制订计划、组织资源、推进实施、保证完成，支持、鼓励团队成员与周围同事积极主动开展工作，能营造积极、主动的文化氛围</td><td></td></tr>
<tr><td colspan="3">等级标准：
优秀：90分以上；良好：75～89分；
一般：60～74分；不合格：60分以下</td><td>综合测评分值</td><td></td></tr>
<tr><td colspan="3">测评级别：
A：超过了标准　　　B：完全达到了标准
C：大部分达到标准　D：基本达到标准
E：未能达到标准</td><td colspan="2" rowspan="2">直接领导人：

人力资源部负责人：

审批：</td></tr>
<tr><td colspan="3">计分方式：
（1）等级比值：A等比值为1.0；B等比值为0.8；C等比值为0.6；D等比值为0.3；E等比值为0
（2）得分的计算公式：得分=配分×等级比值</td></tr>
</table>

二、品质工程师素质测评

品质工程师素质测评如下表所示。

品质工程师素质测评表

岗位：品质工程师　　　　　　　　　　　　　　　　在岗人员：

测评要素	分值	测评标准	测评得分
知识	30分	（1）掌握ISO 9001:2008质量管理体系的运行与应用知识 （2）了解物业行业管理知识，掌握物业行业等级评定标准 （3）精通QC手法等品质技术的应用，能运用这些手法来分析质量问题；熟悉企业通过ISO认证的工作流程和内部审核流程	

（续表）

<table>
<tr><th>测评要素</th><th>分值</th><th>测评标准</th><th>测评得分</th></tr>
<tr><td>工作能力</td><td>40分</td><td>（1）计划和组织能力：能根据公司的要求，制订相应程序和计划，在权限范围内配置资源、明确目标和方针，以及确保供应的保障
（2）督导能力：能运用品管技术，对现有的或潜在的品质缺陷，提出纠正和预防措施
（3）协调力：能针对品管中出现的问题和矛盾，妥善处理好各方面关系
（4）沟通能力：熟练运用沟通技巧，正确传达公司品质政策，了解职员对品质体系建议和意见</td><td></td></tr>
<tr><td>职业素养</td><td>30分</td><td>（1）诚信：能用具体的行为或言语来影响同事诚信做事，努力创造诚信的氛围
（2）廉洁：能以身作则，积极引导员工遵循公司行为准则，不贪污、挪用公司财物，不以公司财物、商业机密、专利技术等谋取个人私利
（3）忠诚：忠实于公司，对危害公司利益的行为进行批评与纠正，并采取适当防范措施
（4）责任心：对工作精益求精，力求一次性做到完美
（5）进取心：有坚强的信念，善于寻找并利用各种途径解决问题，坚持完成工作任务，坚持学习、吸收新的知识，专业能力提升较快，并愿意承担更大的责任，有远期的追求目标</td><td></td></tr>
<tr><td colspan="3">等级标准：
优秀：90分以上；良好：75～89分；
一般：60～74分；不合格：60分以下</td><td>综合测评分值</td><td></td></tr>
<tr><td colspan="3">测评级别：
A：超过了标准　　B：完全达到了标准
C：大部分达到标准　D：基本达到标准
E：未能达到标准</td><td colspan="2" rowspan="2">直接领导人：

人力资源部负责人：

审批：</td></tr>
<tr><td colspan="3">计分方式：
（1）等级比值：A等比值为1.0；B等比值为0.8；C等比值为0.6；D等比值为0.3；E等比值为0
（2）得分的计算公式：得分=配分×等级比值</td></tr>
</table>

三、质量管理员素质测评表

质量管理员素质测评如下表所示。

质量管理员素质测评表

岗位：质量管理员　　　　　　　　　　　　　　　　　　在岗人员：

测评要素	分值	测评标准	测评得分
知识	30分	（1）非常熟悉ISO体系的标准和知识 （2）了解物业管理中各项服务的质量标准，了解企业质量管理制度与评价规定 （3）熟悉物业管理各环节（客服、安全、环境或设施）工作流程及相关法律法规	
工作能力	40分	（1）口头表达与沟通能力：能够针对质量管理工作事项与各部门进行联系、交流 （2）协调能力：能针对质量管理中出现的问题和矛盾，妥善处理好各方面关系 （3）应变力：妥善处理质量管理体系中涉及的有关紧急突发事件 （4）沟通能力：熟练运用沟通技巧，正确传达公司质量管理政策，了解员工对质量体系的建议和意见，并反馈给上级 （5）执行力：能运用品质管理手法，贯彻执行公司的质量政策	
职业素养	30分	（1）纪律性：能够长期严格遵守工作规定与标准，有非常强的自觉性和纪律性 （2）团队合作：善于与他人合作共事，相互支持，充分发挥各自的优势，保持良好的团队工作氛围 （3）原则性：严格执行公司规章制度与工作流程，并以身作则	
等级标准： 优秀：90分以上；良好：75～89分； 一般：60～74分；不合格：60分以下		综合测评分值	
测评级别： A：超过了标准　　B：完全达到了标准 C：大部分达到标准　　D：基本达到标准 E：未能达到标准		直接领导人：	

（续表）

计分方式： （1）等级比值：A等比值为1.0；B等比值为0.8；C等比值为0.6；D等比值为0.3；E等比值为0 （2）得分的计算公式：得分=配分×等级比值	人力资源部负责人： 审批：

第七章 财务部岗位素质测评

一、财务经理素质测评

财务经理素质测评如下表所示。

财务经理素质测评表

岗位：财务经理　　　　　　　　　　　　　　　　在岗人员：

测评要素	分值	测评标准	测评得分
知识	15分	（1）具有全面的财务专业知识、账务处理知识 （2）熟悉精通国际国内会计标准、熟悉精通物业行业的会计工作业务 （3）熟悉国内会计准则以及相关的财务、税务、审计法规、政策 （4）熟悉本市及国内物业管理行业状况、物业管理法律法规、各地方有关物业收费标准的政策法规 （5）具有管理学、企业运营流程、财务管理、物业管理等方面的知识	
工作能力	60分	（1）策划力：具有策划对公司有重大影响的投资项目、资产重组、对外投资等方案的能力 （2）协调力：与上下级、平级及行业内外专业机构、主管部门保持良好关系 （3）应变力：在配合银行、税务、审计等部门工作中，灵活运用政策 （4）执行力：能够有效贯彻落实国家相关政策、法规，公司的各项政策方针 （5）财务分析能力：运用财务分析方法，对公司经营状况进行财务分析 （6）把握政策能力：具有正确贯彻执行会计法规、企业会计制度的能力	

（续表）

<table>
<tr><th>测评要素</th><th>分值</th><th colspan="2">测评标准</th><th>测评得分</th></tr>
<tr><td>职业素养</td><td>25分</td><td colspan="2">（1）廉洁：能坚决与损公肥私的行为作斗争，并能不断地思考、创新、完善公司管理制度，堵塞管理漏洞
（2）成本意识：关注成本管理最新理念，并适时为完善公司成本管理工作提供建议及方案
（3）保密意识：获悉他人违反和破坏保密制度时，积极抵制，能够及时向公司有关部门报告，并分情况采取积极措施以最大限度地减少恶性后果，处理得当
（4）安全意识：积极抵制他人违反、破坏安全制度的行为，并视情况采取积极措施以最大限度的减少恶性后果，同时能采取系统性措施预防安全事故的发生
（5）原则性：倡导企业文化，并主动积极营造坚持原则性的工作氛围</td><td></td></tr>
<tr><td colspan="3">等级标准：
优秀：90分以上；良好：75～89分；
一般：60～74分；不合格：60分以下</td><td>综合测评分值</td><td></td></tr>
<tr><td colspan="3">测评级别：
A：超过了标准　　B：完全达到了标准
C：大部分达到标准　　D：基本达到标准
E：未能达到标准</td><td colspan="2" rowspan="2">直接领导人：

人力资源部负责人：

审批：</td></tr>
<tr><td colspan="3">计分方式：
（1）等级比值：A等比值为1.0；B等比值为0.8；C等比值为0.6；D等比值为0.3；E等比值为0
（2）得分的计算公式：得分=配分×等级比值</td></tr>
</table>

二、财务稽核主管素质测评

财务稽核主管素质测评如下表所示。

财务稽核主管素质测评表

岗位：财务稽核主管　　　　在岗人员：

测评要素	分值	测评标准	测评得分
知识	25分	（1）财务管理理论基础扎实；熟悉公司内部各项财务管理制度和公司各环节基本制度规定	

（续表）

测评要素	分值	测评标准	测评得分
知识	25分	（2）熟悉国家财经法律、法规、审计专业知识 （3）熟悉本部门各岗位说明书和工作流程的内容 （4）熟悉本市及国内物业管理行业状况，物业管理基本知识，物业管理的法律、法规知识 （5）熟练使用财务软件和相关办公软件	
工作能力	50分	（1）策划力：具有策划对公司有重大影响的投资项目、资产重组、对外投资等方案的能力 （2）应变力：在配合银行、税务、审计等部门工作中，灵活运用政策 （3）执行力：有效贯彻落实国家相关政策、法规，公司的各项政策方针 （4）财务分析能力：运用财务分析方法，对公司经营状况进行财务分析 （5）把握政策能力：正确贯彻执行会计法规、企业会计制度	
职业素养	25分	（1）诚信正直：遇到利益诱惑时能够顶住压力，坚持原则；正直廉洁，不凭借权力谋取个人私利 （2）敬业精神：对工作充满激情，甘于奉献，宁愿放弃休息时间也要按时保质保量地完成任务；在工作中遇到困难时不放弃，会努力克服困难完成任务 （3）责任心：主动公开地承担本职工作中的责任问题，不欺上瞒下，并及时主动地采取补救预防措施，防止类似的问题再次发生 （4）分享精神：善于进行信息的资源整合，将自己掌握的信息与经验通过对下属的培训强化信息的推广应用，改进工作 （5）保密意识：影响身边的同事，宣传保密制度，随时提醒同事；发现保密制度的缺陷和漏洞，能及时向有关部门报告，并提出完善意见	
等级标准： 优秀：90分以上；良好：75～89分； 一般：60～74分；不合格：60分以下		综合测评分值	
测评级别： A：超过了标准　　B：完全达到了标准 C：大部分达到标准　D：基本达到标准 E：未能达到标准		直接领导人：	

（续表）

计分方式： （1）等级比值：A等比值为1.0；B等比值为0.8；C等比值为0.6；D等比值为0.3；E等比值为0 （2）得分的计算公式：得分=配分×等级比值	人力资源部负责人： 审批：

三、会计核算主管素质测评

会计核算主管素质测评如下表所示。

会计核算主管素质测评表

岗位：会计核算主管　　　　在岗人员：

测评要素	分值	测评标准	测评得分
知识	25分	（1）熟悉国家财经法律、法规 （2）熟悉公司内部各项财务管理制度和公司各环节基本制度规定 （3）熟悉本部门各岗位说明书和工作流程的内容 （4）会计专业知识扎实，准确执行各项具体会计准则 （5）熟练使用财务软件和相关办公软件	
工作能力	50分	（1）协调能力：与人相处融洽，善于化解冲突 （2）沟通能力：准确表达自己的思想，根据对象选择沟通方式技巧、把握关键信息 （3）公关能力：与媒体、政府部门以及公众沟通以达到预定目标 （4）学习能力：主动学习新知识并了解业务动态，能虚心向公司内部或外部有关专家，甚至自己的下属请教 （5）建立关系与协调能力：能与上级管理层、同事和下属建立和维持良好的工作关系，在冲突发生时，能够识别冲突原因，并能够采取积极措施降低冲突影响	
职业素养	25分	（1）责任心：对待工作不怕烦琐、有耐心，考虑问题与做事细致、周到 （2）团队意识：理解与尊重团队中其他成员的不同工作风格和方式，能向团队成员求教 （3）服务意识：以内外部顾客需求为导向，主动提供服务，根据客户的反馈，不断改进服务质量	

（续表）

<table>
<tr><th>测评要素</th><th>分值</th><th>测评标准</th><th>测评得分</th></tr>
<tr><td>职业素养</td><td>25分</td><td>（4）保密意识：以身作则，自觉、严格遵守公司保密制度，对保密制度未明确界定的问题能够很好的处理
（5）分享精神：主动将自己所掌握的行业或专业的最新信息（公司保密信息除外）与同事进行信息分享</td><td></td></tr>
<tr><td colspan="3">等级标准：
优秀：90分以上；良好：75～89分；
一般：60～74分；不合格：60分以下</td><td>综合测评分值</td></tr>
<tr><td colspan="3">测评级别：
A：超过了标准　　B：完全达到了标准
C：大部分达到标准　　D：基本达到标准
E：未能达到标准</td><td rowspan="2">直接领导人：

人力资源部负责人：

审批：</td></tr>
<tr><td colspan="3">计分方式：
（1）等级比值：A等比值为1.0；B等比值为0.8；C等比值为0.6；D等比值为0.3；E等比值为0
（2）得分的计算公式：得分=配分×等级比值</td></tr>
</table>

四、主办会计素质测评

主办会计素质测评如下表所示。

主办会计素质测评表

岗位：主办会计　　　　在岗人员：

测评要素	分值	测评标准	测评得分
知识	30分	（1）熟悉国内物业行业状况、物业管理法律、法规、物业管理基本知识 （2）掌握财务知识及实务 （3）了解经济法规知识 （4）掌握审计专业知识 （5）懂计算机网络及IT知识，熟练运用Office办公软件	
工作能力	40分	（1）监督能力：能够有效地对财务有重大影响的行为进行监督 （2）网络控制能力：能够对财务网络各站点参数进行设置及对财务网络进行控制	

（续表）

<table>
<tr><th>测评要素</th><th>分值</th><th colspan="2">测评标准</th><th>测评得分</th></tr>
<tr><td>工作能力</td><td>40分</td><td colspan="2">（3）计划力：能合理地安排本职工作，同时能制订所负责的业务小组的工作计划，有问题及时进行反馈
（4）执行力：正确理解上级工作意图，贯彻落实公司的各项指示、方针
（5）把握政策能力：能够正确贯彻执行会计法规、企业会计制度</td><td></td></tr>
<tr><td>职业素养</td><td>30分</td><td colspan="2">（1）诚信正直：遇到利益诱惑时能够顶住压力，坚持原则；正直廉洁，不凭借权力谋取个人私利
（2）敬业精神：对工作充满激情，甘于奉献，宁愿放弃休息时间也要按时保质保量地完成任务；在工作中遇到困难时不放弃，会努力克服困难完成任务
（3）责任心：能够主动公开地承担本职工作中的责任问题，不欺上瞒下，并及时主动地采取补救预防措施，防止类似的问题再次发生</td><td></td></tr>
<tr><td colspan="3">等级标准：
优秀：90分以上；良好：75～89分；
一般：60～74分；不合格：60分以下</td><td>综合测评分值</td><td></td></tr>
<tr><td colspan="3">测评级别：
A：超过了标准　　B：完全达到了标准
C：大部分达到标准　　D：基本达到标准
E：未能达到标准</td><td colspan="2" rowspan="2">直接领导人：

人力资源部负责人：

审批：</td></tr>
<tr><td colspan="3">计分方式：
（1）等级比值：A等比值为1.0；B等比值为0.8；C等比值为0.6；D等比值为0.3；E等比值为0
（2）得分的计算公式：得分=配分×等级比值</td></tr>
</table>

五、会计素质测评

会计素质测评如下页表所示。

会计素质测评表

岗位：会计　　　　　　　　　　　　　　　　　　　　在岗人员：

<table>
<tr><th>测评要素</th><th>分值</th><th>测评标准</th><th>测评得分</th></tr>
<tr><td>知识</td><td>30分</td><td>（1）熟悉国家、地区、行业关于会计管理的相关政策法规、规范，了解房地产知识、物业管理知识
（2）掌握物业服务行业服务成本、价格等方面的信息，熟悉本行业的市场信息
（3）掌握Office办公软件，熟练操作公司财务管理软件</td><td></td></tr>
<tr><td>工作能力</td><td>40分</td><td>（1）业务实施能力：能严格执行财经制度，独立完成会计岗位的工作任务
（2）协调沟通能力：能够有效协调与会计核算有关的各个环节的工作关系
（3）语言文字能力：能撰写工作计划、工作总结等公文，能够针对会计核算工作事项与相关方进行联系、交流
（4）理解判断能力：能对会计岗位职责范围内出现的问题进行调查、分析、判断，并提出相应解决办法</td><td></td></tr>
<tr><td>职业素养</td><td>30分</td><td>（1）诚信：遵守公司行为准则，工作中不说假话，一旦给客户或同事作出承诺，即能全力以赴，信守时间诺言
（2）责任心：能够严格按照工作标准完成工作目标，对本职工作负责到底，工作中从不推卸责任
（3）团队意识：对自己的团队角色有正确的认知，对团队及其成员抱有积极的态度，能根据团队分工进行较好合作
（4）服务意识：根据工作职责提供必要的服务，理解客户的需要，客户满意度较好
（5）保密意识：熟悉公司保密制度，明确职责范围内的保密事项，并根据制度采取相应的维护措施</td><td></td></tr>
<tr><td colspan="2">等级标准：
优秀：90分以上；良好：75～89分；
一般：60～74分；不合格：60分以下</td><td>综合测评分值</td><td></td></tr>
<tr><td colspan="2">测评级别：
A：超过了标准　　　　B：完全达到了标准
C：大部分达到了标准　D：基本达到了标准
E：未能达到标准</td><td colspan="2" rowspan="2">直接领导人：

人力资源部负责人：

审批：</td></tr>
<tr><td colspan="2">计分方式：
（1）等级比值：A等比值为1.0；B等比值为0.8；C等比值为0.6；D等比值为0.3；E等比值为0
（2）得分的计算公式：得分=配分×等级比值</td></tr>
</table>

六、出纳素质测评

出纳素质测评如下表所示。

出纳素质测评表

岗位：出纳　　　　　　　　　　　　　　　　　　在岗人员：

测评要素	分值	测评标准	测评得分
知识	30分	（1）全面掌握和精通公司的各项规章制度及国家财经法规（如《现金管理条例》、《银行结算办法》）、经济法规、金融等方面的政策法规 （2）掌握物业管理知识、公司的采购流程、成本支出流程、仓库流程业务情况；熟悉公司人员、组织架构情况 （3）熟练掌握财务软件、办公自动化软件的应用及数理统计知识	
工作能力	40分	（1）业务能力：能有效地与各金融机构进行业务办理、沟通等；处理好与公司各部门之间的工作关系及对资金使用情况进行监督 （2）协调沟通能力：能够有效协调与出纳业务有关的各个环节的工作关系 （3）语言文字能力：能撰写工作计划、工作总结等公文，能够就收付款业务事项与相关方进行联系、交流 （4）理解判断能力：能对出纳岗位职责范围内出现的问题进行调查、分析、判断，并提出相应解决办法	
职业素养	30分	（1）责任心：能够严格按照工作标准完成工作目标，对本职工作负责到底，工作中从不推卸责任 （2）团队意识：对自己的团队角色有正确的认知，对团队及其成员抱有积极的态度，能根据团队分工进行较好合作 （3）服务意识：根据出纳的工作职责提供必要的服务，理解客户的需要，客户满意度较好 （4）保密意识：熟悉公司保密制度，明确出纳职责范围内的保密事项，并根据制度采取相应的维护措施 （5）安全意识：熟悉公司资金安全制度，对安全事项比较重视，并采取了相应预防措施	
等级标准： 优秀：90分以上；良好：75～89分； 一般：60～74分；不合格：60分以下		综合测评分值	

（续表）

<table>
<tr><td>测评级别：
A：超过了标准　　　　B：完全达到了标准
C：大部分达到了标准　D：基本达到了标准
E：未能达到标准</td><td rowspan="2">直接领导人：

人力资源部负责人：

审批：</td></tr>
<tr><td>计分方式：
（1）等级比值：A等比值为1.0；B等比值为0.8；C等比值为0.6；D等比值为0.3；E等比值为0
（2）得分的计算公式：得分=配分×等级比值</td></tr>
</table>

七、税务员素质测评

税务员素质测评如下表所示。

税务员素质测评表

岗位：税务员　　　　　　　　　　　　　　　　　　在岗人员：

测评要素	分值	测评标准	测评得分
知识	30分	（1）熟悉国家、地方各项税务政策，精通国家财税法律规范 （2）熟悉国际和国内相关的财务政策 （3）掌握会计核算的方法 （4）熟悉税务筹划的方法和技巧 （5）熟练操作办公软件和企业的财务软件	
工作能力	40分	（1）业务实施能力：能严格执行财经制度、税务法规，能独立地完成税务会计岗位的工作任务 （2）协调沟通能力：能够有效协调与税务有关的各个环节的工作关系 （3）语言文字能力：能撰写工作计划、工作总结等公文，能够针对工作事项与相关方进行联系、交流 （4）理解判断能力：能对税务会计岗位职责范围内出现的问题进行调查、分析、判断，并提出相应解决办法	
职业素养	30分	（1）诚信：遵守公司行为准则，工作中不说假话，一旦给客户或同事作出承诺，即能全力以赴，信守时间诺言 （2）责任心：能够严格按照工作标准完成工作目标，对本职工作负责到底，工作中从不推卸责任	

（续表）

<table>
<tr><th>测评要素</th><th>分值</th><th colspan="2">测评标准</th><th>测评得分</th></tr>
<tr><td>职业素养</td><td>30分</td><td colspan="2">（3）团队意识：对自己的团队角色有正确的认知，对团队及其成员抱有积极的态度，能根据团队分工进行较好合作
（4）服务意识：根据工作职责提供必要的服务，理解客户的需要，客户满意度较好
（5）保密意识：熟悉公司保密制度，明确职责范围内的保密事项，并根据制度采取相应的维护措施</td><td></td></tr>
<tr><td colspan="3">等级标准：
优秀：90分以上；良好：75～89分；
一般：60～74分；不合格：60分以下</td><td>综合测评分值</td><td></td></tr>
<tr><td colspan="3">测评级别：
A：超过了标准　　B：完全达到了标准
C：大部分达到了标准　　D：基本达到了标准
E：未能达到标准</td><td colspan="2" rowspan="2">直接领导人：

人力资源部负责人：

审批：</td></tr>
<tr><td colspan="3">计分方式：
（1）等级比值：A等比值为1.0；B等比值为0.8；C等比值为0.6；D等比值为0.3；E等比值为0
（2）得分的计算公式：得分=配分×等级比值</td></tr>
</table>

八、采购员素质测评

采购员素质测评如下表所示。

采购员素质测评表

岗位：采购员　　　　在岗人员：

测评要素	分值	测评标准	测评得分
知识	30分	（1）熟悉住宅区管理与服务所需物资的名称、型号、规格、产地、单价、品质 （2）了解最新市场行情及物料供应的供应商背景 （3）了解本企业采购管理规章制度、审批程序与审批权限要求 （4）具备市场价格调查、询价议价、采购合同条款等方面的知识 （5）掌握自动化办公软件的使用方法，具备基本的网络知识	

（续表）

<table>
<tr><th>测评要素</th><th>分值</th><th colspan="2">测评标准</th><th>测评得分</th></tr>
<tr><td>工作能力</td><td>40分</td><td colspan="2">（1）表达能力：无论是用语言还是用文字与供应商沟通，都能正确、清晰地表达采购的各种条件，例如规格、数量、价格、交货期限、付款方式等
（2）分析能力：能对报价单的内容进行分析，从不以“总价”比较，而在相同的基础上，逐项（包括原料、人工、工具、税费、利润、交货时间、付款条件等）加以剖析判断
（3）预测能力：能依据各种产销资料，判断货源是否充裕；通过与供应商的接触，从其“销售”的态度，揣摩物料可能供应的情况；从物料价格的涨跌，推断采购成本受影响的幅度有多大
（4）成本控制能力：精打细算，同时具有“成本效益”观念，所谓：“一分钱一分货”，不花一分冤枉钱，不买品质不好或不具有使用价值的物品</td><td></td></tr>
<tr><td>职业素养</td><td>30分</td><td colspan="2">（1）纪律性：遵纪守法，遵章守纪。执行采购作业时，把国家法律、企业规章制度作为其行为准则
（2）廉洁：洁身自好、廉洁奉公，自觉地抵制任何损害企业利益，或违反法律的不当行为，在业务交往中不私自接受对方的礼品
（3）忠诚：忠实于本职工作，不做任何对企业、团队不利的事
（4）责任心：能够严格按照工作标准完成工作目标，对本职工作负责到底，工作中从不推卸责任
（5）服务意识：根据工作职责提供必要的服务，理解客户的需要，客户满意度较好</td><td></td></tr>
<tr><td colspan="3">等级标准：
优秀：90分以上；良好：75～89分；
一般：60～74分；不合格：60分以下</td><td>综合测评分值</td><td></td></tr>
<tr><td colspan="3">测评级别：
A：超过了标准　　B：完全达到了标准
C：大部分达到了标准　　D：基本达到了标准
E：未能达到标准</td><td colspan="2" rowspan="2">直接领导人：

人力资源部负责人：

审批：</td></tr>
<tr><td colspan="3">计分方式：
（1）等级比值：A等比值为1.0；B等比值为0.8；C等比值为0.6；D等比值为0.3；E等比值为0
（2）得分的计算公式：得分=配分×等级比值</td></tr>
</table>

第八章　行政部岗位素质测评

一、行政部经理素质测评

行政部经理素质测评如下表所示。

行政部经理素质测评表

岗位：行政部经理　　　　在岗人员：

测评要素	分值	测评标准	测评得分
知识	15分	（1）熟悉国家的有关法律、法规，熟练掌握ISO 9001：2008标准，确保公司质量管理体系在本部门正常有效地运行 （2）熟悉本部门各岗位的职责工作标准 （3）熟悉行政办公的全套工作程序，熟练运用电脑及其他办公软件 （4）了解公司同行业现状及发展趋势 （5）熟悉现代企业管理基本知识	
工作能力	60分	（1）把握政策能力：具有把握行政管理工作不偏离国家政策法规、公司相关制度的能力 （2）行政费用分析控制能力：具有运用成本分析技术，对行政事务发生费用进行分析、控制的能力 （3）组织协调的能力：能够组织协调好公司行政人员与其他部门的关系，充分发挥他们的积极性 （4）领导激励能力：能够通过多层次分权、授权，有效带领、指导、激励直接、间接下属统一目标、协调一致、和谐而富有动力地完成全局性工作目标 （5）控制能力：能基于公司的发展目标与工作计划展开工作，监控、检查过程，解决实施中存在的问题，完成工作计划 （6）决策能力：能够借助内外部专业力量或专业分析，对跨部门的非常规问题、建议进行决策，决策比较正确	
职业素养	25分	（1）廉洁：能坚决与损公肥私的行为作斗争，并能不断地思考、创新、完善公司管理制度，堵塞管理漏洞，参与到创建健康的公司企业文化中，不断提升员工职业素养	

（续表）

<table>
<tr><th>测评要素</th><th>分值</th><th colspan="2">测评标准</th><th>测评得分</th></tr>
<tr><td>职业素养</td><td>25分</td><td colspan="2">（2）成本意识：关注成本管理最新理念，并适时为完善公司成本管理工作提供建议及方案
（3）保密意识：获悉他人违反和破坏保密制度时，积极抵制，能够及时向公司有关部门报告，并根据情况采取积极措施以最大限度的减少恶性后果，处理得当
（4）安全意识：积极抵制他人违反、破坏安全制度的行为，并视情况采取积极措施以最大限度地减少恶性后果，同时能采取系统性措施预防不安全事故的发生
（5）原则性：倡导企业文化，并主动积极营造坚持原则性的工作氛围</td><td></td></tr>
<tr><td colspan="3">等级标准：
优秀：90分以上；良好：75～89分；
一般：60～74分；不合格：60分以下</td><td>综合测评分值</td><td></td></tr>
<tr><td colspan="3">测评级别：
A：超过了标准　　B：完全达到了标准
C：大部分达到了标准　　D：基本达到了标准
E：未能达到标准</td><td colspan="2" rowspan="2">直接领导人：

人力资源部负责人：

审批：</td></tr>
<tr><td colspan="3">计分方式：
（1）等级比值：A等比值为1.0；B等比值为0.8；C等比值为0.6；D等比值为0.3；E等比值为0
（2）得分的计算公式：得分=配分×等级比值</td></tr>
</table>

二、行政秘书素质测评

行政秘书素质测评如下表所示。

行政秘书素质测评表

岗位：行政秘书　　　　　　　　　　　　在岗人员：

测评要素	分值	测评标准	测评得分
知识	25分	（1）了解公文写作的基本知识，并熟悉本岗位涉及的商业公文的格式，语法正确，能正确地使用语法、词汇和标点符号 （2）熟练准确地掌握文书档案管理的知识 （3）掌握电脑和网络、办公、会议安排等行政方面的知识	

（续表）

<table>
<tr><th>测评要素</th><th>分值</th><th>测评标准</th><th>测评得分</th></tr>
<tr><td>知识</td><td>25分</td><td>（4）了解当地的文物古迹、风土人情、民俗习惯等旅游资源知识
（5）掌握礼仪接待知识</td><td></td></tr>
<tr><td>工作能力</td><td>50分</td><td>（1）口头表达与沟通能力：能够针对工作事项进行联系或相互简单的交流，思想、内容表达清楚，电话沟通时，具有专业化的电话接听技能，能给对方留下热情又有效率的印象
（2）建立关系与协调能力：能与上级管理层、同事和各部门建立和维持良好的工作关系，在冲突发生时，能够识别冲突原因，并能够采取积极措施降低冲突影响
（3）办事能力：会办事，不越权，讲实效；善办事，通晓各类事务的办理程序，区分轻重缓急
（4）应变能力：能够随机应变，在不丧失原则性的前提下，灵活变通地处理各种工作，以适应变化的客观环境
（5）判断分析能力：能简明地叙述，把事情总结清楚；能及时看到系统存在的表象问题</td><td></td></tr>
<tr><td>职业素养</td><td>25分</td><td>（1）诚信：遵守公司行为准则，工作中不说假话，一旦给客户或同事作出承诺，即能全力以赴，信守时间诺言
（2）责任心：能够严格按照工作标准完成工作目标，对本职工作负责到底，工作中不推卸责任、不上交矛盾，失误较少
（3）服务意识：根据工作职责为各部门提供必要的服务，理解各部门的需要，各部门对行政工作的满意度较好
（4）保密意识：熟悉公司保密制度，明确职责范围内的保密事项，并根据制度采取相应的维护措施
（5）原则性：严格执行公司规章制度与工作流程，并以身作则</td><td></td></tr>
<tr><td colspan="3">等级标准：
优秀：90分以上；良好：75～89分；
一般：60～74分；不合格：60分以下</td><td>综合测评分值</td></tr>
<tr><td colspan="3">测评级别：
A：超过了标准　　　　B：完全达到了标准
C：大部分达到了标准　D：基本达到了标准
E：未能达到标准</td><td rowspan="2">直接领导人：

人力资源部负责人：

审批：</td></tr>
<tr><td colspan="3">计分方式：
（1）等级比值：A等比值为1.0；B等比值为0.8；C等比值为0.6；D等比值为0.3；E等比值为0
（2）得分的计算公式：得分=配分×等级比值</td></tr>
</table>

三、内务主管素质测评

内务主管素质测评如下表所示。

内务主管素质测评表

岗位：内务主管　　　　　　　　　　　　　　　　　　在岗人员：

<table>
<tr><th>测评要素</th><th>分值</th><th colspan="2">测评标准</th><th>测评得分</th></tr>
<tr><td>知识</td><td>15分</td><td colspan="2">（1）掌握国家及地方行政法规
（2）了解政府职能部门的办事程序，善于协调、沟通
（3）了解企业管理基础知识、物业管理基础知识
（4）掌握企业行政、总务管理知识
（5）掌握交通管理、安全驾驶知识</td><td></td></tr>
<tr><td>工作能力</td><td>60分</td><td colspan="2">（1）领导力：具有利用各种管理技巧，有效激励和调动下属的工作积极性和主动性的能力
（2）执行力：具有有效贯彻落实国家相关政策、法规，公司各项政策方针的能力
（3）协调力：具有与上下级、平级及行业内外专业机构、主管部门保持良好关系的能力
（4）沟通能力：具有与各方交换意见，最终达成共识的能力
（5）把握政策能力：具有把握行政管理工作不偏离国家政策法规、公司相关制度的能力</td><td></td></tr>
<tr><td>职业素养</td><td>25分</td><td colspan="2">（1）敬业精神：热爱本职工作并全身心投入，为实现公司目标而不懈努力
（2）忠诚度：高度认同公司文化，随时维护公司形象，处处维护公司利益
（3）表率性：以身作则，从严要求自己，起到模范及表率作用
（4）团队精神：除完成自己的本职工作，能不计较个人得失，积极协助其他部门和同事共同达成工作目标
（5）原则性：任何情况下，能坚持工作原则</td><td></td></tr>
<tr><td colspan="3">等级标准：
优秀：90分以上；良好：75～89分；
一般：60～74分；不合格：60分以下</td><td>综合测评分值</td><td></td></tr>
<tr><td colspan="3">测评级别：
A：超过了标准　　　　B：完全达到了标准
C：大部分达到了标准　D：基本达到了标准
E：未能达到标准</td><td colspan="2">直接领导人：</td></tr>
</table>

（续表）

计分方式： （1）等级比值：A等比值为1.0；B等比值为0.8；C等比值为0.6；D等比值为0.3；E等比值为0 （2）得分的计算公式：得分=配分×等级比值	人力资源部负责人： 审批：

四、行政事务专员素质测评

行政事务专员素质测评如下表所示。

行政事务专员素质测评表

岗位：行政事务专员　　　　在岗人员：

测评要素	分值	测评标准	测评得分
知识	25分	（1）具备文秘方面的知识 （2）具备文件管理、文件整理归档方面的知识 （3）能熟练操作电脑，使用各种搜索引擎，并熟悉常用的办公文件，例如Word、Excel、Photoshop、Powerpoint等 （4）掌握一般的接待、介绍、电话接听方面的礼仪知识 （5）对各部门的职能及部门主管人员的姓名、电话均熟知	
工作能力	50分	（1）关系建立能力：易与他人建立可信赖的积极发展的长期关系 （2）团队合作能力：善于与他人合作共事，相互支持，充分发挥各自的优势，保持良好的团队工作氛围 （3）解决矛盾能力：巧妙地和建设性地解决不同矛盾 （4）口头表达与沟通能力：能够针对工作事项进行联系或相互简单的交流，思想、内容表达清楚，电话沟通时，具有专业化的电话接听技能，能给对方留下热情又有效率的印象 （5）判断分析能力：能简明地叙述，把事情总结清楚	
职业素养	25分	（1）纪律性：能够长期严格遵守工作规定与标准，有非常强的自觉性和纪律性 （2）团队合作：善于与他人合作共事，相互支持，充分发挥各自的优势，保持良好的团队工作氛围 （3）积极性：长期坚持学习业务知识；对于额外任务能主动请求并且能高质量完成；工作中善于发现问题，并经常提出新思路和建议	

（续表）

<table>
<tr><th>测评要素</th><th>分值</th><th>测评标准</th><th>测评得分</th></tr>
<tr><td>职业素养</td><td>25分</td><td>（4）责任心：能够严格按照工作标准完成工作目标，对本职工作负责到底，工作中不推卸责任、不上交矛盾，失误较少
（5）服务意识：根据工作职责提供必要的服务，理解客户的需要，客户满意度较好</td><td></td></tr>
<tr><td colspan="3">等级标准：
优秀：90分以上；良好：75～89分；
一般：60～74分；不合格：60分以下</td><td>综合测评分值</td><td></td></tr>
<tr><td colspan="3">测评级别：
A：超过了标准　　B：完全达到了标准
C：大部分达到了标准　　D：基本达到了标准
E：未能达到标准</td><td colspan="2" rowspan="2">直接领导人：

人力资源部负责人：

审批：</td></tr>
<tr><td colspan="3">计分方式：
（1）等级比值：A等比值为1.0；B等比值为0.8；C等比值为0.6；D等比值为0.3；E等比值为0
（2）得分的计算公式：得分=配分×等级比值</td></tr>
</table>

五、前台素质测评

前台素质测评如下表所示。

前台素质测评表

岗位：前台　　　　　　　　　　　　在岗人员：

测评要素	分值	测评标准	测评得分
知识	25分	（1）了解本公司的发展历史、规模及在同行业中的地位 （2）掌握前台接待的商务礼仪知识 （3）清楚每个部门的职能，记住各部门主管人员的姓名、电话 （4）了解文档方面的处理知识 （5）掌握打印机、复印机之类办公用具的使用知识	
工作能力	50分	（1）口头表达与沟通能力：能够针对工作事项进行联系或相互简单的交流，思想、内容表达清楚，电话沟通时，具有专业化的电话接听技能，能给对方留下热情又有效率的印象	

（续表）

<table>
<tr><th>测评要素</th><th>分值</th><th colspan="2">测评标准</th><th>测评得分</th></tr>
<tr><td>工作能力</td><td>50分</td><td colspan="2">（2）理解能力：能够抓住事物或别人思想的主要方面，疏漏较少
（3）创新能力：在继承前台岗位已有的工作做法及成果时，有自己的有效可行的新想法及新点子，并得到同事的认同
（4）关系建立能力：易与他人建立可信赖的积极发展的长期关系
（5）团队合作能力：善于与他人合作共事，相互支持，充分发挥各自的优势，保持良好的团队工作氛围</td><td></td></tr>
<tr><td>职业素养</td><td>25分</td><td colspan="2">（1）忠诚：忠实于本职工作，不做任何对公司不利的事
（2）责任心：能够严格按照工作标准完成工作目标，对本职工作负责到底，工作中不推卸责任、不上交矛盾，失误较少
（3）服务意识：根据工作职责为各部门提供必要的服务，各部门满意度较好
（4）保密意识：熟悉公司保密制度，明确职责范围内的保密事项，并根据制度采取相应的维护措施
（5）安全意识：熟悉公司安全制度，对安全事项比较重视，并采取了相应的预防措施</td><td></td></tr>
<tr><td colspan="3">等级标准：
优秀：90分以上；良好：75～89分；
一般：60～74分；不合格：60分以下</td><td>综合测评分值</td><td></td></tr>
<tr><td colspan="3">测评级别：
A：超过了标准　　B：完全达到了标准
C：大部分达到了标准　　D：基本达到了标准
E：未能达到标准</td><td colspan="2" rowspan="2">直接领导人：

人力资源部负责人：

审批：</td></tr>
<tr><td colspan="3">计分方式：
（1）等级比值：A等比值为1.0；B等比值为0.8；C等比值为0.6；D等比值为0.3；E等比值为0
（2）得分的计算公式：得分=配分×等级比值</td></tr>
</table>

六、司机素质测评

司机素质测评如下页表所示。

司机素质测评表

岗位：司机　　　　　　　　　　　　　　　在岗人员：

<table>
<tr><th>测评要素</th><th>分值</th><th colspan="2">测评标准</th><th>测评得分</th></tr>
<tr><td>知识</td><td>25分</td><td colspan="2">（1）有熟练的驾驶技术
（2）基本了解汽车的构造，会简单的修车技术
（3）熟悉交通法规及道路交通安全知识
（4）熟悉汽车所需购买的各类保险，并了解理赔法
（5）掌握基本的商务礼仪礼节</td><td></td></tr>
<tr><td>工作能力</td><td>50分</td><td colspan="2">（1）处理突发事件的能力：出现事故，临危不乱、冷静处理
（2）建立关系与协调能力：待人坦诚，友好，在一般情况下能整合双方的资源，完成工作任务，合作关系融洽
（3）执行力：能够按照出车计划严格执行，并确保在每个细节上减少差错
（4）关系建立：易与他人建立可信赖的积极发展的长期关系
（5）团队合作：善于与他人合作共事，相互支持，充分发挥各自的优势，保持良好的团队工作氛围</td><td></td></tr>
<tr><td>职业素养</td><td>25分</td><td colspan="2">（1）责任心：能够严格按照工作标准完成工作目标，对本职工作负责到底，工作中不推卸责任、不上交矛盾，失误较少
（2）服务意识：根据工作职责提供必要的服务，理解客户的需要，客户满意度较好
（3）成本意识：熟悉公司成本管理制度与本岗位在公司成本管理流程中的责任与义务，并能够在日常工作中贯彻执行
（4）保密意识：熟悉公司保密制度，明确职责范围内的保密事项，并根据制度采取相应的维护措施
（5）安全意识：熟悉公司安全制度，对安全事项比较重视，并采取了相应预防措施</td><td></td></tr>
<tr><td colspan="3">等级标准：
优秀：90分以上；良好：75～89分；
一般：60～74分；不合格：60分以下</td><td>综合测评分值</td><td></td></tr>
<tr><td colspan="3">测评级别：
A：超过了标准　　　B：完全达到了标准
C：大部分达到了标准　　D：基本达到了标准
E：未能达到标准</td><td colspan="2" rowspan="2">直接领导人：

人力资源部负责人：

审批：</td></tr>
<tr><td colspan="3">计分方式：
（1）等级比值：A等比值为1.0；B等比值为0.8；C等比值为0.6；D等比值为0.3；E等比值为0
（2）得分的计算公式：得分=配分×等级比值</td></tr>
</table>

第九章　人力资源部岗位素质测评

一、人力资源经理素质测评

人力资源经理素质测评如下表所示。

人力资源经理素质测评表

岗位：人力资源经理　　　　　　　　　　　　　　　　在岗人员：

测评要素	分值	测评标准	测评得分
知识	15分	（1）对人力资源管理事务性的工作有娴熟的处理技巧，熟悉人事工作流程 （2）熟悉国家、地区及企业关于合同管理、薪金制度、用人机制、保险福利待遇和培训方针方面的内容 （3）熟练使用电脑办公软件及相关的人力资源管理软件	
工作能力	60分	（1）写作能力：擅于写人力资源管理方面的制度、通告、新闻稿件、公共关系简报、信函、致词、演讲稿、有关公告、祝贺卡上的祝贺语等，写作不仅符合一般的写作要求，而且也符合人力资源工作的要求 （2）组织能力：能够对人力资源管理活动进行有效的计划、组织、安排、协调等，使人力资源管理活动有条不紊地顺利进行 （3）表达能力：善于借助报告、信件、演讲和谈话来表达自己的看法；用微笑、点头、拍肩膀来激励的员工 （4）观察能力：对周围的人和事从人力资源的角度予以审视、分析、判断 （5）应变能力：在遇到突发性的问题并着手解决时，使自己的工作对象——员工也不受到伤害，始终与员工处在良好的关系状态上 （6）交际能力：能够与交往对象——员工迅速沟通，赢得好感	
职业素养	25分	（1）廉洁：能坚决与损公肥私的行为作斗争，并能不断地思考、创新、完善公司管理制度，堵塞管理漏洞，参与到创建健康的公司企业文化中，不断提升员工职业素养	

（续表）

<table>
<tr><th>测评要素</th><th>分值</th><th>测评标准</th><th>测评得分</th></tr>
<tr><td>职业素养</td><td>25分</td><td>（2）忠诚：忠实于公司利益，积极主动影响组织成员忠诚于公司
（3）事业心：以企业家的心态做事，以企业的事业作为自己的事业，以企业为家，与企业共进退，与企业共荣辱，奉献自己全部才智，承担企业经营风险，力求企业的持续经营、持续发展
（4）成本意识：关注成本管理最新理念，并适时为完善公司成本管理工作提供建议及方案
（5）原则性：倡导企业文化，并主动积极营造坚持原则性的工作氛围</td><td></td></tr>
<tr><td colspan="3">等级标准：
优秀：90分以上；良好：75～89分；
一般：60～74分；不合格：60分以下</td><td>综合测评分值</td><td></td></tr>
<tr><td colspan="3">测评级别：
A：超过了标准　　B：完全达到了标准
C：大部分达到了标准　　D：基本达到了标准
E：未能达到标准</td><td colspan="2" rowspan="2">直接领导人：

人力资源部负责人：

审批：</td></tr>
<tr><td colspan="3">计分方式：
（1）等级比值：A等比值为1.0；B等比值为0.8；C等比值为0.6；D等比值为0.3；E等比值为0
（2）得分的计算公式：得分=配分×等级比值</td></tr>
</table>

二、招聘专员素质测评

招聘专员素质测评如下表所示。

招聘专员素质测评表

岗位：招聘专员　　　　在岗人员：

测评要素	分值	测评标准	测评得分
知识	15分	（1）熟悉招聘流程，熟练运用各种招聘方法和工具 （2）熟悉国家、地区及企业关于合同管理、薪金制度、用人机制、保险福利待遇和培训方针方面的内容 （3）熟练使用电脑办公软件及相关的人事管理软件	

（续表）

<table>
<tr><th>测评要素</th><th>分值</th><th>测评标准</th><th>测评得分</th></tr>
<tr><td>工作能力</td><td>50分</td><td>（1）口头表达与沟通能力：能够针对工作事项进行联系或相互简单的交流，思想、内容表达清楚，电话沟通时，具有专业化的电话接听技能，能给对方留下热情又有效率的印象
（2）判断分析能力：能简明地叙述，把事情总结清楚；能及时看到系统存在的表象问题
（3）建立关系与协调能力：待人坦诚，友好，在一般情况下能整合双方的资源，完成工作任务，合作关系融洽
（4）团队合作：善于与他人合作共事，相互支持，充分发挥各自的优势，保持良好的团队工作氛围
（5）解决矛盾的能力：巧妙地和建设性地解决人力资源管理中的各种矛盾</td><td></td></tr>
<tr><td>职业素养</td><td>35分</td><td>（1）诚信：遵守公司行为准则，工作中不说假话，一旦给客户或同事作出承诺，即能全力以赴，信守诺言
（2）责任心：能够严格按照工作标准完成工作目标，对本职工作负责到底，工作中不推卸责任、不上交矛盾，失误较少
（3）服务意识：根据工作职责为各部门和客户提供必要的服务，理解客户的需要，客户满意度较好
（4）成本意识：熟悉公司成本管理制度与招聘岗位在公司成本管理流程中的责任与义务，并能够在招聘工作中贯彻执行
（5）保密意识：熟悉公司保密制度，明确职责范围内的保密事项，并根据制度采取相应的维护措施</td><td></td></tr>
</table>

<table>
<tr><td>等级标准：
优秀：90分以上；良好：75～89分；
一般：60～74分；不合格：60分以下</td><td>综合测评分值</td><td></td></tr>
<tr><td>测评级别：
A：超过了标准　　B：完全达到了标准
C：大部分达到了标准　　D：基本达到了标准
E：未能达到标准</td><td colspan="2" rowspan="2">直接领导人：

人力资源部负责人：

审批：</td></tr>
<tr><td>计分方式：
（1）等级比值：A等比值为1.0；B等比值为0.8；C等比值为0.6；D等比值为0.3；E等比值为0
（2）得分的计算公式：得分=配分×等级比值</td></tr>
</table>

三、培训专员素质测评

培训专员素质测评如下表所示。

培训专员素质测评表

岗位：培训专员　　　　　　　　　　　　　　　　　　　　　在岗人员：

测评要素	分值	测评标准	测评得分
知识	25分	（1）熟悉内部培训及外部培训组织作业流程 （2）熟悉岗位培训流程 （3）熟练使用电脑办公软件和人事管理软件 （4）掌握一些培训辅助设施（如投影仪）的操作、维护方法 （5）了解一些基本的培训方法、技巧	
工作能力	50分	（1）口头表达与沟通能力：能够针对培训事项与各部门进行联系或相互简单的交流 （2）创新能力：在继承培训职位原先的工作做法及成果时，有自己的有效可行的新想法及新点子，并得到同事的认同 （3）建立关系与协调能力：待人坦诚、友好，在一般情况下能整合双方的资源，完成工作任务，合作关系融洽 （4）辅导教练能力：实施并监控对员工的培训开发活动，当条件变化时采取适当的调整措施，以确保培训活动的有效开展 （5）计划能力：根据上级/部门的培训规划或部署，明确培训的工作任务和改进方向，能制订培训工作计划，清楚地确定其工作目标、行动步骤、方案和完成时间	
职业素养	25分	（1）责任心：能够严格按照工作标准完成工作目标，对本职工作负责到底，工作中不推卸责任、不上交矛盾，失误较少 （2）纪律性：能够长期严格遵守工作规定与标准，有非常强的自觉性和纪律性 （3）团队合作：善于与他人合作共事，相互支持，充分发挥各自的优势，保持良好的团队工作氛围 （4）积极性：长期坚持学习业务知识；对于额外任务能主动请求并且能高质量完成；工作中善于发现问题，并经常提出新思路和建议 （5）成本意识：熟悉公司成本管理制度与培训专员岗位在公司成本管理流程中的责任与义务，并能够在培训管理工作中贯彻执行	

（续表）

<table>
<tr><td>等级标准：
优秀：90分以上；良好：75～89分；
一般：60～74分；不合格：60分以下</td><td>综合测评分值</td><td></td></tr>
<tr><td>测评级别：
A：超过了标准　B：完全达到了标准
C：大部分达到了标准　D：基本达到了标准
E：未能达到标准</td><td colspan="2" rowspan="2">直接领导人：

人力资源部负责人：

审批：</td></tr>
<tr><td>计分方式：
（1）等级比值：A等比值为1.0；B等比值为0.8；C等比值为0.6；D等比值为0.3；E等比值为0
（2）得分的计算公式：得分=配分×等级比值</td></tr>
</table>

四、培训师素质测评

培训师素质测评如下表所示。

培训师素质测评表

岗位：培训师　　　　　　　　　　　　在岗人员：

测评要素	分值	测评标准	测评得分
知识	25分	（1）精通所授课程的知识 （2）了解企业的发展历史、产品知识等 （3）掌握培训教材开发的方法 （4）掌握培训的方法、技巧 （5）了解人员互动沟通的原则，掌握游戏的互动、团队的合作等发生在有关培训期间的一切互动活动的组织控制方法	
工作能力	50分	（1）备课能力：能够进行培训需求开发，将培训需求转化为培训内容、针对培训内容开发培训教材、多媒体教学（如PPT制作、音视频编辑） （2）表达能力：具有高超的表达技巧，懂得怎么问，怎么答，怎么让其他人问，怎么让其他人答，让学员明白你想让他明白的内容 （3）亲和力：让学员感觉与你沟通没有距离感，笑容可掬，言行一致，为人热忱，让人愿意亲近 （4）变通能力：能根据企业、学员、性格、交通、课程的变化而变通，要有预测关键事件及解决突发事件的能力	

（续表）

<table>
<tr><th>测评要素</th><th>分值</th><th>测评标准</th><th colspan="2">测评得分</th></tr>
<tr><td>工作能力</td><td>50分</td><td>（5）沟通、组织能力：能够对被培训者移情，表现出对他们的世界观、价值观、恐惧和梦想的赞同和理解。要能够聆听学员的心声，提出能激发热情的适当的问题，经常作出清晰的、直接的反馈</td><td colspan="2"></td></tr>
<tr><td>职业素养</td><td>25分</td><td>（1）进取心：追求事业的发展，为自己设置具有挑战性但又确实可行的目标，为更好地达到目标，主动寻找差距，并通过学习进行弥补
（2）创新意识：常常积极开动脑筋，进行一些调查研究，提出基本可行的改良、改造方案，取得不错的创新成果
（3）服务意识：以内外部顾客需求为导向，主动提供服务，根据客户的反馈，不断改进服务质量
（4）成本意识：能严格执行公司成本管理相关制度，在工作中自觉进行投入产出分析，注重成本的节约，对超出制度范围的成本问题能够敏感认知
（5）主动性：对自己的工作大致有思考，上级安排任务时能有效配合，确定工作计划，并按计划完成工作任务；同时，能积极处理工作中出现的各种问题，需要请示上级支持时也能按程序办理</td><td colspan="2"></td></tr>
<tr><td colspan="3">等级标准：
优秀：90分以上；良好：75～89分；
一般：60～74分；不合格：60分以下</td><td>综合测评分值</td><td></td></tr>
<tr><td colspan="3">测评级别：
A：超过了标准　　B：完全达到了标准
C：大部分达到了标准　　D：基本达到了标准
E：未能达到标准</td><td colspan="2" rowspan="2">直接领导人：

人力资源部负责人：

审批：</td></tr>
<tr><td colspan="3">计分方式：
（1）等级比值：A等比值为1.0；B等比值为0.8；C等比值为0.6；D等比值为0.3；E等比值为0
（2）得分的计算公式：得分=配分×等级比值</td></tr>
</table>

五、薪酬专员素质测评

薪酬专员素质测评如下页表所示。

薪酬专员素质测评表

岗位：薪酬专员　　　　　　　　　　　　在岗人员：

测评要素	分值	测评标准	测评得分
知识	25分	（1）熟悉企业管理、人力资源管理、心理学相关专业知识 （2）熟悉国家及地方有关薪酬福利待遇的政策和法律法规知识 （3）熟悉薪酬调研工具的使用 （4）熟练操作常用电脑办公软件和人力资源管理软件 （5）具备一定的会计知识、成本控制知识	
工作能力	50分	（1）口头表达与沟通能力：能够针对工作事项进行联系或相互简单的交流 （2）判断分析能力：能简明地叙述，把事情总结清楚；能及时看到系统存在的表象问题 （3）建立关系与协调能力：待人坦诚，友好，在一般情况下能整合双方的资源，完成工作任务，合作关系融洽 （4）团队合作：善于与他人合作共事，相互支持，充分发挥各自的优势，保持良好的团队工作氛围 （5）解决矛盾的能力：巧妙地和建设性地解决不同矛盾	
职业素养	25分	（1）诚信：遵守公司行为准则，工作中不说假话，一旦给同事作出承诺，即能全力以赴，信守诺言 （2）责任心：能够严格按照工作标准完成工作目标，对本职工作负责到底，工作中从不推卸责任、不上交矛盾，失误较少 （3）服务意识：根据工作职责为各部门提供必要的服务，理解各部门的需要，满意度较高 （4）成本意识：熟悉公司成本管理制度与薪酬管理岗位在公司成本管理流程中的责任与义务，并能够在日常工作中贯彻执行 （5）保密意识：熟悉公司保密制度，明确职责范围内的保密事项，并根据制度采取相应的维护措施	
等级标准： 优秀：90分以上；良好：75～89分； 一般：60～74分；不合格：60分以下		综合测评分值	
测评级别： A：超过了标准　　B：完全达到了标准 C：大部分达到了标准　　D：基本达到了标准 E：未能达到标准		直接领导人：	

（续表）

计分方式： （1）等级比值：A等比值为1.0；B等比值为0.8；C等比值为0.6；D等比值为0.3；E等比值为0 （2）得分的计算公式：得分=配分×等级比值	人力资源部负责人： 审批：

六、绩效考核专员素质测评

绩效考核专员素质测评如下表所示。

绩效考核专员素质测评表

岗位：绩效考核专员　　　　在岗人员：

测评要素	分值	测评标准	测评得分
知识	25分	（1）熟悉企业管理、人力资源管理、心理学相关专业知识 （2）熟悉各种绩效评价方法和绩效管理流程 （3）熟悉国家劳动法和基本的财会知识 （4）具备扎实的人力资源管理理论基础 （5）熟练使用办公自动化软件，具备基本的网络知识	
工作能力	50分	（1）口头表达与沟通能力：能够针对工作事项进行联系或相互简单的交流 （2）判断分析能力：能简明地叙述，把事情总结清楚；能及时看到系统存在的表象问题 （3）建立关系与协调能力：待人坦诚、友好，在一般情况下能整合双方的资源，完成工作任务，合作关系融洽 （4）团队合作：善于与他人合作共事，相互支持，充分发挥各自的优势，保持良好的团队工作氛围 （5）解决矛盾的能力：巧妙地和建设性地解决不同矛盾	
职业素养	25分	（1）诚信：遵守公司行为准则，工作中不说假话，一旦给客户或同事作出承诺，即能全力以赴，信守诺言 （2）责任心：能够严格按照工作标准完成工作目标，对本职工作负责到底，工作中不推卸责任、不上交矛盾，失误较少 （3）服务意识：根据工作职责为各部门和客户提供必要的服务，理解客户的需要，客户满意度较好 （4）成本意识：熟悉公司成本管理制度与绩效考核岗位在公司成本管理流程中的责任与义务，并能够在日常工作中贯彻执行	

（续表）

<table>
<tr><th>测评要素</th><th>分值</th><th colspan="2">测评标准</th><th>测评得分</th></tr>
<tr><td>职业素养</td><td>25分</td><td colspan="2">（5）保密意识：熟悉公司保密制度，明确职责范围内的保密事项，并根据制度采取相应的维护措施</td><td></td></tr>
<tr><td colspan="3">等级标准：
优秀：90分以上；良好：75～89分；
一般：60～74分；不合格：60分以下</td><td>综合测评分值</td><td></td></tr>
<tr><td colspan="3">测评级别：
A：超过了标准　B：完全达到了标准
C：大部分达到了标准　D：基本达到了标准
E：未能达到标准</td><td colspan="2" rowspan="2">直接领导人：

人力资源部负责人：

审批：</td></tr>
<tr><td colspan="3">计分方式：
（1）等级比值：A等比值为1.0；B等比值为0.8；C等比值为0.6；D等比值为0.3；E等比值为0
（2）得分的计算公式：得分=配分×等级比值</td></tr>
</table>

第十章 物业管理处员工素质测评

一、物业管理处经理素质测评

物业管理处经理素质测评如下表所示。

物业管理处经理素质测评表

岗位：物业管理处经理　　　　在岗人员：

测评要素	分值	测评标准	测评得分
知识	15分	（1）熟悉物业管理的相关政策与法规、物业管理专业知识、房地产方面的知识 （2）了解物业管理的服务内容及运作程序（包括接管验收、入住管理及正式入住后的管理） （3）了解所管物业小区的特点、人群分布状况和特征、管理的重点与难点	
工作能力	60分	（1）计划能力：在工作计划中预先考虑预留弹性或额外工作时间，以应对意外事件；主动评估工作中可能存在的风险，随时准备应对各种障碍和问题，并提前制定应变方案 （2）组织能力：创造性地利用外部资源，通过重构管理处的组织、团队等措施，克服各种困难、障碍，带领项目管理处完成经营目标 （3）领导激励能力：能够通过多层次分权、授权，有效带领、指导、激励下属统一目标、协调一致、和谐而富有动力地完成全局性工作目标 （4）控制能力：能基于管理处的工作目标与工作计划展开工作，监控、检查过程，解决实施中存在的问题，完成工作计划 （5）团队管理能力：能发挥个人影响力，整合团队成员价值取向，积极影响团队氛围，形成良好的团队文化，带领团队成员克服各种困难，取得优异团队绩效 （6）突发事件处理能力：能预知物业管理中的常见突发事件，并制定应急预案，在紧急突发事件发生时应对自如	

（续表）

<table>
<tr><th>测评要素</th><th>分值</th><th>测评标准</th><th>测评得分</th></tr>
<tr><td>职业素养</td><td>25分</td><td>（1）责任心：支持公司战略目标的实现，即使面临巨大压力或个人利益受到损失时，仍能不折不扣完成工作任务并承担责任
（2）服务意识：无论任何情况下，都能在正常维护公司利益的前提下，将客户利益放在第一位，并能够不断提高为客户服务的技能，在业务范围内保证客户有较高的满意度
（3）成本意识：关注成本管理最新理念，并适时为完善公司成本管理工作提供建议及方案
（4）全局观念：当局部利益和组织整体利益发生冲突时，能够顶着所在部门或团队内部的压力，作出有利于整个组织的决策。以企业发展大局为重，在组织利益受到损害时能够挺身而出，积极地维护企业利益
（5）组织承诺：即使会导致不受他人欢迎，为了组织的利益，也要力排众议。要求他人也作出牺牲以符合组织的需求</td><td></td></tr>
<tr><td colspan="3">等级标准：
优秀：90分以上；良好：75～89分；
一般：60～74分；不合格：60分以下</td><td>综合测评分值</td><td></td></tr>
<tr><td colspan="3">测评级别：
A：超过了标准　　B：完全达到了标准
C：大部分达到了标准　　D：基本达到了标准
E：未能达到标准</td><td colspan="2" rowspan="2">直接领导人：

人力资源部负责人：

审批：</td></tr>
<tr><td colspan="3">计分方式：
（1）等级比值：A等比值为1.0；B等比值为0.8；C等比值为0.6；D等比值为0.3；E等比值为0
（2）得分的计算公式：得分=配分×等级比值</td></tr>
</table>

二、客服主管素质测评

客服主管素质测评如下表所示。

客服主管素质测评表

岗位：客服主管　　　　　　　　在岗人员：

测评要素	分值	测评标准	测评得分
知识	25分	（1）熟悉物业管理的相关政策与法规、物业管理专业知识	

（续表）

测评要素	分值	测评标准	测评得分
知识	25分	（2）了解客户服务知识，掌握客户服务质量标准，了解客户服务的工作内容及业务运作程序（如入住管理、日常接待、投诉处理、走访回访） （3）了解所管物业小区的特点、人群分布状况和特征、管理的重点与难点，尤其是对小区内的VIP客户和难缠客户非常了解 （4）掌握各类物业文书的格式、写作方法与注意事项 （5）掌握员工管理的方法、员工激励的方法与技巧	
工作能力	50分	（1）客户关系管理与维护能力：具有亲和力，娴熟地与各类客户有效沟通，并能通过对客户资料与客户需求的深入分析，解决客户关系管理与维护中的深层次问题，有力促进客户满意度的提高 （2）计划能力：根据公司总部/管理处的规划或部署，明确客服部的工作任务和改进方向，能制订客服部的工作计划，清楚地确定客服部的工作目标、行动步骤、方案和完成时间 （3）组织能力：善于获取上级与周围同事支持，整合可利用资源，合理分工、理顺内部关系、建立明确目标，带领一个客服部高效、有效地完成工作任务 （4）控制能力：能基于客服部的工作目标与工作计划展开工作，监控、检查过程，解决客户服务工作中存在的问题，完成工作计划 （5）辅导教练能力：实施并监控对下属的客服专员的培训开发活动，当条件变化时采取适当的调整措施，以确保培训活动的有效开展，员工专业能力提升迅速	
职业素养	25分	（1）责任心：对工作精益求精，力求一次性做到完美 （2）服务意识：以内外部顾客需求为导向，改善工作流程、方法以提升服务质量，为客户提供全面的服务，服务质量好，客户满意度高 （3）成本意识：能关注客户服务中成本管理的关键性节点，积极参与改进，带领或影响身边的同事 （4）安全意识：高度重视安全工作，能主动宣传物业管理中的安全管理制度，帮助同事、业主（用户）提高安全意识、做好安全防护，发现安全缺陷和漏洞，能及时报告，并提出改进措施与建议	

（续表）

<table>
<tr><th>测评要素</th><th>分值</th><th>测评标准</th><th>测评得分</th></tr>
<tr><td>职业素养</td><td>25分</td><td>（5）主动性：提前思考、主动安排自己的工作计划，并将之主动与上级沟通、协商、确定，按计划推进、完成工作任务；对工作问题提前预测，做好防范，并妥善处理各类问题；能积极主动地协助同事完成职责范围以外的其他工作</td><td></td></tr>
<tr><td colspan="3">等级标准：
优秀：90分以上；良好：75～89分；
一般：60～74分；不合格：60分以下</td><td>综合测评分值</td></tr>
<tr><td colspan="3">测评级别：
A：超过了标准　　　　B：完全达到了标准
C：大部分达到了标准　D：基本达到了标准
E：未能达到标准</td><td rowspan="2">直接领导人：

人力资源部负责人：

审批：</td></tr>
<tr><td colspan="3">计分方式：
（1）等级比值：A等比值为1.0；B等比值为0.8；C等比值为0.6；D等比值为0.3；E等比值为0
（2）得分的计算公式：得分=配分×等级比值</td></tr>
</table>

三、工程主管素质测评

工程主管素质测评如下表所示。

工程主管素质测评表

岗位：工程主管　　　　　　　　　　　　在岗人员：

测评要素	分值	测评标准	测评得分
知识	25分	（1）了解物业管理的相关法律、法规、物业管理知识 （2）对所管物业小区的设施设备及其构成有充分的了解，对工作范围内的住宅、写字楼项目供水、供电、消防设施（设备）、楼宇智能化系统、停车场收费系统的维修养护频率、保养标准等了如指掌 （3）熟练掌握设备设施紧急故障的处理方法和措施 （4）对工程部在前期介入、接管验收、入住、装修管理、创优等工作中的职责与要求了如指掌 （5）掌握员工管理的方法、员工激励的方法与技巧	

（续表）

测评要素	分值	测评标准	测评得分
工作能力	50分	（1）计划能力：根据公司总部/管理处的规划或部署，明确工程组的工作任务和改进方向，能制订工程组的工作计划，清楚地确定工程组的工作目标、行动步骤、方案和完成时间 （2）组织能力：善于获取上级与周围同事支持，整合可利用资源，合理分工、理顺内部关系、建立明确目标，带领一个工程组高效、有效地完成工作任务 （3）控制能力：能基于工程组的工作目标与工作计划展开工作，监控、检查过程，解决设施设备维保、上门维修服务中存在的问题，完成工作计划 （4）专业能力：本身就是一位技术顾问，主动提供个人的专业知识，寻找机会帮助人们解决技术难题或提升员工技能 （5）辅导教练能力：实施并监控对下属的工程技术人员的培训开发活动，当条件变化时采取适当的调整措施，以确保培训活动的有效开展，员工专业能力提升迅速	
职业素养	25分	（1）责任心：对工作精益求精，力求一次性做到完美 （2）服务意识：以内外部顾客需求为导向，改善工程组的工作流程、方法以提升服务质量，为客户提供全面的服务，服务质量好，客户满意度高 （3）成本意识：能关注设施设备维保服务中成本管理的关键性节点，并积极参与改进，带领或影响身边的同事 （4）安全意识：高度重视安全工作，能主动宣传安全管理制度，帮助同事、业主（用户）提高安全意识、做好安全防护，发现安全缺陷和漏洞，能及时报告，并提出改进措施与建议 （5）主动性：提前思考、主动安排自己的工作计划，并将之主动与上级沟通、协商、确定，按计划推进、完成工作任务；对工作问题提前预测，做好防范，并妥善处理各类问题；能积极主动地协助同事完成职责范围以外的其他工作	
等级标准： 优秀：90分以上；良好：75～89分； 一般：60～74分；不合格：60分以下		综合测评分值	
测评级别： A：超过了标准　　B：完全达到了标准 C：大部分达到了标准　　D：基本达到了标准 E：未能达到标准		直接领导人：	

（续表）

计分方式： （1）等级比值：A等比值为1.0；B等比值为0.8；C等比值为0.6；D等比值为0.3；E等比值为0 （2）得分的计算公式：得分=配分×等级比值	人力资源部负责人： 审批：

四、行政主管素质测评

行政主管素质测评如下表所示。

行政主管素质测评表

岗位：行政主管　　　　　　　　　　　　　　　　　在岗人员：

测评要素	分值	测评标准	测评得分
知识	20分	（1）具备行政管理知识，能熟练地写作各种公务文书 （2）掌握企业管理的基础知识及人际关系基本技巧 （3）了解物业管理基本知识，熟练掌握物业管理的法律、法规知识，尤其对《中华人民共和国物权法》《物业管理条例》《业主大会规程》等条款了然于胸 （4）掌握员工管理的方法、员工激励的方法与技巧	
工作能力	50分	（1）计划能力：根据公司总部/管理处的规划或部署，明确行政小组的工作任务和改进方向，能制订行政小组的工作计划，清楚地确定工程组的工作目标、行动步骤、方案和完成时间 （2）组织能力：善于获取上级与周围同事支持，整合可利用资源，合理分工、理顺内部关系、建立明确目标，带领行政小组高效、有效地完成工作任务 （3）团队领导：能针对不同的情况，灵活采取不同的激励手段，激发下属的热情；采用各种方式来提高团队的士气，如迅速解雇绩效不佳者，对工作流程进行科学、合理的调整等，以改进团队的工作效率，加强集体向心力 （4）沟通能力：能预见到他人的需要和关注点，根据不同对象采取相应的沟通策略；对不同对象和情境所要求的沟通方式有系统和深入的认识，并能自如地运用和进行灵活调整 （5）关注细节的能力：注意督促下属或配合自己工作的其他人员对工作的各个环节进行多角度、全方位的考虑，确保工作准确无误；能够对他人的工作细节进行要求或检查，发现且纠正其工作中的差错和疏忽等	

（续表）

<table>
<tr><td>测评要素</td><td>分值</td><td>测评标准</td><td>测评得分</td></tr>
<tr><td>职业素养</td><td>30分</td><td>（1）诚信：能用具体的行为或言语来影响同事诚信做事，努力创造诚信的氛围
（2）廉洁：能以身作则，积极引导员工遵循公司行为准则，不贪污、挪用公司财物，或以公司财物、商业机密、专利技术等谋取个人私利
（3）忠诚：忠实于公司，对危害公司利益的行为进行批评与纠正，并采取适当防范措施
（4）保密意识：宣传保密制度，影响身边的同事，随时提醒同事；发现保密制度的缺陷和漏洞，能及时向有关部门报告，并提出完善意见
（5）原则性：能按照公司规章制度来影响同事的行为，并敢于指出、纠正没有按制度办事的行为</td><td></td></tr>
<tr><td colspan="3">等级标准：
优秀：90分以上；良好：75～89分；
一般：60～74分；不合格：60分以下</td><td>综合测评分值</td><td></td></tr>
<tr><td colspan="3">测评级别：
A：超过了标准　　B：完全达到了标准
C：大部分达到了标准　　D：基本达到了标准
E：未能达到标准</td><td colspan="2" rowspan="2">直接领导人：

人力资源部负责人：

审批：</td></tr>
<tr><td colspan="3">计分方式：
（1）等级比值：A等比值为1.0；B等比值为0.8；C等比值为0.6；D等比值为0.3；E等比值为0
（2）得分的计算公式：得分=配分×等级比值</td></tr>
</table>

五、环境主管素质测评

环境主管素质测评如下表所示。

环境主管素质测评表

岗位：环境主管　　　　在岗人员：

测评要素	分值	测评标准	测评得分
知识	25分	（1）了解企业管理基础知识、ISO 14001环境管理体系知识、ISO 9000质量管理体系知识、OHSAS 18001职业健康管理体系知识	

（续表）

测评要素	分值	测评标准	测评得分
知识	25分	（2）掌握园艺绿化基本知识、环境艺术知识和保洁相关基本知识 （3）了解物业管理基本知识、物业管理相关法律、法规知识、装修知识 （4）了解所管物业小区的等级标准、环境管理的标准要求及各项作业的程序 （5）掌握员工管理的方法、员工激励的方法与技巧	
工作能力	50分	（1）计划能力：根据公司总部/管理处的规划或部署，明确环境组的工作任务和改进方向，能制订环境小组的工作计划，清楚地确定环境组的工作目标、行动步骤、方案和完成时间 （2）组织能力：善于获取上级与周围同事支持，整合可利用资源，合理分工、理顺内部关系、建立明确目标，带领环境组高效、有效地完成工作任务 （3）协调沟通力：能妥善处理上下级及同级部门之间的关系；与各项目组、分公司相关职能部门、分包方保持良好沟通 （4）投诉处理能力：能够妥善处理客户有关投诉，令客户满意 （5）突发事件处理能力：能够对本工作范围内进行安全防范，妥善应对各类突发事件	
职业素养	25分	（1）诚信正直：遇到利益诱惑时能够顶住压力，坚持原则；正直廉洁，不凭借权力谋取个人私利 （2）敬业精神：对工作充满激情，甘于奉献，宁愿放弃休息时间也要按时保质保量地完成任务；在工作中遇到困难时不放弃，会努力克服困难完成任务 （3）安全意识：高度重视安全工作，能主动宣传公司安全管理制度，帮助同事提高安全意识、做好安全防护，发现安全缺陷和漏洞，能及时报告，并提出改进措施与建议 （4）服务意识：以内外部顾客需求为导向，改善工作流程、方法以提升服务质量，为客户提供全面的服务，服务质量好，客户满意度高 （5）成本意识：能关注环境管理中成本控制的关键性节点，并积极参与改进，带领或影响身边的同事	
等级标准： 优秀：90分以上；良好：75～89分； 一般：60～74分；不合格：60分以下		综合测评分值	

（续表）

测评级别： A：超过了标准　　B：完全达到了标准 C：大部分达到了标准　D：基本达到了标准 E：未能达到标准	直接领导人： 人力资源部负责人： 审批：
计分方式： （1）等级比值：A等比值为1.0；B等比值为0.8；C等比值为0.6；D等比值为0.3；E等比值为0 （2）得分的计算公式：得分=配分×等级比值	

六、护卫主管素质测评

护卫主管素质测评如下表所示。

护卫主管素质测评表

岗位：护卫主管　　　　在岗人员：

测评要素	分值	测评标准	测评得分
知识	25分	（1）了解物业管理的相关法律、法规，了解物业管理基础知识、企业管理常识 （2）精通护卫专业知识及护卫培训的要领；掌握员工管理、激励的方法与技巧 （3）熟悉有关的消防法规、规章制度及其贯彻落实情况；熟悉义务消防组织建设情况及其防火、灭火能力；熟悉消防设施器材、装备状况 （4）了解所辖小区的物业特点、安防系统、安防重点和难点、周边治安环境、居住人群的状况 （5）了解本部门各岗位的工作职责、程序与标准	
工作能力	50分	（1）控制能力：能基于护卫部的工作目标与工作计划展开工作，监控、检查过程，解决实施护卫工作中存在的问题，完成工作计划 （2）沟通能力：熟练运用沟通技巧，正确宣传公司护卫服务政策，了解护卫员对护卫服务工作的建议和意见 （3）应变能力：及时妥善处理有关消防、治安等方面的紧急及突发事件	

（续表）

<table>
<tr><th>测评要素</th><th>分值</th><th>测评标准</th><th>测评得分</th></tr>
<tr><td>工作能力</td><td>50分</td><td>（4）督导能力：对现有的或潜在的护卫服务问题，能够提出纠正和预防措施，并跟踪实施效果
（5）培养指导能力：发现下属护卫员需要提高的方面，为其安排有针对性的工作任务、培训项目或其他实践机会，并设计工作改进和培训计划，以促进其学习和成长</td><td></td></tr>
<tr><td>职业素养</td><td>25分</td><td>（1）忠诚：忠实于公司，对危害公司利益的行为进行批评与纠正，并采取适当防范措施
（2）团队精神：除完成自己的本职工作，能不计较个人得失，积极协助其他部门和同事共同达成工作目标
（3）服务意识：以内外部顾客需求为导向，改善工作流程、方法以提升服务质量，为客户提供全面的服务，服务质量好，客户满意度高
（4）原则性：能按照公司规章制度来影响同事的行为，并敢于指出、纠正没有按制度办事的行为
（5）分享精神：善于进行信息的资源整合，将自己掌握的信息与经验通过对下属的培训强化信息的推广应用，改进工作</td><td></td></tr>
<tr><td colspan="3">等级标准：
优秀：90分以上；良好：75～89分；
一般：60～74分；不合格：60分以下</td><td>综合测评分值</td><td></td></tr>
<tr><td colspan="3">测评级别：
A：超过了标准　　B：完全达到了标准
C：大部分达到了标准　　D：基本达到了标准
E：未能达到标准</td><td colspan="2" rowspan="2">直接领导人：

人力资源部负责人：

审批：</td></tr>
<tr><td colspan="3">计分方式：
（1）等级比值：A等比值为1.0；B等比值为0.8；C等比值为0.6；D等比值为0.3；E等比值为0
（2）得分的计算公式：得分=配分×等级比值</td></tr>
</table>

七、客户助理素质测评

客户助理素质测评如下页表所示。

客户助理素质测评表

岗位：客户助理　　　　　　　　　　　　　　　　　在岗人员：

<table>
<tr><th>测评要素</th><th>分值</th><th>测评标准</th><th>测评得分</th></tr>
<tr><td>知识</td><td>30分</td><td>（1）了解物业管理基础知识及相关法律、法规基础知识、公共关系知识
（2）掌握客户服务的礼仪礼节与服务相关知识
（3）掌握客户接待技巧、投诉处理技巧
（4）了解客户服务知识，掌握客户服务质量标准，了解客户服务的工作内容及业务运作程序（如入住管理、日常接待、投诉处理、走访回访）
（5）了解所管物业小区的特点、人群分布状况和特征、管理的重点与难点，尤其是对小区内的VIP客户和难缠客户非常了解</td><td></td></tr>
<tr><td>工作能力</td><td>40分</td><td>（1）客户导向：耐心倾听客户的咨询、要求和抱怨，及时回应客户的要求，解决客户的问题；与客户保持沟通，当客户需要帮助的时候可以随时取得联系，关注客户的满意度，提供对客户有帮助的信息
（2）信息收集：面临困难任务时，想到要尽可能收集多方面的信息来解决问题。直接询问相关知情人员，获得现成的信息来源，并花时间汇集资料
（3）学习领悟能力：经常向有经验的人学习好的想法和好的做法；将别人明确表述的经验和做法，应用到工作中
（4）建立关系与协调能力：待人坦诚、友好，在一般情况下能整合双方的资源，完成工作任务，合作关系融洽</td><td></td></tr>
<tr><td>职业素养</td><td>30分</td><td>（1）责任心：能够严格按照客户服务的工作标准完成工作目标，对本职工作负责到底，工作中从不推卸责任
（2）服务意识：根据客服的工作职责提供必要的服务，理解客户的需要，客户满意度较好
（3）成本意识：熟悉公司成本管理制度与客服岗位在公司成本管理流程中的责任与义务，并能够在日常工作中贯彻执行
（4）保密意识：熟悉公司保密制度，明确职责范围内的保密事项，并根据制度采取相应的维护措施
（5）分享精神：在客户服务工作中，能够主动与本部门同事坦诚地进行工作的交流（工作设想及经验、心得）</td><td></td></tr>
<tr><td colspan="3">等级标准：
优秀：90分以上；良好：75～89分；
一般：60～74分；不合格：60分以下</td><td>综合测评分值</td></tr>
</table>

（续表）

测评级别： A：超过了标准　　　B：完全达到了标准 C：大部分达到了标准　D：基本达到了标准 E：未能达到标准	直接领导人： 人力资源部负责人： 审批：
计分方式： （1）等级比值：A等比值为1.0；B等比值为0.8；C等比值为0.6；D等比值为0.3；E等比值为0 （2）得分的计算公式：得分=配分×等级比值	

八、收款员素质测评

收款员素质测评如下表所示。

收款员素质测评表

岗位：收款员　　　　　　　　　　　　　　在岗人员：

测评要素	分值	测评标准	测评得分
知识	30分	（1）了解所在小区的物业收费标准及各项有偿服务、停车费等的收费标准 （2）掌握物业管理费的催收程序、技巧等 （3）掌握本小区的业主、住户的基本情况，包括：姓名、楼层、座号、亲友以及经常交往的社会关系等 （4）掌握统计、会计、物业管理基本知识 （5）掌握客户服务的礼仪礼貌基本知识	
工作能力	30分	（1）客户导向：耐心倾听客户的咨询、要求和抱怨，及时回应客户的要求，解决客户的问题；与客户保持沟通，当客户需要帮助的时候可以随时取得联系，关注客户的满意度，提供对客户有帮助的信息 （2）信息收集：面临物业管理费催收困难时，尽可能收集多方面的信息来解决问题。直接询问相关知情人员，获得现成的信息来源，并花时间汇集资料 （3）学习领悟能力：经常向有经验的人学习好的想法和好的做法；将别人明确表述的经验和做法，应用到工作中	
职业素养	40分	（1）诚信：遵守公司行为准则，工作中不说假话，一旦给客户或同事作出承诺，即能全力以赴，信守诺言	

（续表）

<table>
<tr><th>测评要素</th><th>分值</th><th>测评标准</th><th colspan="2">测评得分</th></tr>
<tr><td>职业素养</td><td>40分</td><td>（2）廉洁：严格遵守公司管理制度，在业务交往中不私自接受对方的礼品
（3）责任心：能够严格按照工作标准完成工作目标，对本职工作负责到底，工作中从不推卸责任
（4）服务意识：根据工作职责提供必要的服务，理解客户的需要，能以客户服务为己任，始终被客户所信任
（5）原则性：严格执行公司规章制度与工作流程，并以身作则</td><td colspan="2"></td></tr>
<tr><td colspan="3">等级标准：
优秀：90分以上；良好：75～89分；
一般：60～74分；不合格：60分以下</td><td>综合测评分值</td><td></td></tr>
<tr><td colspan="3">测评级别：
A：超过了标准　　B：完全达到了标准
C：大部分达到了标准　　D：基本达到了标准
E：未能达到标准</td><td colspan="2" rowspan="2">直接领导人：

人力资源部负责人：

审批：</td></tr>
<tr><td colspan="3">计分方式：
（1）等级比值：A等比值为1.0；B等比值为0.8；C等比值为0.6；D等比值为0.3；E等比值为0
（2）得分的计算公式：得分=配分×等级比值</td></tr>
</table>

九、社区文化专员素质测评

社区文化专员素质测评如下表所示。

社区文化专员素质测评表

岗位：社区文化专员　　　　　　　　　　在岗人员：

测评要素	分值	测评标准	测评得分
知识	25分	（1）了解企业管理、广告设计、新闻传播方面的知识 （2）了解小区业主（用户）的人群特点、文化品位、兴趣爱好等 （3）掌握调查的方法和技巧，通过调查了解业主、住户在想什么，需要得到什么样的文化服务，愿意参加怎样的社区文化活动	

（续表）

测评要素	分值	测评标准	测评得分
知识	25分	（4）掌握社区文化的宣传策划和文案写作方面的技巧 （5）了解本小区社区文化的场所及硬件设施，并懂得如何管理这些设施设备	
工作能力	50分	（1）创新能力：在继承本职位原先的工作做法及成果时，有自己的有效可行的新想法及新点子，并得到同事的认同 （2）策划实施能力：熟悉小区内业主（用户）的文化需求，能进行社区文化活动的策划，社区文化活动百花齐放，能满足不同层次的兴趣爱好，兼顾不同类型的文化品味 （3）客户关系管理与维护能力：能与业主（用户）进行有效沟通，解答疑问，主动帮助解决常规问题，建立比较正常、和谐的工作、业务关系 （4）文案写作能力：了解文案写作的基本知识，并熟悉社区文化活动方案的写作格式，语法正确，能正确地使用语法、词汇和标点符号，经领导修改较少，并能确保他人能理解自己的思想和意图 （5）团队合作：善于与他人合作共事，相互支持，充分发挥各自的优势，保持良好的团队工作氛围	
职业素养	25分	（1）敬业精神：遵守公司的各项规章制度，不迟到早退；认真完成领导交办的工作任务，保证按时交付成果，符合一定的工作标准 （2）责任心：以一种积极主动的姿态处理事情，对职责范围内的工作进展情况及时进行核查，对发现的问题采取必要的行动，以保证工作按要求标准完成 （3）组织承诺：了解并支持社区文化工作的任务和目标；服从上级安排，根据物业小区的需要调整自己的工作，表现出合作的态度 （4）分享精神：在社区文化工作中，能够主动与其他管理处的文化专员坦诚地进行工作的交流（工作设想及经验、心得） （5）成本意识：熟悉公司成本管理制度与社区文化工作在公司成本管理流程中的责任与义务，并能够在日常工作中贯彻执行	
等级标准： 优秀：90分以上；良好：75～89分； 一般：60～74分；不合格：60分以下		综合测评分值	

（续表）

<table>
<tr><td>测评级别：
A：超过了标准　　　　B：完全达到了标准
C：大部分达到了标准　D：基本达到了标准
E：未能达到标准</td><td rowspan="2">直接领导人：

人力资源部负责人：

审批：</td></tr>
<tr><td>计分方式：
（1）等级比值：A等比值为1.0；B等比值为0.8；C等比值为0.6；D等比值为0.3；E等比值为0
（2）得分的计算公式：得分=配分×等级比值</td></tr>
</table>

十、物业管理员素质测评

物业管理员素质测评如下表所示。

物业管理员素质测评表

岗位：物业管理员　　　　　　　　　　　　　　　在岗人员：

测评要素	分值	测评标准	测评得分
知识	30分	（1）了解物业管理基本知识，掌握物业管理相关法律法规知识 （2）了解装修常识，了解本小区范围内常见的装修违规情况，并懂得装修巡查与违规处理的程序 （3）了解基本的统计知识、礼仪知识 （4）了解安全护卫知识、保洁知识、环境艺术知识、园艺绿化基本知识及ISO 14001、ISO 9000、OHSAS 18001知识 （5）掌握本小区的业主（住户）的基本情况，包括：姓名、楼层、座号、亲友以及经常交往的社会关系等	
工作能力	40分	（1）口头表达与沟通能力：能够针对工作事项进行联系或有效的交流 （2）客户导向能力：耐心倾听业主（用户）的咨询、要求和抱怨，及时回应业主（用户）的要求，解决业主（用户）的问题；与业主（用户）保持沟通，当业主（用户）需要帮助的时候可以随时取得联系，关注业主（用户）的满意度，提供对业主（用户）有帮助的信息 （3）信息收集：面临困难任务时，尽可能收集多方面的信息来解决问题。直接询问相关知情人员，获得现成的信息来源，并花时间汇集资料	

（续表）

<table>
<tr><th>测评要素</th><th>分值</th><th>测评标准</th><th>测评得分</th></tr>
<tr><td>工作能力</td><td>40分</td><td>（4）学习领悟能力：经常向有经验的人学习好的想法和好的做法；将别人明确表述的经验和做法，应用到工作中
（5）建立关系与协调能力：待人坦诚、友好，在一般情况下能整合双方的资源，完成工作任务，合作关系融洽</td><td></td></tr>
<tr><td>职业素养</td><td>30分</td><td>（1）敬业精神：遵守公司的各项规章制度，不迟到早退；认真完成领导交办的工作任务，保证按时交付成果，符合一定的工作标准
（2）责任心：以一种积极主动的姿态处理事情，对职责范围内的工作进展情况及时进行核查，对发现的问题采取必要的行动，以保证工作按要求完成
（3）组织承诺：了解并支持物业管理的任务和目标；服从上级安排，根据物业小区的需要调整自己的工作，表现出合作的态度
（4）分享精神：在工作中，能够主动与其他同事坦诚地进行工作的交流（工作设想及经验、心得）
（5）成本意识：遵守企业的节能环保制度，主动节约，并对他人的浪费行为，能够进行提醒或劝阻</td><td></td></tr>
<tr><td colspan="3">等级标准：
优秀：90分以上；良好：75～89分；
一般：60～74分；不合格：60分以下</td><td>综合测评分值</td></tr>
<tr><td colspan="3">测评级别：
A：超过了标准　　B：完全达到了标准
C：大部分达到了标准　　D：基本达到了标准
E：未能达到标准</td><td rowspan="2">直接领导人：

人力资源部负责人：

审批：</td></tr>
<tr><td colspan="3">计分方式：
（1）等级比值：A等比值为1.0；B等比值为0.8；C等比值为0.6；D等比值为0.3；E等比值为0
（2）得分的计算公式：得分=配分×等级比值</td></tr>
</table>

十一、管理处文员素质测评

管理处文员素质测评如下页表所示。

管理处文员素质测评表

岗位：管理处文员　　　　　　　　　　　　　　　　　　　　在岗人员：

测评要素	分值	测评标准	测评得分
知识	30分	（1）了解文化宣传的基本知识 （2）了解物业管理的基本知识及物业管理法律法规知识 （3）掌握基本的行政管理知识 （4）掌握文书档案管理的知识 （5）了解行政管理规章制度及各项事务的处理流程、工作标准	
工作能力	40分	（1）口头表达与沟通能力：能够针对工作事项进行联系或相互简单的交流，思想、内容表达清楚，电话沟通时，具有专业化的电话接听技能，能给对方留下热情又有效率的印象 （2）学习能力：主动并能从工作中不断总结经验，吸取教训，对工作有所改进，遇到新的知识，能去学习，并且积极主动地参加公司安排的有关培训与交流活动 （3）建立关系与协调能力：待人坦诚，友好，在一般情况下能整合双方的资源，完成工作任务，合作关系融洽 （4）客户关系管理与维护能力：能与各类客户有效沟通，解答疑问，主动帮助解决常规问题，建立比较正常、和谐的工作、业务关系 （5）文书写作能力：了解文书写作的基本知识，并熟悉本岗位涉及的商业公文的格式，语法正确，能正确地使用语法、词汇和标点符号，经领导修改较少，并能确保他人能理解自己的思想和意图	
职业素养	30分	（1）敬业精神：遵守公司的各项规章制度，不迟到早退；认真完成领导交办的工作任务，保证按时交付成果，符合一定的工作标准 （2）责任心：以一种积极主动的姿态处理事情，对职责范围内的工作进展情况及时进行核查，对发现的问题采取必要的行动，以保证工作按要求标准完成 （3）组织承诺：了解并支持行政工作的任务和目标；服从上级安排，根据物业小区的需要调整自己的工作，表现出合作的态度 （4）分享精神：在行政工作中，能够主动与其他同事坦诚地进行工作的交流（工作设想及经验、心得） （5）成本意识：熟悉公司成本管理制度与行政工作在公司成本管理流程中的责任与义务，并能够在日常工作中贯彻执行	

（续表）

<table>
<tr><td>等级标准：
优秀：90分以上；良好：75～89分；
一般：60～74分；不合格：60分以下</td><td>综合测评分值</td><td></td></tr>
<tr><td>测评级别：
A：超过了标准　　　　B：完全达到了标准
C：大部分达到了标准　D：基本达到了标准
E：未能达到标准</td><td colspan="2" rowspan="2">直接领导人：

人力资源部负责人：

审批：</td></tr>
<tr><td>计分方式：
（1）等级比值：A等比值为1.0；B等比值为0.8；C等比值为0.6；D等比值为0.3；E等比值为0
（2）得分的计算公式：得分=配分×等级比值</td></tr>
</table>

十二、维修班长素质测评

维修班长素质测评如下表所示。

维修班长素质测评表

岗位：维修班长　　　　　　　　　　　　　　　　在岗人员：

测评要素	分值	测评标准	测评得分
知识	25分	（1）了解相关专业技术理论知识 （2）了解物业管理常识 （3）熟练掌握各类设备基本工作原理、相关操作规程 （4）掌握服务礼仪与技巧，了解安全知识，掌握安全操作规程 （5）掌握员工管理、激励的方法与技巧	
工作能力	50分	（1）计划能力：能合理地安排本职工作，同时能制订所负责的维修小组的工作计划，有问题及时进行反馈 （2）组织能力：在上级的支持与指导下，能够克服一定的政策与资源限制，带领维修小组完成既定的工作任务 （3）领导激励能力：能有效带领、指导、激励维修小组的成员，协调内外部关系，团队和谐、充满激情地完成相对复杂的工作目标 （4）团队管理能力：能够根据维修小组各个成员的特点合理分工，对团队成员在工作过程中能进行工作指导，工作任务完成较出色	

（续表）

<table>
<tr><th>测评要素</th><th>分值</th><th>测评标准</th><th>测评得分</th></tr>
<tr><td>工作能力</td><td>50分</td><td>（5）辅导教练能力：能够根据下属现有的工作绩效、能力水平及组织的发展需要，与下属一起商定其个人发展目标和培训方法、改进措施</td><td></td></tr>
<tr><td>职业素养</td><td>25分</td><td>（1）敬业精神：对工作充满激情，甘于奉献，宁愿放弃休息时间也要按时保质保量地完成任务。在工作中遇到困难时不放弃，会努力克服困难完成任务
（2）责任心：当工作中面临需要同时处理职责内和职责外的任务时，能主动采取应对措施，保证不因为职责以外的任务而影响职责内工作的完成情况
（3）服务意识：以内外部顾客需求为导向，主动提供服务，根据客户的反馈，不断改进服务质量
（4）安全意识：在工作中严格遵守公司安全管理制度，对可能存在安全隐患的地方非常清楚，经常检查其安全状况
（5）节能降耗意识：有强烈的节能意识，不断应用新技术、新办法、新工艺降低能耗</td><td></td></tr>
<tr><td colspan="3">等级标准：
优秀：90分以上；良好：75～89分；
一般：60～74分；不合格：60分以下</td><td>综合测评分值</td><td></td></tr>
<tr><td colspan="3">测评级别：
A：超过了标准　B：完全达到了标准
C：大部分达到了标准　D：基本达到了标准
E：未能达到标准</td><td colspan="2" rowspan="2">直接领导人：

人力资源部负责人：

审批：</td></tr>
<tr><td colspan="3">计分方式：
（1）等级比值：A等比值为1.0；B等比值为0.8；C等比值为0.6；D等比值为0.3；E等比值为0
（2）得分的计算公式：得分=配分×等级比值</td></tr>
</table>

十三、维修技工素质测评

维修技工素质测评如下页表所示。

维修技工素质测评表

岗位：维修技工　　　　　　　　　　　　　　　　在岗人员：

测评要素	分值	测评标准	测评得分
知识	30分	（1）了解相关专业技术理论知识，了解物业管理常识 （2）熟练掌握各类设备基本工作原理、相关操作规程及维护保养标准 （3）掌握本小区内业主（住户）家中常见的房屋本体及设施设备的故障及处理故障的程序、方法、技巧与注意事项 （4）掌握客服服务的礼仪与技巧 （5）了解维修工作的安全隐患及防范的知识，掌握安全操作规程	
工作能力	40分	（1）沟通能力：能够耐心倾听他人的观点，基本把握他人谈话的主旨。能比较完整地表达自己的意见和想法，使对方能够理解 （2）关注细节：对自己的工作要求严格，按照既定的操作规范或上级指示进行，较少出现错误 （3）信息收集能力：面临困难的维修任务时，尽可能收集多方面的信息来解决问题。直接询问相关知情人员，获得现成的信息来源，并花时间汇集资料 （4）学习领悟：经常向有经验的人学习好的想法和好的做法；将别人明确表述的好的经验和做法，应用到工作中	
职业素养	30分	（1）敬业精神：遵守公司的各项规章制度，不迟到早退；认真完成领导交办的工作任务，保证按时交付成果，符合一定的工作标准 （2）责任心：以一种积极主动的姿态处理事情，对职责范围内的工作进展情况及时进行核查，对发现的问题采取必要的行动，以保证工作按要求完成 （3）服务意识：根据客服的工作职责提供必要的服务，理解客户的需要，客户满意度较好	
等级标准： 优秀：90分以上；良好：75～89分； 一般：60～74分；不合格：60分以下		综合测评分值	
测评级别： A：超过了标准　B：完全达到了标准 C：大部分达到了标准　D：基本达到了标准 E：未能达到标准		直接领导人：	

（续表）

计分方式： （1）等级比值：A等比值为1.0；B等比值为0.8；C等比值为0.6；D等比值为0.3；E等比值为0 （2）得分的计算公式：得分=配分×等级比值	人力资源部负责人： 审批：

十四、运行班长素质测评

运行班长素质测评如下表所示。

运行班长素质测评表

岗位：运行班长　　　　　　　　　　　　　　　　　　　在岗人员：

测评要素	分值	测评标准	测评得分
知识	25分	（1）了解相关专业技术理论知识 （2）了解物业管理常识 （3）熟练掌握各类设备基本工作原理、相关操作规程 （4）了解物业小区内各类设施设备的构成，熟知各类设备间的运行环境要求，设施设备的运行参数、维护保养标准、安全知识 （5）掌握员工管理、激励的方法与技巧	
工作能力	50分	（1）计划能力：能合理地安排本职工作，同时能制订所负责的运行小组的工作计划，有问题及时进行反馈 （2）组织能力：在上级的支持与指导下，能够克服一定的政策与资源限制，带领运行小组完成既定的工作任务 （3）领导激励能力：能有效带领、指导、激励运行小组的成员，协调内外部关系，团队和谐、充满激情地完成相对复杂的工作目标 （4）团队管理能力：能够根据运行小组各个成员的特点合理分工，团队成员在工作过程中能进行工作指导，工作任务完成较出色 （5）辅导教练能力：能够根据下属现有的工作绩效、能力水平及组织的发展需要，与下属一起商定其个人发展目标和培训方法、改进措施	
职业素养	25分	（1）敬业精神：对工作充满激情，甘于奉献，宁愿放弃休息时间也要按时保质保量地完成任务。在工作中遇到困难时不放弃，会努力克服困难完成任务	

（续表）

<table>
<tr><th>测评要素</th><th>分值</th><th colspan="2">测评标准</th><th>测评得分</th></tr>
<tr><td>职业素养</td><td>25分</td><td colspan="2">（2）责任心：当工作中面临需要同时处理职责内和职责外的任务时，能主动采取应对措施，保证不因为职责以外的任务而影响职责内工作的完成情况
（3）服务意识：以内外部顾客需求为导向，主动提供服务，根据客户的反馈，不断改进服务质量
（4）安全意识：在工作中严格遵守公司安全管理制度，对可能存在安全隐患的地方非常清楚，经常检查其安全状况
（5）节能降耗意识：有强烈的节能意识，不断应用新技术、新办法、新工艺降低能耗</td><td></td></tr>
<tr><td colspan="3">等级标准：
优秀：90分以上；良好：75～89分；
一般：60～74分；不合格：60分以下</td><td>综合测评分值</td><td></td></tr>
<tr><td colspan="3">测评级别：
A：超过了标准　　B：完全达到了标准
C：大部分达到了标准　　D：基本达到了标准
E：未能达到标准</td><td colspan="2" rowspan="2">直接领导人：

人力资源部负责人：

审批：</td></tr>
<tr><td colspan="3">计分方式：
（1）等级比值：A等比值为1.0；B等比值为0.8；C等比值为0.6；D等比值为0.3；E等比值为0
（2）得分的计算公式：得分=配分×等级比值</td></tr>
</table>

十五、运行技工素质测评

运行技工素质测评如下表所示。

运行技工素质测评表

岗位：运行技工　　　　　　　　　　　　在岗人员：

测评要素	分值	测评标准	测评得分
知识	30分	（1）了解相关专业技术理论知识，了解物业管理常识 （2）熟练掌握各类设备基本工作原理、相关操作规程、安全知识 （3）了解物业小区内各类设施设备的构成，熟知各类设备间的运行环境要求、设施设备的运行参数、维护保养标准	

（续表）

<table>
<tr><th>测评要素</th><th>分值</th><th colspan="2">测评标准</th><th>测评得分</th></tr>
<tr><td>工作能力</td><td>40分</td><td colspan="2">（1）沟通能力：能够耐心倾听他人的观点，基本把握他人谈话的主旨。能比较完整地表达自己的意见和想法，使对方能够理解
（2）关注细节：对自己的工作要求严格，都会按照既定的操作规范或上级指示进行，较少出现错误
（3）信息收集能力：面临困难的维修任务时，尽可能收集多方面的信息来解决问题。直接询问相关知情人员，获得现成的信息来源，并花时间汇集资料
（4）学习领悟：经常向有经验的人学习好的想法和好的做法；将别人明确表述的好的经验和做法，应用到工作中</td><td></td></tr>
<tr><td>职业素养</td><td>30分</td><td colspan="2">（1）敬业精神：遵守公司的各项规章制度，不迟到早退；认真完成领导交办的工作任务，保证按时交付成果，符合一定的工作标准
（2）责任心：以一种积极主动的姿态处理事情，对职责范围内的工作进展情况及时进行核查，对发现的问题采取必要的行动，以保证工作按要求标准完成
（3）服务意识：根据客服的工作职责提供必要的服务，理解客户的需要，客户满意度较好</td><td></td></tr>
<tr><td colspan="3">等级标准：
优秀：90分以上；良好：75～89分；
一般：60～74分；不合格：60分以下</td><td>综合测评分值</td><td></td></tr>
<tr><td colspan="3">测评级别：
A：超过了标准　　B：完全达到了标准
C：大部分达到了标准　　D：基本达到了标准
E：未能达到标准</td><td colspan="2" rowspan="2">直接领导人：

人力资源部负责人：

审批：</td></tr>
<tr><td colspan="3">计分方式：
（1）等级比值：A等比值为1.0；B等比值为0.8；C等比值为0.6；D等比值为0.3；E等比值为0
（2）得分的计算公式：得分=配分×等级比值</td></tr>
</table>

十六、绿化班长素质测评

绿化班长素质测评如下页表所示。

绿化班长素质测评表

岗位：绿化班长　　　　　　　　　　　　　　　　　　　　在岗人员：

测评要素	分值	测评标准	测评得分
知识	25分	（1）熟悉住宅区的绿化地面积和布局　充分利用和发展绿化地面积，并且合理布置花草树木的品种和数量 （2）熟悉花草树木的品种、名称、特性和培植方法，以及养护的频次、标准及要求 （3）掌握基本的物业管理知识 （4）掌握各类园林器械的使用方法 （5）掌握员工管理和激励的方法、技巧	
工作能力	50分	（1）计划能力：能合理地安排本职工作，同时能制订所负责的绿化小组的工作计划，有问题及时进行反馈 （2）组织能力：在上级的支持与指导下，能够克服一定的政策与资源限制，带领绿化小组完成既定的工作任务 （3）领导激励能力：能有效带领、指导、激励绿化小组，协调内外部关系，团队和谐、充满激情地完成相对复杂的工作目标 （4）团队管理能力：能够根据绿化小组的成员特点合理分工，对团队成员在工作过程中能进行工作指导，工作任务完成较出色 （5）辅导教练能力：能够根据下属绿化工作现有的工作绩效、能力水平及组织的发展需要，与下属一起商定其个人发展目标和培训方法、改进措施	
职业素养	25分	（1）敬业精神：对工作充满激情，甘于奉献，宁愿放弃休息时间也要按时保质保量地完成任务。在工作中遇到困难时不放弃，会努力克服困难完成任务 （2）责任心：当工作中面临需要同时处理职责内和职责外的任务时，能主动采取应对措施，保证不因为职责以外的任务而影响职责内工作的完成情况 （3）服务意识：以内外部顾客需求为导向，主动提供服务，根据客户的反馈，不断改进服务质量 （4）安全意识：在工作中严格遵守公司安全管理制度，对可能存在安全隐患的地方非常清楚，经常检查其安全状况 （5）节能降耗意识：有强烈的节能意识，不断应用新技术、新办法、新工艺来降低绿化工作中的能耗	
等级标准： 优秀：90分以上；良好：75～89分； 一般：60～74分；不合格：60分以下		综合测评分值	

（续表）

<table>
<tr><td>测评级别：
A：超过了标准　　B：完全达到了标准
C：大部分达到标准　D：基本达到标准
E：未能达到标准</td><td rowspan="2">直接领导人：

人力资源部负责人：

审批：</td></tr>
<tr><td>计分方式：
（1）等级比值：A等比值为1.0；B等比值为0.8；C等比值为0.6；D等比值为0.3；E等比值为0
（2）得分的计算公式：得分=配分×等级比值</td></tr>
</table>

十七、绿化工素质测评

绿化工素质测评如下表所示。

绿化工素质测评表

岗位：绿化工　　　　在岗人员：

测评要素	分值	测评标准	测评得分
知识	30分	（1）掌握园林绿化常识、基本的物业管理知识 （2）掌握本小区的绿化草地、树木的面积，认识各类植物的品种、习性，掌握绿化养护的频次、标准及要求 （3）掌握各类园林器械的使用方法、操作规程及安全注意事项	
工作能力	40分	（1）沟通能力：能够耐心倾听他人的观点，基本把握他人谈话的主旨。能比较完整地表达自己的意见和想法，使对方能够理解 （2）关注细节：对自己的工作要求严格，按照既定的操作规范或上级指示进行，未出现错误 （3）客户导向：耐心倾听客户的咨询、要求和抱怨，及时回应客户的要求，解决客户的问题；与客户保持沟通，当客户需要帮助的时候可以随时取得联系，关注客户的满意度，提供对客户有帮助的信息 （4）自控能力：在感觉到强烈的感情（例如：发怒、极其沮丧或高度压力）时，能抑制感情不要表现出来	
职业素养	30分	（1）诚信：遵守公司行为准则，工作中不说假话，一旦给客户或同事作出承诺，即能全力以赴，信守诺言 （2）责任心：能够严格按照工作标准完成工作目标，对本职工作负责到底，工作中从不推卸责任、不上交矛盾，失误较少	

（续表）

测评要素	分值	测评标准	测评得分
职业素养	30分	（3）服务意识：根据工作职责提供必要的服务，理解客户的需要，客户满意度较好 （4）安全意识：熟悉公司安全制度，对安全事项比较重视，并采取了相应预防措施 （5）成本意识：熟悉公司节能降耗制度，及本岗位在成本管理流程中的责任与义务，并能够在日常工作中贯彻执行	
等级标准： 优秀：90分以上；良好：75～89分； 一般：60～74分；不合格：60分以下		综合测评分值	
测评级别： A：超过了标准　　B：完全达到了标准 C：大部分达到标准　D：基本达到标准 E：未能达到标准		直接领导人： 人力资源部负责人： 审批：	
计分方式： （1）等级比值：A等比值为1.0；B等比值为0.8；C等比值为0.6；D等比值为0.3；E等比值为0 （2）得分的计算公式：得分=配分×等级比值			

十八、保洁班长素质测评

保洁班长素质测评如下表所示。

保洁班长素质测评表

岗位：保洁班长　　　　　　　　　　　　　　在岗人员：

测评要素	分值	测评标准	测评得分
知识	25分	（1）掌握本小区保洁区域的特点、保洁要求、频次及质量标准 （2）掌握基本的物业管理知识 （3）掌握各类保洁器械的使用方法及维保方法，了解各种清洁剂的调配比例及方法 （4）掌握安全操作规程及各项保洁操作规程 （5）掌握员工管理和激励的方法、技巧	

（续表）

<table>
<tr><th>测评要素</th><th>分值</th><th>测评标准</th><th>测评得分</th></tr>
<tr><td>工作能力</td><td>50分</td><td>（1）计划能力：能合理地安排本职工作，同时能制订所负责的保洁小组的工作计划，有问题及时进行反馈
（2）组织能力：在上级的支持与指导下，能够克服一定的政策与资源限制，带领保洁小组完成既定的工作任务
（3）领导激励能力：能有效带领、指导、激励保洁小组，协调内外部关系，团队和谐、充满激情地完成相对复杂的工作目标
（4）团队管理能力：能够根据保洁小组的成员特点合理分工，团队成员在工作过程中能进行工作指导，工作任务完成较出色
（5）辅导教练能力：能够根据保洁员现有的工作绩效、能力水平及组织的发展需要，与下属一起商定其个人发展目标和培训方法、改进措施</td><td></td></tr>
<tr><td>职业素养</td><td>25分</td><td>（1）敬业精神：对工作充满激情，甘于奉献，宁愿放弃休息时间也要按时保质保量地完成任务。在工作中遇到困难时不放弃，会努力克服困难完成任务
（2）责任心：当工作中面临需要同时处理职责内和职责外的任务时，能主动采取应对措施，保证不因为职责以外的任务而影响职责内工作的完成情况
（3）服务意识：以内外部顾客需求为导向，主动提供服务，根据客户的反馈，不断改进服务质量
（4）安全意识：在保洁工作中严格遵守公司安全管理制度，对可能存在安全隐患的地方非常清楚，经常检查其安全状况
（5）节能降耗意识：有强烈的节能意识，不断应用新技术、新办法、新工艺来降低保洁工作中的能耗</td><td></td></tr>
<tr><td colspan="3">等级标准：
优秀：90分以上；良好：75～89分；
一般：60～74分；不合格：60分以下</td><td>综合测评
分值</td></tr>
<tr><td colspan="3">测评级别：
A：超过了标准　　B：完全达到了标准
C：大部分达到标准　D：基本达到标准
E：未能达到标准</td><td rowspan="2">直接领导人：

人力资源部负责人：

审批：</td></tr>
<tr><td colspan="3">计分方式：
（1）等级比值：A等比值为1.0；B等比值为0.8；C等比值为0.6；D等比值为0.3；E等比值为0
（2）得分的计算公式：得分=配分×等级比值</td></tr>
</table>

十九、保洁员素质测评

保洁员素质测评如下表所示。

保洁员素质测评表

岗位：保洁员　　　　　　　　　　　　　　　　　在岗人员：

测评要素	分值	测评标准	测评得分
知识	30分	（1）熟悉各自分工及所负责责任区内的保洁卫生频次、质量标准 （2）掌握保洁器械的操作方法及简单的维护保养方法，了解各种清洁剂的调配比例及方法 （3）掌握不同材质物品的保洁要求、使用的清洁剂种类及操作程序和安全事项	
工作能力	40分	（1）沟通能力：能够耐心倾听他人的观点，基本把握他人谈话的主旨。能比较完整地表达自己的意见和想法，使对方能够理解 （2）关注细节：对自己的工作要求严格，按照既定的操作规范或上级指示进行，未出现错误 （3）客户导向：耐心倾听客户的咨询、要求和抱怨，及时回应客户的要求，解决客户的问题；与客户保持沟通，当客户需要帮助的时候可以随时取得联系，关注客户的满意度，提供对客户有帮助的信息 （4）自控能力：在感觉到强烈的感情（例如：发怒、极其沮丧或高度压力）时，能抑制其表现出来	
职业素养	30分	（1）诚信：遵守公司行为准则，工作中不说假话，一旦给客户或同事作出承诺，即能全力以赴，信守诺言 （2）责任心：能够严格按照工作标准完成工作目标，对本职工作负责到底，工作中从不推卸责任、不上交矛盾，失误较少 （3）服务意识：根据工作职责提供必要的服务，理解客户的需要，客户满意度较好 （4）安全意识：熟悉公司安全制度，对安全事项比较重视，并采取相应预防措施 （5）成本意识：熟悉公司节能降耗制度，及本岗位在成本管理流程中的责任与义务，并能够在日常工作中贯彻执行	
等级标准： 优秀：90分以上；良好：75～89分； 一般：60～74分；不合格：60分以下		综合测评分值	

（续表）

<table>
<tr><td>测评级别：
A：超过了标准　　　　B：完全达到了标准
C：大部分达到了标准　D：基本达到了标准
E：未能达到标准</td><td rowspan="2">直接领导人：

人力资源部负责人：

审批：</td></tr>
<tr><td>计分方式：
（1）等级比值：A等比值为1.0；B等比值为0.8；C等比值为0.6；D等比值为0.3；E等比值为0
（2）得分的计算公式：得分=配分×等级比值</td></tr>
</table>

二十、护卫班长素质测评

护卫班长素质测评如下表所示。

护卫班长素质测评表

岗位：护卫班长　　　　　　　　　　　　在岗人员：

测评要素	分值	测评标准	测评得分
知识	25分	（1）了解物业管理的相关法律、法规 （2）了解物业管理基础知识、企业管理常识 （3）精通护卫专业知识 （4）掌握员工管理、员工激励的方法与技巧 （5）了解所辖小区的物业特点、安防系统、安防重点和难点、周边治安环境、居住人群的状况	
工作能力	50分	（1）计划能力：能合理地安排本职工作，同时能制订所负责的护卫小组的工作计划，有问题及时进行反馈 （2）控制能力：能基于护卫部的工作目标与工作计划展开工作，监控、检查过程，解决实施护卫工作中存在的问题，完成工作计划 （3）辅导教练能力：能够根据下属护卫员现有的工作绩效、能力水平及企业的发展需要，与下属一起商定其个人发展目标和培训方法、改进措施 （4）沟通能力：熟练运用沟通技巧，正确宣传公司护卫服务政策，了解护卫员对护卫服务工作的建议和意见 （5）应变能力：及时妥善处理有关消防、治安等方面的紧急及突发事件	

（续表）

<table>
<tr><th>测评要素</th><th>分值</th><th colspan="2">测评标准</th><th>测评得分</th></tr>
<tr><td>职业素养</td><td>25分</td><td colspan="2">（1）诚信：实事求是地发表自己对问题的真实看法，工作中不说假话，而且对承诺的事情能勇于承担责任
（2）责任心：对待工作不怕烦琐、有耐心，考虑问题与做事细致、周到
（3）服务意识：以内外部顾客需求为导向，主动提供服务，根据客户的反馈，不断改进服务质量
（4）安全意识：在工作中严格遵守公司安全管理制度，对可能存在安全隐患的地方非常清楚，经常检查其安全状况
（5）主动性：对自己的工作大致有思考，上级安排任务时能有效配合确定工作计划，并按计划完成工作任务；同时，能积极处理工作中出现的各种问题，需要请示上级支持时也能按程序办理</td><td></td></tr>
<tr><td colspan="3">等级标准：
优秀：90分以上；良好：75～89分；
一般：60～74分；不合格：60分以下</td><td>综合测评分值</td><td></td></tr>
<tr><td colspan="3">测评级别：
A：超过了标准　　B：完全达到了标准
C：大部分达到标准　D：基本达到标准
E：未能达到标准</td><td colspan="2" rowspan="2">直接领导人：

人力资源部负责人：

审批：</td></tr>
<tr><td colspan="3">计分方式：
（1）等级比值：A等比值为1.0；B等比值为0.8；C等比值为0.6；D等比值为0.3；E等比值为0
（2）得分的计算公式：得分=配分×等级比值</td></tr>
</table>

二十一、大堂岗护卫员素质测评

大堂岗护卫员素质测评如下表所示。

大堂岗护卫员素质测评表

岗位：大堂岗护卫员　　　　　　　　　　在岗人员：

测评要素	分值	测评标准	测评得分
知识	25分	（1）熟练掌握业主、住户的基本情况，包括：姓名、楼层、座号、亲友以及经常交往的社会关系等	

（续表）

测评要素	分值	测评标准	测评得分
知识	25分	（2）熟练掌握各种报警、监控、对讲、电梯、电脑及电子门锁等设施、设备的操作规程 （3）善于发现可疑人员，并能及时正确处理各种突发事件 （4）掌握各项安全管理制度、急救技术、火场救人方法 （5）掌握各项业务技能，特别是搏击技术、制敌技术、驾驶技术以及保安人员防御性械具的使用等	
身体素质	20分	（1）健壮的体格：保安员的身体标准为体型匀称、相貌端正；反应灵活、动作敏捷；身体强健、有较强的适应环境的能力；有良好的视力，裸眼视力应在5.0以上；无残疾、无重听、无口吃、无色盲、无色弱 （2）良好的体能：在职业活动中，要比常人的活动速度更快，力量更大，耐力更强，灵敏度和柔韧度更高	
工作能力	30分	（1）观察能力：对大堂周围的治安环境了如指掌，仔细观察和发现岗位周围所存在的安全隐患，采取科学合理的方法解决所存在的问题，对可能会发生的问题要有超前的预见性 （2）快速解决问题的能力：在处理和解决问题时，能从容应对，迅速判断分析和适时处理问题，处理问题的方法和措施要得当，确保各类突发事件得以及时、有效的控制 （3）理解力：能够正确地理解上级的指示及公司的各项规章制度并予以严格执行 （4）客户服务技能：能运用客户服务技巧，为业主（用户）和来访客人提供高质量的服务 （5）团队合作能力：善于与其他护卫岗位的护卫员合作共事，相互支持，充分发挥各自的优势，保持良好的团队工作氛围	
职业素养	25分	（1）责任心：能够严格按照大堂护卫岗的工作标准完成工作目标，对本职工作负责到底，工作中从不推卸责任 （2）服务意识：根据大堂护卫岗的职责为业主（用户）提供必要的服务，理解业主（用户）的需要，业主（用户）满意度较高 （3）保密意识：熟悉公司的保密制度，了解职责范围内的保密事项，并根据制度采取相应的维护措施 （4）安全意识：熟悉公司各项公司安全制度，对大堂的安全事项非常重视，并采取了相应预防措施	

（续表）

测评要素	分值	测评标准	测评得分
职业素养	25分	（5）原则性：严格执行公司的各项规章制度与大堂岗各项工作的工作流程，并以身作则	
等级标准： 优秀：90分以上；良好：75～89分； 一般：60～74分；不合格：60分以下		综合测评分值	
测评级别： A：超过了标准　B：完全达到了标准 C：大部分达到标准　D：基本达到标准 E：未能达到标准		直接领导人： 人力资源部负责人： 审批：	
计分方式： （1）等级比值：A等比值为1.0；B等比值为0.8；C等比值为0.6；D等比值为0.3；E等比值为0 （2）得分的计算公式：得分=配分×等级比值			

二十二、车库岗护卫员素质测评

车库岗护卫员素质测评如下表所示。

车库岗护卫员素质测评表

岗位：车库岗护卫员　　　　在岗人员：

测评要素	分值	测评标准	测评得分
知识	25分	（1）熟知车主姓名、楼层、座号，车牌号及车况，熟练掌握电视监控、车挡器、对讲、报警、消防等设备、设施的操作规程 （2）掌握填写各种表格、记录的方法、要求，了解车库（场）内可能出现的各种问题及处理的方法 （3）会交通指挥手势，会驾驶车辆 （4）掌握各项安全管理制度、急救技术、火场救人方法 （5）掌握各项业务技能，特别是搏击技术、制敌技术、驾驶技术以及保安人员防御性械具的使用等	
身体素质	20分	（1）健壮的体格：保安员的身体标准为体型匀称、相貌端正；反应灵活、动作敏捷；身体强健、有较强的适应环境的能力；有良好的视力，裸眼视力应在5.0以上；无残疾、无重听、无口吃、无色盲、无色弱	

（续表）

<table>
<tr><th>测评要素</th><th>分值</th><th colspan="2">测评标准</th><th>测评得分</th></tr>
<tr><td>身体素质</td><td>20</td><td colspan="2">（2）良好的体能：在职业活动中，要比常人的行动速度更快，力量更大，耐力更强，灵敏度和柔韧度更高</td><td></td></tr>
<tr><td>工作能力</td><td>30分</td><td colspan="2">（1）判断能力：在停车场管理工作中，能够准确地判断事物的性质及状况并作出及时、准确的反应
（2）理解力：能够正确地理解上级的指示及公司的各项规章制度并予以严格执行
（3）客户服务技能：能运用客户服务技巧，为车主提供高质量的服务
（4）团队合作能力：善于与他人合作共事，相互支持，充分发挥各自的优势，保持良好的团队工作氛围
（5）突发事件处理能力：具备工作范围内的安全防范技能，了解车库中常见的突发事件并能妥善处理</td><td></td></tr>
<tr><td>职业素养</td><td>25分</td><td colspan="2">（1）责任心：能够严格按照车库管理的工作标准完成工作目标，对本职工作负责到底，工作中从不推卸责任
（2）服务意识：根据车库管理职责为车主提供必要的服务，理解车主的需要，车主满意度较好
（3）保密意识：熟悉公司的保密制度，了解职责范围内的保密事项，并根据制度采取相应的维护措施
（4）安全意识：熟悉公司各项安全制度，对车库的安全事项非常重视，并采取了相应预防措施
（5）原则性：严格执行公司的各项规章制度与车库工作流程，并以身作则</td><td></td></tr>
<tr><td colspan="3">等级标准：
优秀：90分以上；良好：75～89分；
一般：60～74分；不合格：60分以下</td><td>综合测评分值</td><td></td></tr>
<tr><td colspan="3">测评级别：
A：超过了标准　　B：完全达到了标准
C：大部分达到标准　D：基本达到标准
E：未能达到标准</td><td colspan="2" rowspan="2">直接领导人：

人力资源部负责人：

审批：</td></tr>
<tr><td colspan="3">计分方式：
（1）等级比值：A等比值为1.0；B等比值为0.8；C等比值为0.6；D等比值为0.3；E等比值为0
（2）得分的计算公式：得分=配分×等级比值</td></tr>
</table>

二十三、巡逻岗护卫员素质测评

巡逻岗护卫员素质测评如下表所示。

巡逻岗护卫员素质测评表

岗位：巡逻岗护卫员　　　　在岗人员：

测评要素	分值	测评标准	测评得分
知识	25分	（1）熟练掌握大厦的基本情况，包括楼宇结构、防盗、消防设备、设施的具体位置，操作规程，发电机房，配电房、水泵房、消防控制中心等重点防范部位的状况等 （2）熟练掌握巡逻打卡钟的操作方法 （3）了解大厦业主、住户的基本情况，熟悉车场停车的基本情况和变化情况 （4）掌握消防管理制度、辖区内的消防重点、灭火的方法、火场救人的方法及急救技术 （5）掌握各项业务技能，特别是搏击技术、制敌技术、驾驶技术以及保安人员防御性械具的使用等	
身体素质	20分	（1）健壮的体格：保安员的身体标准为体型匀称、相貌端正；反应灵活、动作敏捷；身体强健、有较强的适应环境的能力；有良好的视力，裸眼视力应在5.0以上；无残疾、无重听、无口吃、无色盲、无色弱 （2）良好的体能：在职业活动中，要比常人的行动速度更快，力量更大，耐力更强，灵敏度和柔韧度更高	
工作能力	30分	（1）观察能力：对物业小区的治安环境了如指掌，仔细观察和发现巡逻区域所存在的安全隐患，采取科学合理的方法解决所存在的问题，对可能会发生的问题要有超前的预见性 （2）快速解决问题的能力：在巡逻过程中，遇到意外和突发事件时，能从容应对，迅速判断分析和适时处理问题，处理问题的方法和措施要得当，确保各类突发事件得以及时、有效的控制 （3）理解力：能够正确地理解上级的指示及公司的各项规章制度并予以严格执行 （4）客户服务技能：能运用客户服务技巧，为业主（用户）提供高质量的服务 （5）团队合作能力：善于与其他护卫岗位的护卫员合作共事，相互支持，充分发挥各自的优势，保持良好的团队工作氛围	

（续表）

测评要素	分值	测评标准	测评得分
职业素养	25分	（1）责任心：能够严格按照巡逻护卫岗的工作标准完成工作目标，对本职工作负责到底，工作中从不推卸责任 （2）服务意识：根据巡逻护卫岗的职责为业主（用户）提供必要的服务，理解业主（用户）的需要，业主（用户）满意度较高 （3）保密意识：熟悉公司的保密制度，了解巡逻职责范围内的保密事项，并根据制度采取相应的维护措施 （4）安全意识：熟悉公司各项安全制度，对物业小区内的安全难点、重点部位的安全尤其重视，并积极地增加巡逻频次 （5）原则性：严格执行公司的各项规章制度与工作流程，并以身作则	
等级标准： 优秀：90分以上；良好：75～89分； 一般：60～74分；不合格：60分以下		综合测评分值	
测评级别： A：超过了标准　B：完全达到了标准 C：大部分达到标准　D：基本达到标准 E：未能达到标准		直接领导人： 人力资源部负责人： 审批：	
计分方式： （1）等级比值：A等比值为1.0；B等比值为0.8；C等比值为0.6；D等比值为0.3；E等比值为0 （2）得分的计算公式：得分=配分×等级比值			

二十四、道口岗护卫员素质测评

道口岗护卫员素质测评如下表所示。

道口岗护卫员素质测评表

岗位：道口岗护卫员　　　　在岗人员：

测评要素	分值	测评标准	测评得分
知识	25分	（1）掌握签了租赁合同或购买了车位的车主姓名、楼层、座号、相貌特征、行（驾）驶证号，以及车辆常规出入大厦的时间等	

（续表）

测评要素	分值	测评标准	测评得分
知识	25分	（2）熟练掌握换牌、证的操作规程，掌握各种停车场收费标准，做到换牌、证、收费等准确、及时 （3）熟练掌握交通指挥手势 （4）掌握消防管理制度、灭火的方法、火场救人的方法及急救技术 （5）掌握各项业务技能，特别是搏击技术、制敌技术、驾驶技术以及保安人员防御性械具的使用等	
身体素质	20分	（1）健壮的体格：保安员的身体标准为体型匀称、相貌端正；反应灵活、动作敏捷；身体强健、有较强的适应环境的能力；有良好的视力，裸眼视力应在5.0以上；无残疾、无重听、无口吃、无色盲、无色弱 （2）良好的体能 ：在职业活动中，要比常人的行动速度更快，力量更大，耐力更强，灵敏度和柔韧度更高	
工作能力	30分	（1）观察能力：对道岗口周围的治安环境了如指掌，仔细观察和发现岗位周围所存在的安全隐患，采取科学合理的方法解决所存在的问题，对可能会发生的问题要有超前的预见性 （2）快速解决问题的能力：对于在道口岗所发生的意外和突发事件，能从容应对，迅速判断分析和适时处理问题，处理问题的方法和措施要得当，确保各类突发事件得以及时、有效的控制 （3）理解力：能够正确地理解上级的指示及公司的各项规章制度并予以严格执行 （4）客户服务技能：能运用客户服务技巧，为业主（用户）和来访客人提供高质量的服务 （5）团队合作能力：善于与其他护卫岗位的护卫员合作共事，相互支持，充分发挥各自的优势，保持良好的团队工作氛围	
职业素养	25分	（1）责任心：能够严格按照道口护卫岗的工作标准完成工作目标，对本职工作负责到底，工作中从不推卸责任 （2）服务意识：根据道口岗的职责为业主（用户）提供必要的服务，理解业主（用户）的需要，业主（用户）满意度较高 （3）保密意识：熟悉公司的保密制度，了解职责范围内的保密事项，并根据制度采取相应的维护措施 （4）安全意识：熟悉公司各项安全制度，对道口的安全事项非常重视，并采取了相应预防措施	

（续表）

<table>
<tr><td>测评要素</td><td>分值</td><td colspan="2">测评标准</td><td>测评得分</td></tr>
<tr><td>职业素养</td><td>25分</td><td colspan="2">（5）原则性：严格执行公司的各项规章制度与道口岗各项工作的工作流程，并以身作则</td><td></td></tr>
<tr><td colspan="3">等级标准：
优秀：90分以上；良好：75～89分；
一般：60～74分；不合格：60分以下</td><td>综合测评分值</td><td></td></tr>
<tr><td colspan="3">测评级别：
A：超过了标准　　B：完全达到了标准
C：大部分达到标准　D：基本达到标准
E：未能达到标准</td><td colspan="2" rowspan="2">直接领导人：

人力资源部负责人：

审批：</td></tr>
<tr><td colspan="3">计分方式：
（1）等级比值：A等比值为1.0；B等比值为0.8；C等比值为0.6；D等比值为0.3；E等比值为0
（2）得分的计算公式：得分=配分×等级比值</td></tr>
</table>

二十五、消防监控岗值班员素质测评

消防监控岗值班员素质测评如下表所示。

消防监控岗值班员素质测评表

岗位：消防监控岗值班员　　　　在岗人员：

测评要素	分值	测评标准	测评得分
知识	25分	（1）掌握消防中心的操作流程、安全要求、环境要求 （2）熟悉掌握消防监控系统的操作规程，熟悉火警监视的电脑、信号、开关的性能和作用 （3）熟练掌握常见灭火器材的使用方法；掌握急救技术、火场救人方法 （4）掌握各项业务技能，特别是搏击技术、制敌技术、驾驶技术以及保安人员防御性械具的使用等 （5）掌握本岗位的工作职责、程序与标准	
身体素质	20分	（1）健壮的体格：保安员的身体标准为体型匀称、相貌端正；反应灵活、动作敏捷；身体强健、有较强的适应环境的能力；有良好的视力，裸眼视力应在5.0以上；无残疾、无重听、无口吃、无色盲、无色弱	

（续表）

<table>
<tr><th>测评要素</th><th>分值</th><th colspan="2">测评标准</th><th>测评得分</th></tr>
<tr><td>身体素质</td><td>20分</td><td colspan="2">（2）良好的体能：在职业活动中，要比常人的行动速度更快，力量更大，耐力更强，灵敏度和柔韧度更高</td><td></td></tr>
<tr><td>工作能力</td><td>30分</td><td colspan="2">（1）观察能力：对小区的治安环境了如指掌，监控时能仔细观察和发现小区所存在的安全隐患
（2）快速解决问题的能力：发现异常时，能迅速作出判断和分析，并联系主管或领班适时处理问题，确保各类异常得到及时、有效的控制
（3）关注细节：对自己的工作要求严格，按照既定的操作规范或上级指示进行，较少出现错误</td><td></td></tr>
<tr><td>职业素养</td><td>25分</td><td colspan="2">（1）责任心：能够严格按照消防中心监控岗的工作标准完成工作目标，对本职工作负责到底，工作中从不推卸责任
（2）服务意识：根据值班岗的职责为业主（用户）提供必要的服务，理解业主（用户）的需要，业主（用户）满意度较高
（3）保密意识：熟悉公司的保密制度，了解职责范围内的保密事项，并根据制度采取相应的维护措施
（4）安全意识：熟悉公司各项安全制度，对消防中心的安全事项非常重视，并采取了相应预防措施
（5）原则性：严格执行公司的各项规章制度与监控岗各项工作的工作流程，并以身作则</td><td></td></tr>
<tr><td colspan="3">等级标准：
优秀：90分以上；良好：75～89分；
一般：60～74分；不合格：60分以下</td><td>综合测评分值</td><td></td></tr>
<tr><td colspan="3">测评级别：
A：超过了标准　　　B：完全达到了标准
C：大部分达到标准　D：基本达到标准
E：未能达到标准</td><td colspan="2" rowspan="2">直接领导人：

人力资源部负责人：

审批：</td></tr>
<tr><td colspan="3">计分方式：
（1）等级比值：A等比值为1.0；B等比值为0.8；C等比值为0.6；D等比值为0.3；E等比值为0
（2）得分的计算公式：得分=配分×等级比值</td></tr>
</table>

第四部分

职业素质测评模板

章前导语：

要对员工的素质进行测评，必须采用科学的方法，收集被测评者在主要活动领域中的表征信息，针对某一素质测评指标做出量值或价值判断，而这必须依赖针对各类素质的测评试题及标准。

第一章 基本素质测评

一、意志力测评

意志力测评

测评导语

苏东坡曾云：古之成大事者，不唯有超世之才，亦有坚忍不拔之志。坚强的意志是一个人成功的必要心理素质，只有坚持不懈持之以恒，才能圆满地实现自己的人生目标。

（1）人们通过克服困难，努力达到预定目的的过程就是意志力过程。

（2）人的意志品质可分为积极和消极两种。消极的品质有盲目性、冲动性、受暗示性、独断性、脆弱性和顽固性等；积极的意志品质包括自觉性、果断性、坚韧性和自制力。

测评题

下列各题中，每题有5个备选答案，根据你的实际情况，选择一个最适合你的答案：A．很符合自己的情况；B．比较符合自己的情况；C．介于符合与不符合之间；D．不大符合自己的情况；E．很不符合自己的情况。

1．我很喜爱长跑、远足、爬山等体育运动，但并不是因为我的身体条件适应这些项目，而是因为这些运动能够锻炼我的体质和毅力。 （ ）

2．我给自己订的计划，常常因为主观原因不能如期完成。 （ ）

3．一般来说，我每天都能按时起床，不睡懒觉。 （ ）

4．我的作息没有什么规律性，经常随自己的情绪和兴致而变化。 （ ）

5．我信奉“凡事不干则已，干则必成”的信条，并身体力行。 （ ）

6．我认为做事情不必太认真，做得成就做，做不成便罢。 （ ）

7．我做一件事情的积极性，主要取决于这件事情的重要性，即该不该做；而不在于对这件事情的兴趣，即不在于想不想做。 （ ）

8．有时我躺在床上，下决心第二天要干一件重要事情，但到第二天这种劲头又消失了。（ ）

9．在工作和娱乐发生冲突的时候，即使这种娱乐很有吸引力，我也会马上决定去工作。（ ）

10．我常因读一本引人入胜的小说或看一出精彩的电视节目而忘记时间。（ ）

11．我下决心办成的事情（如练长跑），不论遇到什么困难（如腰酸腿疼），都会坚持下去。（ ）

12．我在学习和工作中遇到了困难，首先想到的就是问问别人有什么办法。（ ）

13．我能长时间做一件事情，即使它枯燥无味。（ ）

14．我的兴趣多变，做事时常常是这山望见那山高。（ ）

15．我决定做一件事时，常常说干就干，绝不拖延或让它落空。（ ）

16．我办事喜欢挑容易的先做，难做的能拖则拖，实在不能拖时，就赶时间做完算数，所以别人不大放心让我干难度大的工作。（ ）

17．对于别人的意见，我从不盲从，总喜欢分析、鉴别一下。（ ）

18．凡是比我能干的人，我不大怀疑他们的看法。（ ）

19．我喜欢遇事自己拿主意，当然也不排斥听取别人的建议。（ ）

20．生活中遇到复杂情况时，我常常举棋不定，拿不定主意。（ ）

21．我不怕做我从来没有做过的事情，也不怕一个人独立负责重要的工作，我认为这是对自己很好的锻炼。（ ）

22．我生来胆怯，没有十二分把握的事情，我从来不敢去做。（ ）

23．我和同事、朋友、家人相处时，很有克制能力，从不无缘无故发脾气。（ ）

24．在和别人争吵时，我有时明知自己不对，却忍不住要说一些过头话，甚至骂对方几句。（ ）

25．我希望做一个坚强的、有毅力的人，因为我深信“有志者事竟成”。（ ）

26．我相信机遇，很多事实证明，机遇的作用有时大大超过个人的努力。（ ）

评分标准

单数题号：A．5分，B．4分，C．3分，D．2分，E．1分。

双数题号：A．1分，B．2分，C．3分，D．4分，E．5分。

各题得分相加，统计总分。

测评结果分析

111分以上：说明你意志力很坚强。

91～110分：说明你意志力比较坚强。

71～90分：说明你意志力一般。

51～70分：说明你意志力比较薄弱。

50分以下：说明你意志力很薄弱。

二、果断性测评

果断性测评

测评导语

果断性是指一个人能明辨是非，在紧急关头当机立断地采取决定并执行决定。果断性以正确认识、当机立断与勇敢行动为特征，以深思熟虑和审时度势为前提条件。果断，不是面对抉择或突变瞻前顾后，犹豫彷徨，也不是轻率冒失，马上行动；更不是排斥他人建议，主观武断。

成功者是一个决策者、战略家，你的果断性如何？你是否具备果断性的基本素质？下面的测试将使你对自己的果断品质有一个了解。

测评题

请将“是”或“否”填入题后的括号中。

1．你能在旧的工作岗位上轻而易举地适应与过去的习惯迥然不同的新规定、新方法吗？（ ）

2．你进入一个新的单位，能够很快适应这一新的集体吗？（ ）

3．你要为家里购买一架电风扇，发现电风扇造型、档次、功效的种类极丰富，远不是你当初想象的那么简单。你是否会走遍全市所有商店才决定要买哪种？（ ）

4．若熟人为你在其他单位提供一个薪俸更加优厚的职位，你会毫不犹豫答应前往吗？（ ）

5．如果做错了事，你是否打算一口否认自己的过失，并寻找适当的借口为自己开脱？（ ）

6．平常你能否直率地说明自己拒绝某事的真实动机，而不虚构一些理由来掩饰？（ ）

7．在讨论会上，经过一番切实的辩论和考虑，你能否改变自己以前对这个问题的见解？（ ）

8．你履行公务或受人之托阅读一部他人作品，作品主题正确，可你对其写作风格很不欣赏。那么，你是否会修改这部作品，并坚持按自己的想法对它来个大幅度修改？（ ）

9．你在商店橱窗里看到一件十分中意的东西，它对你并非必需，你会买下来吗？（ ）

10．如果有一位很有权威的人士对你提出劝告，你会改变自己的决定吗？（ ）

11．你总是预先设计好度假的节目，而不是“即兴发挥”吗？（ ）

12．对自己许下的诺言，你是否一贯恪守？（ ）

13．假若你了解到在某件事上上司与你的观点截然相反，你还能直抒已见吗？（ ）

14．今天是校友会踏青的日子，你打扮得潇洒利落。但天气似乎要变，带雨具又难免累赘拖沓，你能很轻松地马上作出决定吗？（ ）

15．你花费了很多时间、精力搞出一个设计方案，按说也不错，可总觉得非最佳方案。你是否请求暂缓提供，再仔细斟酌一下呢？（ ）

评分标准

请依下表统计你的得分。

题号＼得分＼答案	是	否	题号＼得分＼答案	是	否
1	3	0	9	3	0
2	4	0	10	4	0
3	0	3	11	0	3
4	2	0	12	2	0
5	0	4	13	4	0
6	2	0	14	2	0
7	3	0	15	3	0
8	2	0			

A型：0～12分；B型：13～24分；C型：25～36分；D型：37分以上。

测评结果分析

A型——优柔寡断

任何决定对你来说都是一桩难事，你总得反复和朋友商量后才能作出一个并不爽快的决定；如果有谁替你作出所有决定，你简直对他感激不尽了；你使人觉得难以信赖，与你共事或生活会觉得疲劳。不过你无须绝望，试着在日常琐事上“冒冒险”，日后会有所改善的。

B型——小心审慎

在需要紧急决断的事上，你可以当机立断。一旦作决定的时间较为充裕，各种疑虑便向你袭来。于是，你就希望依靠别人，或者和朋友商量或者去征求上级的“同意”。其实你是有决断能力的，相信自己的头脑和经验吧。

C型——相当果断

你具有足够的逻辑判断力及丰富的经验，这使你能迅速作出合理的决定，偶尔出现失误，你一经意识到就会加以补救；你不经常询问他人意见，但从不排斥别人的建议；你一下定决心，通常会坚持到底，但不会为维护脸面而坚持错误。你具备成功者的良好素质。如果能在一些自己不在行的方面多请教别人，会使你减少失误造成的损失。

D型——极其果断

你不曾体验过犹豫的滋味。如果辅以开阔的眼界及合理的知识结构，你会是大集团强有力决策人的合适人选。

三、判断力测评

判断力测评

测评导语

生活中要用到判断力的地方实在是太多了，辨别真假、良莠、好坏，无一不与人的判断力有关。判断力是对事物属性及其事物之间关系做出反应的能力。良好的判断力跟一个人所具有的丰富经验以及对概念和概念间关系的正确把握有密切的关系。如果你想知道自己的判断能力如何，如果你想知道自己能不能在纷繁芜杂的事物当中分清真善美与假恶丑，不妨做做下面这个测试。

测评题

下面的测试题每答错一题，你将被扣掉2分，所以不能猜测，请选择你认为正确的答案。

1．假定美国今年商品生产和服务性行业创造的价值共为5000亿美元，假定原子弹或类似的东西不用来毁灭人类，那么1000年后美国的商品和服务性行业创造的年价值将为多少？

A．16000多亿美元　　B．15000多亿美元

C．不足15000亿美元　　D．大约19000亿美元

E．答不出

2．根据原子能研究发展的情况，估计还要过多少年，科学家才能将金子的原子核撞开？

A．10年　　B．20年

C．大约20年　　D．20多年

E．大约50年　　F．100年

G．永远办不到此事　　H．答不出

3．某人将一组很长的数字加了五次，得出以下的和：（a）32501，（b）32503，（c）32501，（d）31405，（e）32503。哪个得数最可能是正确的？

A．将上述5个得数除以5的数　　B．32501

C．32503　　D．32501或32503

E．答不出

4．最近某年德国的钢笔总产量为1400万支，这些钢笔的长度是3～6英寸（1英寸=2.54厘米），80%以上的钢笔的长度是5英寸，如果把所有这些钢笔头尾相连接起来将有多长？

A．大约1000英里（1英里＝1.609公里）　　B．大约横穿过太平洋一半

C．在1000～1104英里之间　　D．在1000～1500英里之间

E．答不出

5．找出下列短文中的逻辑错误：一年有365天，斯密斯先生每天睡8个小时，即一年中的睡眠得占用约122天，剩下的只有243天了。斯密斯先生每天上下班路上得花1个小时，7个小时阅读、娱乐等，这样一年中又得占去122天，剩下121天。除去52个星期日，只剩下69天，但是每天吃饭得用1小时20分钟，那么一年就得用去20天，这样只

剩下49天。此外，斯密斯先生每个星期六都得休息半天，一年就得占去26天，这将只剩下23天。但是斯密斯先生公司一年中有23个法定假日。所以，斯密斯先生的工作时间就没有了。

A．短文中提到斯密斯先生去上下班，这样他当然在工作，因此短文的说法自相矛盾。

B．短文中将某些时间重复计算。例如，短文将全年的睡眠时间除去了（共122天），但是52个星期日也被除去了，而这些星期日中已被除去的睡眠时间没有留下。

C．上述短文是不正确的，因为有工作在身的人不会每天花7个小时阅读和娱乐，如果斯密斯先生用于阅读和娱乐上的时间不那么多，也不把那么多时间用在上下班往返途中，他将会有时间工作的。

D．答不出。

6．某一天在海狄蒙赛马场上，3位有名的赌马能手各自都用了与别人不同的方法下赌注：

方法A：著名的赌棍格林在第一轮赛马中下赌注100元，第二轮赛中下赌注110元，第三轮下了120元。他打算每一次下赌注都比前一次要增加10元，直到他赌的马赢。

方法B：马尔迪比较小心谨慎。以下是他下的赌注：第一次下10元，第二次下15元，第三次下30元……他的方法是每次下的赌注都是前几次输掉的他的累积，并且还要增加5元。

方法C：哈威尔过去是个职业赛马骑手，他是这样下赌注的：第一次下10元，第二次下10元，第三次下40元……他打算以后每次都将下的赌注增加一倍，直到他赌的马赢。

如果这些赌马的人想赌完这天的七轮比赛，哪一种方法需要的赌注最少?请在上面三种方法中勾出一种。

评分标准

每答对一题得2分，每答错或答漏一题扣2分。

试题答案：1．E，2．H，3．D，4．D，5．B，6．方法A。

测评结果分析

10～12分：你的判断力优秀；6～8分：你的判断力良好。

2～4分：你的判断力中等；0～2分：你的判断力不佳。

四、逻辑思维能力测评

逻辑思维能力测评

测评导语

一个人如果逻辑思维活跃，通常会被认定资质聪慧、反应能力佳。世界500强企业很重视员工这方面的能力，因为有很强逻辑思维能力的员工，往往能更准确地把握住问题的实质，轻松看穿难题背后的漏洞，尤其是在对待纷繁复杂的事情时，更可以发挥出“资其定法，发其百思”的解题能力。以下的试题可以帮助了解被测评者是否具备分析、综合、归纳、演绎、推理等能力。

测评题

1．一个圆的半径是8厘米，请你求出半圆的周长是多少厘米？

2．比较 $\frac{333223}{333225}$ 和 $\frac{666335}{666337}$ 这两个分数的大小？

3．小猫从A走到D（图1），它按①号箭头所指的路线走。小老鼠也从A走到D，它按②号箭头所指示的路线走。请问：小猫能抓到小老鼠吗？

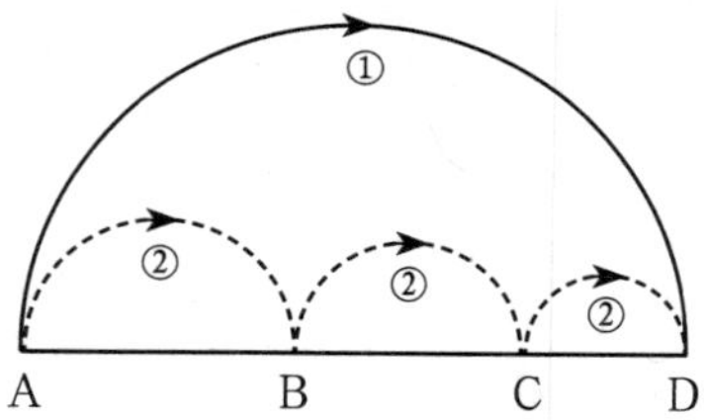

图1

4．猫、鼠同时同速从A点出发，猫沿大圆走，鼠沿内部两圆走“∞”形路线，回到出发点A时猫能抓到鼠吗？（图2）

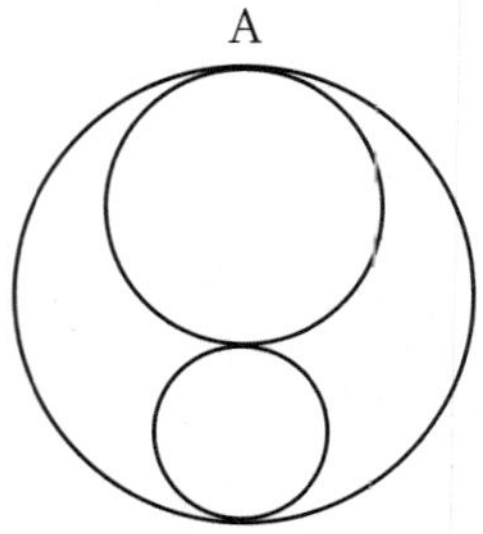

图2

5．口算：

①$1\times99=99$

$2\times99=198$

$3\times99=297$

$4\times99=?$

$5\times99=?$

$6\times99=?$

$7\times99=?$

$8\times99=?$

$9\times99=?$

②$12345679\times(1\times9)=111111111$

12345679×（2×9）=222222222

12345679×（3×9）=

12345679×（4×9）=

12345679×（5×9）=

12345679×（6×9）=

12345679×（7×9）=

12345679×（8×9）=

12345679×（9×9）=

12345679×（10×9）=

6．从前有个农夫，死时留下几头牛，在他的遗书中写到："妻子，分给全部牛的半数再加半头；长子，分给剩下的牛的半数再加半头；次子，分给还剩下的半数再加半头；长女，分给最后剩下的半数再加半头。"结果是一头牛也没有杀，也没有剩下，正好全部分完了。请问农夫死时留下了几头牛？

7．现在有两个旧式的沙计时器。大的沙子漏光要15分钟，小的要8分钟。现在想要煮水饺，欲组合大小两个沙计时器计算22分钟，该怎么做才好呢？

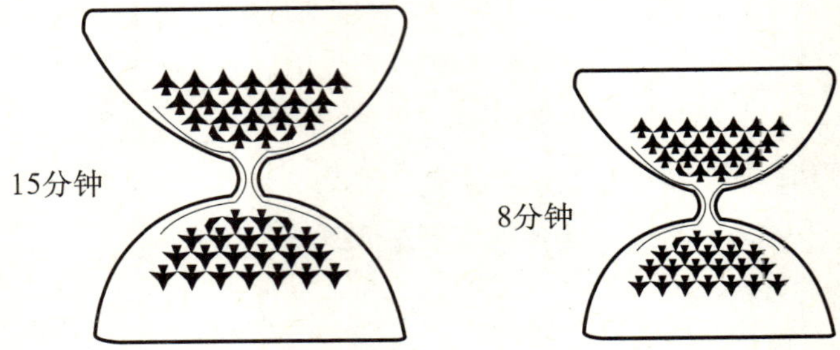

8．A和B两家公司的招聘广告上只有以下两点不同，其他的条件完全相同，从收入多少来考虑，选择哪一家公司有利？

A公司：年薪10万元，每年提薪一次加2000元

B公司：半年薪5万元，每半年提薪一次加500元

9．地理老师在黑板上画了一幅世界五大洲的图形，并给每个洲都写上了代号。然后，他请5个同学认出两个大洲来。5个同学的回答是：

甲：3号是欧洲，2号是美洲

乙：4号是亚洲，2号是大洋洲

丙：1号是亚洲，5号是非洲

丁：4号是非洲，3号是大洋洲

戊：2号是欧洲，5号是美洲

地理老师说：你们每个人都认对了一半。

请问，每个号码各是什么洲?怎么推出来的?

10．杰米和本是一对好朋友。有一次，两个人为了一件小事争吵起来。本指责杰米撒谎骗人，杰米则说："我今天绝对没有撒谎。从我出生到现在，我只说过三次谎。"本当即说："你说你以前只撒过三次谎，这本身就是一句谎话，可以说这是你第四次撒谎。"

请你推断一下本的说法对吗?

评分标准

标准答案

1．25.12厘米

2．$\frac{333223}{333225} < \frac{666335}{666337}$

3．能

4．能

5．(略)

6．从后面向前演算，长女分得最后剩下的半数再加半头，可以推想出半头就是半数，最后剩下的只是1头牛。依此类推次子分得了3头，长子分得4头，妻子分得的是8头，合计是1+3+4+8＝15头。

反过来去验证一下15头牛是否正确。15头的半数，从计算的角度来看是7.5头，再加半头就是8头，余7头。7头的半数再加半头是4头，余3头。3头的半数再加半头是2头，余1头。1头的半数再加半头是1头，余0。说明农夫死时留下15头牛是正确的。

7．其手续是：

（1）把水饺放入沸腾的水中，两个沙计时器开始计时。

（2）待小沙计时器的沙漏光时，也就是8分钟后，再马上倒过来开始计时。

（3）大的沙计时器的沙漏光时，也就是15分钟后，小的沙计时器经过了7分钟，在这种状态下，把小沙计时器倒过来。

（4）再经过7分钟，小沙计时器的沙漏光后，从最初的时间算起是15分钟加7分钟，水饺便煮好了。

8．B公司

9．根据甲的回答，假设2号是美洲答对了，那么戊回答2号是欧洲就答错了，而戊的另一个答案（5号是美洲）就答对了。这样一来，2号和5号都是美洲，显然矛盾了，所以美洲不是2号。这样，甲的另一个答案（3号是欧洲）就答对了。既然2号不是欧洲，那么戊的另一个答案（5号是美洲）就答对了。既然3号是欧洲，那么丁的回答中，3号是大洋洲便是错误的了，因而丁所说的4号是非洲便是正确的了。同理，既然4号是非洲，那么从丙的回答中便可推知1号是亚洲了。进而又可以从乙的回答中推知2号是大洋洲。综上所述，1号是亚洲，2号是大洋洲，3号是欧洲，4号是非洲，5号是美洲。

10．如果杰米说的是实话，即以前只说过3次谎，当然本的说法是不对的。

如果杰米以前没说过谎，或者只说过1次或两次谎，那么，这次顶多是第3次说谎，本的说法也不对。如果杰米以前说过3次以上的谎，那么这次便至少是第5次说谎了，总归不是第4次。因此不管杰米说过几次谎，本的说法都是错误的。

请按以下标准计算出你的得分：

题号	分数	题号	分数
1	2分	6	5分
2	2分	7	5分
3	2分	8	7分
4	2分	9	5分
5	10分	10	5分

测评结果分析

0～20分，表明你的逻辑思维能力一般。

21～40分，表明你的逻辑思维能力较好。

41～45分，表明你的逻辑思维能力很好。

五、创新能力测评

创新能力测评

测评导语

创造性人才在企业中越来越重要，这类人才能够创造性地完成工作，不会被困难吓倒，不会因为条件不具备而放弃努力。在寻找创新、开发、管理方面的人才时，必须考虑人才的创新能力。

测评题

下面是10个题目，如果符合你的情况，则回答“是”，不符合则回答“否”，拿不准则回答“不确定”

1．你认为那些使用古怪和生僻词语的作家，纯粹是为了炫耀。

2．无论什么问题，要让你产生兴趣，总比让别人产生兴趣要困难得多。

3．对那些经常做没把握事情的人，你不看好他们。

4．你常常凭直觉来判断问题的正确与错误。

5．你善于分析问题，但不擅长对分析结果进行综合、提炼。

6．你审美能力较强。

7．你的兴趣在于不断提出新的建议，而不在于说服别人去接受这些建议。

8．你喜欢那些一门心思埋头苦干的人。

9．你不喜欢提那些显得无知的问题。

10．你做事总是有的放矢，不盲目行事。

评分标准

题号	“是”评分	“不确定”评分	“否”评分
1	−1	0	2
2	0	1	4
3	0	1	2
4	4	0	−2
5	−1	0	2
6	3	0	−1
7	2	1	0
8	0	1	2
9	0	1	3
10	0	1	2

测评结果分析

得分22分以上，则说明被测试者有较高的创造思维能力，适合从事环境较为自由，没有太多约束，对创新性有较高要求的职位，如美编、装潢设计、工程设计、软件编程人员等。

得分21～11分，则说明被测试者善于在创造性与习惯做法之间找出均衡，具有一定的创新意识，适合从事管理工作，也适合从事其他许多与人打交道的工作，如市场营销。

得分10分以下，则说明被测试者缺乏创新思维能力，属于循规蹈矩的人，做人总是有板有眼，一丝不苟，适合从事对纪律性要求较高的职位，如会计、质量监督员等职位。

六、问题解决能力测评

问题解决能力测评

测评导语

问题处理能力关系着一个人工作质量的好坏。本测试为判别一个人问题处理能力的高低提供依据。

测评题

请用“是”、“尚可”或“否”回答下面的问题。

1．对于职辖内现状、情报、资料、事物等是否若无其事地置之不理，或当作耳边风？（ ）

A．是　　B．尚可　　C．否

2．是否积极地参与问题解决，仔细听取参与者的意见，并积极地提出建议？（ ）

A．是　　B．尚可　　C．否

3．是否面对困难的问题，毫不畏惧，勇于接受挑战？（ ）

A．是　　B．尚可　　C．否

4．是否学习解决问题的手法，并加以使用？（ ）

A．是　　B．尚可　　C．否

5．是否询问别人解决问题的经验，并阅读相关书籍？（ ）

A．是　　B．尚可　　C．否

6．解决问题时，是否想一想从中学习到了些什么，得到了哪些教训？（ ）

A．是　　B．尚可　　C．否

7．是否与同为经理人的人士共同解决问题时，能相互发表意见，共同协商，并举办研讨会？（ ）

A．是　　B．尚可　　C．否

8．借助问题解决是否可以重新评估哪些能力的不足，并且努力加强？（ ）

A．是　　B．尚可　　C．否

9．平日应记下所留意到的事、有疑问的事以及所关心的事，并研究该如何做比较妥当？（ ）

A．是　　B．尚可　　C．否

10．关于问题的解决，需请上司给予评价，或适当的建议、指导与协助？（ ）

A．是　　B．尚可　　C．否

评分标准

选"是"的计10分，选"尚可"的计5分，选"否"的计3分。

测评结果分析

80～100分：表明你解决问题的能力超群，有胆识、果断、灵活。

65～79分：表明你有一般问题的解决能力，但对于一些重大或特别的问题就未必能令人称道了。

64分以下：表明你的问题解决能力有待提高。今后处理事情时一定要冷静，三思而后行，从而避免更大的失误。

七、沟通能力测评

沟通能力测评

测评导语

沟通能力包含着表达能力、争辩能力、倾听能力和设计能力（形象设计、动作设计、环境设计）。沟通看起来是外在的东西，实际上是个人素质的重要体现，它关系着一个人的知识、能力和品德。

本测验选择了一些在工作中经常会遇到的，比较尴尬的，难于应付的情境，测查你是否能正确地处理这些问题，从而反映你是否了解正确的沟通的知识、概念和技能。

测评题

1．你是否经常：（ ）

A．召集部门会议，既讨论工作问题，又探讨一些大家共同感兴趣的问题

B．鼓励员工积极关心公司事务，踊跃提问题，出主意，想办法，集思广益

C．提倡同事之间的密切合作与交流

D．鼓励下属畅谈未来并帮助他们为自己设计

E．召集“群英会”，请员工为公司经营出谋划策

2．你是否：（选择几项你认为有的情况）（ ）

A．将工作计划分发到每位下属手中

B．定期与每位下属谈话，讨论其工作进展情况

C．每年至少召开一次总结会，表扬先进，鞭策后进，同时广泛征求群众意见，让大家畅所欲言

D．为了造成一种轻松愉快的气氛，使大家畅所欲言，而把会议地点安排在酒店等地方

E．尽量少下达书面指示，多与下属直接交流

F．平易近人，与下属打成一片

G．当公司内出现人事、政策和工作流程的重大调整时，及时召集下属开会，解释调整的原因及这些调整对他们今后工作的影响

H．在你听说某位下属因毫无根据的谣言而苦恼后，你会立即召开会议辟谣

I．喜欢在总公司办公会上将本部门工作进展公布于众，以求得其他部门的合作和支持

J．常在部门内组织协作小组，提倡团结奋斗精神

3．如果某位与你竞争最激烈的同事向你借一本经营管理畅销书，你会：（ ）

A．立即借给他

B．同意借给他，但声明此书无用

C．告诉他书遗忘在其他地方了

4．如果某位同事为方便自己出去旅游而要求与你调换休假时间，你还未决定如何度假，你会：（ ）

A．马上答应

B．告诉他自己要回家请示夫人

C．拒绝调换，说自己已经参加旅行团了

5．如果某位同事在准备下班时，请求你留下来倾听他“倾吐苦水”，而家人正在家等你吃晚饭，你是否：（ ）

A．立即同意

B．劝他第二天再说

C．以夫人生病为理由拒绝他的请求

6．在一家公司首脑级会议上，你正在宣读一项提案，当你讲到关键部分时，一位秘书走进来向一位与会者请示工作，你是否：（ ）

A．对大家说：“×先生有点急事处理，咱们等他一下再继续讲。”

B．只当作什么都没发生，继续往下讲

C．停止讲话，面显怒色

7．在会议中请大家提问时，一位提问者的问题显然表明他漏掉了你讲话中最重要的部分，你会：（ ）

A．为自己未将这个问题讲清楚而表示歉意

B．等他把话讲完，再把那部分内容重复一遍，解除他的疑虑

C．打断他的话，指出这个问题你已经解释过了，不过你乐意重复一遍

8．开会时，听众中某位地位高于你的人士激烈抨击你的提案，你如何应付：（ ）

A．针锋相对、反戈一击

B．立即打退堂鼓，承认自己的提案中确实有不妥之处

C．保持冷静，尽可能在某些方面与他取得一致

9．在参加社交活动时：（在每一选项后回答“是”或“否”）

A．你喜欢广交各行业的朋友吗？（ ）

B．你喜欢做大型公共活动的组织者吗？（ ）

C．你愿意做会议主持人吗？（ ）

D．你介意在公司组织的集体活动中扮演逗人笑的丑角吗？（ ）

E．你与人谈话时喜欢掌握话题的主动权吗？（ ）

F．你希望员工对你毕恭毕敬吗？（ ）

评分标准

第1、2题：计算共选择了多少项，每选一项得10分。

第3～8题得分：3. A. 10；4. A. 10；5. A. 10；6. A. 10；7. A. 10；8. A. 10

第9题：与下列答案一致的，每项得10分。

A. 是；B. 是；C. 是；D. 否；E. 是；F. 否

测评结果分析

60～80分：无论你是作为上司、同事还是下属，你都表现得非常好，在各种社交场合都表现得大方得体。你待人真诚友善，不狂妄虚伪，在原则问题上，你既能善于坚持并推销自己的主张，同时还能争取和团结各种力量。你自信心强，下属也信任你，整个部门中充满着团结协作的气氛。

30～60分：你的交流能力较强，在大多数社交活动中表现出色，只是有时尚缺乏自信心，你还需加强学习与锻炼。

20～30分：由于你对沟通能力的重视不够，而且也没有足够的自信心，导致你距优秀经理人尚有一段不小的差距。要知道，作为一个经营管理者，有责任主动将信息传达给下属，不应让下属千方百计去寻找信息；而且你应该以轻松、热情的面貌来进行交流，你应把自己看作一个生活幸福、工作有成就的人，同时，对别人也不可存在任何偏见。经常与人交流，取长补短，改变你拘谨封闭的管理行为，使你和你的下属充满活力和热情，是非常有益处的。记住：沟通能力是成功的保证和晋升的阶梯。

0～20分：你是否发过誓以沉默待人？你的成绩让人吃惊。

八、平息人际冲突能力测评

平息人际冲突能力测评

测评导语

在工作、生活中，不可避免地会出现人际冲突的问题，所以，平息人际冲突能力在人才招聘、选拔中非常重要。

测评题

下面有10道题，每道题有4个备选答案。请根据自己的实际情况，选择一个最适合你的答案。

1．要是你与某同事产生了矛盾，关系紧张起来，你将怎么办？（　）

A．他若不理我，我也不理他；他若主动前来招呼我，那么我也招呼他

B．请别人帮助，调解我们之间的紧张关系

C．从此不再搭理他，并设法报复他

D．我将主动去接近对方，争取消除矛盾

2．如果你被人误解干了某件不好的事情，你将怎么办？（　）

A．找这些乱说的人对质，指责他们

B．同样捏造一些莫须有的事加在对方身上，进行报复

C．置之一笑，不去理睬，让时间来证明自己的清白

D．要求组织上调查，以弄清事实真相

3．如果你的父母之间关系紧张，你将怎么办？（　）

A．谁厉害就倒向谁一边

B．采取不介入态度，不得罪任何人

C．谁正确就站在谁一边，态度明朗

D．努力调解两人之间的关系

4．如果你的父母老是为一些小事争吵不休，你准备怎么办？（　）

A．根据自己的判断，支持其中正确的一方

B．尽量少回家，眼不见为净

C．设法阻止他们争吵

D．威胁他们：如果再吵，就不认你们为父母了

5．如果你的好朋友和你发生了严重的意见分歧，你将怎么办？（　）

A．暂时避开这个问题，以后再说，以求同存异

B．请与我俩都亲近的第三者来裁决谁是谁非

C．为了友谊，迁就对方，放弃自己的观点

D．下决心中断我们之间的朋友关系

6．当别人妒忌你所取得的成绩时，你将怎么办？（　）

A．以后再也不冒尖了，免得被人妒忌

B．走自己的路，不管别人持什么态度看待我

C．同这些妒忌者争吵，保护自己的名誉

D．一如既往地工作，但同时反省自己的行为

7．如果有一天需要你去处理某一件事（不是坏事），而处理这件事的结果不是得

罪甲，就是得罪乙，而甲和乙恰恰又都是你的好朋友，你将怎么办？（ ）

A．向甲和乙讲明这件事的性质，想办法取得他们的谅解，再处理这件事情

B．瞒住甲和乙，悄悄把这件事做完

C．事先不告诉甲和乙，事后再告诉被得罪的一方

D．为了不得罪甲和乙，宁可不顾当时的需要，而不去做这件事

8．如果你的好朋友虚荣心太强，使你很看不惯，你将怎么办？（ ）

A．检查一下对方的虚荣心是否同自己有关

B．利用各种机会劝导他

C．听之任之，随他怎么做，以保持良好关系

D．只要他有追求虚荣的表现，就同他争吵

9．如果你对某一问题的正确看法被上司否定了，你将怎么办？（ ）

A．向总经理反映，争取总经理的支持

B．工作消极，以发泄自己的不满

C．一如既往地认真工作，在适当的时候再向上司陈述自己的看法

D．同上司争吵，准备离开单位

10．如果你同朋友在假日活动的安排上意见很不一致，你准备怎么办？（ ）

A．双方意见都不采纳，另外商量双方都不反对的安排

B．放弃自己的意见，接受朋友的主张

C．与朋友争论，迫使朋友同意自己的安排

D．到时独自活动，不和朋友在一起度假了

评分标准

根据下面的评分标准，将各题得分相加，统计总分。

题号/得分/答案	1	2	3	4	5	6	7	8	9	10
A	1	1	0	1	3	0	3	2	2	2
B	2	0	1	0	2	2	1	3	1	3
C	0	3	2	3	1	1	2	0	3	0
D	3	2	3	2	0	3	0	1	0	1

测评结果分析

0～6分：表明你处理人际冲突的能力很弱。

7～12分：表明你处理人际冲突的能力较弱。

13～18分：表明你处理人际冲突的能力一般。

19～24分：表明你处理人际冲突的能力较强。

25～30分：表明你处理人际冲突的能力很强。

九、情绪控制能力测评

情绪控制能力测评

测评导语

情绪控制能力是指一个人在遭遇来自人际关系或环境的压力时能够保持冷静、控制负面情绪和行动的能力。其核心素质是控制自己的情绪，在受到挑衅、反对，面临敌意或工作中情绪抑郁时，防止出现消极性行为的能力。该能力还包括在持续高压的环境下，能够保持活力和斗志的能力。

测评题

请根据你的实际情况选择题后的答案。

1．你在办公室里，为了赶一件工作而忙得晕头转向，此时电话铃却急促地响个不停，你赶忙抓起电话耳机，对方抱怨你接晚了，可他又打错了单位，这时你：（ ）

A．你对对方的埋怨表示接受，然后告诉对方“您错了”

B．你说一声“这是火葬场”，咔嚓一下挂了电话

C．你告诉对方要找的单位，可你不是这单位的人

D．你说：“我是××单位，请另拨号吧。”

2．当你排长队买球票等得不耐烦时，一位不速之客试图混在你前面插队，这时你：（ ）

A．你想：“反正也不是只我自己排队，插就插呗。”

B．你吹胡子瞪眼：“自觉点儿，后边去。”

C．你说：“我倒没什么，早点儿晚点儿都行，可后边的人们有意见。”

D．你说："对不起，你来得比我晚，是吧?大伙都挺忙，排好队也不慢。"

3．这天下午你提前下班，为了让妻子（丈夫）改善一下生活，你想在她（他）面前"露一手"，不辞辛苦地张罗起来。由于技术不熟练和手忙脚乱，菜没做好。你妻子（丈夫）回来一看，埋怨你："做的味儿不可口，火候也小了，把挺好的材料也浪费了。"这时你：（ ）

A．虽然心里很委屈，还是一声不吭地听了

B．你说"不好吃别吃"，随手将其倒掉

C．你说："我本来是可以做好的，可是由于火不好用才做糟了。"

D．你理解妻子（丈夫），只是恨铁不成钢，高兴地对她（他）说："这次是有点儿不成功，下次包你满意。"

4．你到一家餐馆就餐，服务员给你找零钱时少找给你两角，你发现以后：（ ）

A．你想：算了，这样忙乱，她不承认也没办法，便悄然离去

B．你气势汹汹地质问、斥责她，说她这是故意想讨便宜

C．你什么也不说，但离开时将一只杯子装进口袋，以作抵消

D．你对服务员说："对不起，能否查一下，你多收了我两角。"

5．你刚买回一台录像机，还没有好好使用过，你一位朋友说要借看几天，而你并不愿意外借，你怎么办呢?（ ）

A．尽管心里老大不愿意，还是借给他看了

B．你不但不借给他用，还说难听的话给他听

C．你说："咱们是好朋友，你不来借也要让你看几天，只是不巧别人借走了。"

D．你说："我刚买来，看看质量好不好，要没问题第一个借给你看。"

6．你的经理交给你一件并不属于你职责范围内的事情，虽然你对此项事情不熟悉，但还是费九牛二虎之力完成了。当你高兴地去向他报告时，不仅没受到赞扬，还被指责这也不对，那也不妥。这时你：（ ）

A．虽然满腹委屈，也没有说一句话，默默走开

B．你不买他的账，拂袖而去

C．你说："这事我也觉得不当，可科长让我这样干的。"

D．你耐心听完他的话，找出错误在哪里，今后应如何改进工作，并提醒他注意态度

7．你的朋友当着众人的面喊你的很少人知道的不雅"绰号"时，你怎么办?（ ）

A．你面红耳赤低头不语，在众人笑声中显得尴尬，无地自容

B．你怒声斥责他不懂礼貌，胡说八道

C．你反唇相讥，当着众人面给他起个不雅的绰号

D．你向大家解释“绰号”来历，说明并没恶意，以澄清是非

8．你好不容易挤上公共汽车，还没站稳就被旁边一个人踩了一脚，而且连一句道歉的话都没有，这时你怎么办呢？（　）

A．踩一脚就踩一脚，反正也没踩伤

B．怒声斥责他，骂他“眼瞎”，并因此吵架，甚至动武

C．不动声色，到下车时回敬他一脚

D．告诉他踩得怪痛的，虽说不是故意的，也该说声对不起

9．你到一家餐馆就餐，要了一份价钱比较贵的菜，当服务员送来后，你感到分量不足，这时你怎么办？（　）

A．你想，开饭店就是为赚钱，再说也没绝对准确，凑合吃下算了

B．你把菜端上找到服务员大吵大闹，指责他们故意坑顾客，发不义之财

C．你一声不吭吃下，但临走时给饭店使点儿坏，比如把酱油、醋倒掉或把桌布弄得很脏乱

D．你把意见详细写在意见簿上

10．你走在马路上，突然被一个骑自行车带小孩子的人撞着了，你怎么办？（　）

A．你想，怪不得昨晚做梦不好，今天自认倒霉吧

B．你厉声批评他，不让他走，要他向你道歉，赔偿损失，结果把孩子吓得哇哇哭

C．你想到骑车带小孩子违反交通规则要罚款的规定，你以找民警评理罚款威胁他

D．你对他说：“多险，差点碰伤孩子，往后骑车留心点儿，再说带孩子也不安全。”

评分标准

数一数你选择了多少个A、多少个B、多少个C和多少个D。

测评结果分析

大多数选择A：表明你对来自外界的干扰、纠纷都持消极退让的态度，即使属于自己的正当权益也不能予以维护，至于对周围发生的事情更是不分良莠，“睁一只

眼，闭一只眼”。其实这并不是克制，而是逆来顺受，自我解脱。不了解你的人还可能以为你胸怀大度，了解你的人会认为你缺乏个性，如果是个小伙子还可能被姑娘们认为是个“窝囊废”。

大多数选择B：表明你脾气暴躁，克制力又很差。你想怎么说就怎么说，想怎么干就怎么干，时间长了会被认为是个缺乏修养的“粗鲁汉”。在人际关系上容易出现危机，搞不好还要惹出事端。有时人们也可能敬你三分，但那并不是由衷佩服你。

大多数选择C：说明你有较强的克制力，不至于激化生活中出现的矛盾。不过你这种克制在多数情况下并不是真正意义上的控制消极情绪的锻炼，而是一种隐蔽、转移等变相发泄。与人相处天长日久，会使人感到缺乏诚意，也不够坦率，并由此对你敬而远之。

大多数选择D：说明你有很好的克制力，克制的方法好，社会效果也蛮不错。你宽宏大度、以诚待人的品格，受到人们（其中也包括起初对你怀有“敌意”的人）的尊重。在人际关系上你是个有雅量的人。

十、应付挫折能力测评

应付挫折能力测评

测评导语

挫折感是一种普遍存在的社会心理现象，从广义上来说，它是一种消极的情绪反应，是在个人和团体的需要和动机不能获得满足时产生的。应付挫折能力是一个人在受到外部或内部困难冲击时的一种自我意识的防卫心理及行为。如果一个人的抗挫折能力很差，那么他在遇到困难时心理就很容易被摧垮，导致自暴自弃。反之，抗挫折能力强的人，就算遇到再大的困难也能应付自如。

测评题

1．在过去的一年中，你自认为遭受挫折的次数：（　）

A．0～2次　　B．3～5次　　C．5次以上

2．你每次遇到挫折：（　）

A．大部分能解决　　B．有一部分能解决　　C．大部分解决不了

3．你对自己才华和能力的自信程度如何？（ ）

A．十分自信　B．比较自信　C．不太自信

4．你对问题经常采用的方法是：（ ）

A．知难而进　B．找人帮助　C．放弃目标

5．有非常令人担心的事时，你：（ ）

A．无法工作　B．工作照样不误　C．介于A、B之间

6．碰到讨厌的对手时，你：（ ）

A．无法应付　B．应付自如　C．介于A、B之间

7．面临失败，你：（ ）

A．破罐破摔　B．使失败转化为成功　C．介于A、B之间

8．工作进展不快时，你：

A．焦躁万分　B．冷静地想办法　C．介于A、B之间

9．碰到难题时，你：

A．失去自信　B．为解决问题而动脑筋　C．介于A、B之间

10．工作中感到疲劳时：

A．总是想着疲劳，脑子不好使了

B．休息一段时间，就忘了疲劳

C．介于A、B之间

11．工作条件恶劣时，你：

A．无法干好工作　B．能克服困难干好工作　C．介于A、B之间

12．产生自卑感时，你：

A．不想再干工作　B．立即振奋精神去干工作　C．介于A、B之间

13．上司给了你很难完成的任务时，你会：

A．顶回去了事　B．千方百计做好　C．介于A、B之间

14．困难落到自己头上时，你：（ ）

A．厌恶至极　B．认为是个锻炼　C．介于A、B之间

评分标准

请对照下表统计你的总分。

题号＼得分＼答案	A	B	C	题号＼得分＼答案	A	B	C
1	2	1	0	8	0	2	1
2	2	1	0	9	0	2	1
3	2	1	0	10	0	2	1
4	2	1	0	11	0	2	1
5	0	2	1	12	0	2	1
6	0	2	1	13	0	2	1
7	0	2	1	14	0	2	1

测评结果分析

19分以上：说明你的抗挫折能力很强。

9～18分：说明你虽有一定的抗挫折能力，但对某些挫折的抵抗力薄弱。

8分以下：说明你的抗挫折能力很弱。

十一、突发事件应变能力测评

突发事件应变能力测评

测评导语

在日常生活中的突发事件，往往会给你带来许多麻烦，甚至会影响你的寿命。看看突发事件应变能力如何？做下列测验题，假如题中所出现的情况对你来说尚未发生过，则按你将来会处理那些问题时的方法去选择。本测评由一系列陈述语句组成，根据你的实际情况，选择最符合自己的描述；在选择时，请根据自己的第一印象回答，请不要做过多的思考；将符合你情况的答案写在括号里。

测评题

1．你书房的书被水管漏水浸坏了：（　）

A．你非常不快，不停地抱怨

B．你想借此不交物管费，并写了批评信

C．你自己擦洗、清理、烤晒图书，并修理水管

2．在节假日里，你和爱人总会为去看望谁的父母发生争执：（ ）

A．你认为最好的办法就是谁的父母都不去看望，以减少麻烦

B．订个计划，这次看望爱人的父母，下次看望你的父母，轮流看望

C．决定在重要的节假日里，和你的家人团聚，而在其他节假日里与爱人的家人共度

3．如果某个朋友要结婚了，你去参加婚礼，当然得送红包，这时：（ ）

A．事先对对方说你有事不能参加，事实上你并没有什么事情，你只是为了不送红包

B．对那些你认为重要的朋友，比如可以给你带来生意上的帮助的人，你才愿意参加其婚礼并送红包

C．你不送红包，但经常收集一些小的或比较奇特的礼物来应付朋友结婚这类事情

4．当你感觉身体不舒服时：（ ）

A．你会拖延着不去就诊，认为慢慢会好的

B．自己诊断一下，去药房买药

C．把这种情况及时告诉家人，然后去医院检查

5．生活中的各种压力使你变得容易和家人发怒时：（ ）

A．你会想法向朋友倾诉

B．你设法避免和家人争吵

C．你和家人一起讨论，研究解决的办法

6．你的亲友在事故中受了重伤，你得知消息时：（ ）

A．失声痛哭，不知该如何是好

B．叫来医生，要求服镇静剂来度过以后的几小时

C．抑制自己的感情，因为你还要告诉其他亲友

7．你的能力得到承认，并得到了承担一份重要工作的机会：（ ）

A．你会放弃这个机会，因为这项工作的要求太高

B．你怀疑自己能否承担起这项工作

C．你仔细分析这项工作的要求，做好准备设法把它做好

8．一位好朋友将要结婚了，在你看来，他们的结合不会幸福：（ ）

A．你会认真地规劝那位朋友，请他慎重考虑

B．努力说服你自己，让自己相信时间还允许朋友改变计划

C．你不着急，因为你相信一切都会好起来

9．当你和别人发生纠纷，不得不去法庭诉讼时：（　）

A．你会因为焦虑和不安而失眠

B．你不去想这件事，出庭时再设法应付

C．你把这件事看得很平常

10．当你和邻居发生争执，却没有争出结果时：（　）

A．你借酒浇愁，想把这件不快的事忘掉

B．请教律师如何与邻居打官司

C．外出散步或消遣，以平息心中的愤怒

评分标准

选择A得1分，选择B得2分，选择C得3分。

测评结果分析

分数为15分以下：在突发事件面前束手无策，应变能力很差。

分数为15～25分：在突发事件面前应变处理问题稍有点迟疑。不要作出那些会使你以后为难的决定，从一开始就要面对现实。

分数为25分以上：在突发事件面前应变处理问题能力很强，所以作出的决定是从实际情况出发的。

第二章 经营管理能力测评

一、管理潜能测评

管理潜能测评

测评导语

管理潜能就是进行管理的一些潜在能力，此测评题在于测评员工是否具备组织、分析、协调、计划、表达、判断等管理潜能，是否适合当管理者。

测评题

请用“是”或“否”回答下列问题。

1．你买东西，喜欢讨价还价。（ ）

2．曾在某些活动中担任过主持人。（ ）

3．在就餐或买东西时，是否曾指责过服务员服务不佳？（ ）

4．曾经率先发动组织集会或团体活动。（ ）

5．曾使兴趣索然的场合变得生气勃勃。（ ）

6．在大众面前讲话感到困难。（ ）

7．与陌生人说话感到困难。（ ）

8．第一次做某件事时会感到很紧张。（ ）

9．常常因犹豫不决而坐失良机。（ ）

10．参加集会时常常告诫自己不要抛头露面。（ ）

11．热衷于有创造性的工作时，即使没有朋友支持，也能独立进行。（ ）

12．让你在跳舞和演戏中选择，你是否选择跳舞？（ ）

13．与其共同负责，还不如个人负责更好。（ ）

14．受到打击时，宁愿独自承受。（ ）

15．做事时更喜欢一个人去完成。（ ）

16．写信时需要再重新誊写过。（ ）

17．和多数人相处比一个人独处更愉快。（ ）
18．虽是正当的事但遭到嘲笑会觉得没趣。（ ）
19．遇到令人烦恼的事希望有他人在你身旁。（ ）
20．更喜欢运动而不太喜欢看书。（ ）
21．很少注意他人的脸色。（ ）
22．你已买下的东西，过后常会去退换。（ ）
23．是否很少担心将来的事？（ ）
24．你充满自信。（ ）
25．做没有兴趣的工作时，不需要别人的鼓励。（ ）
26．事事都有决断力。（ ）
27．被人嘲笑时，自己也笑得出来。（ ）
28．即使被他人反对，还是会坚持己见。（ ）
29．发生意外事件时，你会立即出力协助。（ ）
30．你非常喜欢与人交往。（ ）
31．有过羞愧到无地自容的经历。（ ）
32．是否经常积蓄财产？（ ）
33．经常反思自己的过错。（ ）
34．因为迷惑常常变更正在进行的事情。（ ）
35．与上司相处会觉得拘束。（ ）
36．做事受到挫折，会很快泄气。（ ）
37．你是一个十分敏感的人。（ ）
38．工作时有旁观者会觉得不安。（ ）
39．在开会时常会词不达意，言不由衷或有言不发。（ ）
40．会因为小事受挫而变得意志消沉。（ ）
41．大家聚集一堂，你是否感到愉快？（ ）
42．你讲话时，别人是否会用心听？（ ）
43．你是否愿意承认自己的错误？（ ）
44．朋友们是否会来征求你的意见？（ ）
45．是否常常不原谅他人的过错？（ ）
46．是否常常设法提起他人感兴趣的话题？（ ）
47．对大部分事情，是否可以按自己的想法表达出来？（ ）
48．大家讨论问题时，是否站在团体的立场上听取各人的意见？（ ）

49．在决策家庭事务或工作问题之前是否先设法了解大家的意见？（ ）

50．你是否认为，所谓意见主要是由经验造成的？（ ）

51．假若你改变了观点，旁人是否会认为你是弱者？（ ）

52．受到别人批评时是否会觉得不自在？（ ）

53．与他人交谈时，你是否会心不在焉？（ ）

54．他人不同意你的意见时，你是否表现得不高兴？（ ）

55．你是否限制交朋友的圈子？（ ）

56．寄出信后常会后悔。（ ）

57．常常说一些不便让别人知道的话。（ ）

58．对一些需要对质的问题不希望当面回答，怕别人指责你的错误。（ ）

59．在商量时常常与人争论，或使用命令式口气。（ ）

60．你能承认你的辩论对手也有道理吗？（ ）

评分标准

第1～5题，第11～15题，第21～30题，第41～50题各题答“是”者得2分，答“否”者得0分。

第6～10题，第16～20题，第31～40题，第51～60题，各题答“否”者得2分，答“是”者得0分。

各题未答者均得1分。

满分为120分，最低分0分。

测评结果分析

100分以上者：管理潜能较优。

90～99分者：管理潜能良好。

80～89分者：管理潜能一般。

70～79分者：管理潜能较差。

69分以下者：管理潜能缺乏。

二、组织能力测评

组织能力测评

测评导语

组织能力，是指组织人们去完成组织目标的能力。它是管理者及领导者成功有效地完成某种活动的基本条件，是领导者不同于被领导者的一种独特个性的心理特征。组织能力直接影响到管理人员的工作效益和质量优劣。此测评的目的在于确认被测评者是否具备组织人们去完成组织目标的能力。

测评题

请用“是”或“否”回答下面的问题。

1．你能正确区分各种事情的轻重缓急吗？（ ）

2．你能在收到函电当日即刻处理吗？（ ）

3．你知道自己一天中什么时间效率最高，从而将最重要的事情安排在这个时间处理吗？（ ）

4．你能保持桌面整洁，不乱放文件吗？（ ）

5．你是否每天在固定的时间与外界进行电话联络？（ ）

6．你每天上班时即有清晰的全天工作安排吗？（ ）

7．你有将重要事情写在记事簿上的习惯吗？（ ）

8．你有加速处理日常工作的小窍门吗？（ ）

9．你如果有急事外出，会记得给秘书留下联络电话吗？（ ）

10．你召开重要会议时，会吩咐秘书切断电话吗？（ ）

11．你有一套严谨的归档方法吗？（ ）

12．你能充分利用日记本来记录日期、时间、地点、人名及电话号码吗？（ ）

13．你在打电话之前，是否先将谈话要点写出来？（ ）

14．你每天在固定的时间处理函电吗？（ ）

15．你知道自己办公桌每个抽屉里装着什么吗？（ ）

评分标准

回答“是”得5分，回答“否”不计分。

测评结果分析

55～75分：你深深懂得良好的工作习惯可以节省时间，提高效率，是一位组织能力极强的经理人。

35～55分：你的粗心大意虽不至于招灾引祸，但仍然害人害己，严谨的工作作风才是成功的保证。

35分以下：你由于工作作风涣散而浪费了大量宝贵的时间，也失去了大家的尊敬，如此下去实在危险。

三、决策能力测评

决策能力测评

测评导语

决策能力，是指领导者对某件事拿主意、做决策、定方向的领导管理绩效的综合性能力。决策能力包括：经营决策能力、经营管理能力、业务决策能力、人力资源决策能力、战术与战略决策能力等。这些能力直接关系到企业或其他团体的命运和经营管理及团体领导者的管理绩效。很多时候，管理者由于不善决策或决策失误，会使机会都丧失掉或导致灭顶之灾。此测试的目的是确认被测评者是否具备对某件事拿主意、做决策、定方向的领导管理绩效的综合性能力。

测评题

1．如果有人占用了你的停车位，你会：（　）

A．再另找一个车位

B．找到车主，请他将车开走

C．向保卫部门报告，请他们采取措施

2．如果你认为公司付给你的工资不足以反映自己的工作能力和工作量，应该得到提高，你会：（　）

A．与老板激烈争论，以辞职相威胁

B．与老板开诚布公地讨论，请求他考虑

C．不采取任何行动，但让所有的朋友都知道自己的想法

3．如果某个公司提供的残次品给你们部门的工作带来很多麻烦，而这家公司的老板同你公司的董事长私交又甚密，你会：（ ）

A．立即要求对方退换不合格产品并赔偿误工损失

B．向老板请示处理办法

C．将不合格产品退回供货公司，要求退换

4．你如果发现某位你信得过的下属在报销费用时有欺诈行为，你会：（ ）

A．向老板报告此事，任由他处理

B．警告他如果再这样下去你就不客气了

C．严厉斥责他的行为并决定从他的工资中扣除贪污部分

5．如果你辛辛苦苦地坐几个小时的车去见一位重要客户，结果发现由于他的秘书忘记把这件事记在工作日志上，他已经出去见其他客户了，你会：（ ）

A．第二天给他打电话抱怨

B．接受秘书的道歉，重新安排会见

C．请秘书向她的老板解释并重新安排会谈时间

6．如果你提出的某项拓展市场、提高利润的建议遭到老总的否决，你会：（ ）

A．不再关心这件事

B．暂时搁置不提，找机会通过其他方法继续说服他

C．直接向上级领导汇报

7．如果你在一家企业管理研讨会上发表意见时遭到某位同事的强烈攻击，你会：（ ）

A．对其误解表示愤慨

B．毫不退缩，反戈一击

C．虚心听取批评，表示愿意商榷

8．如果老板在年终评估时对你提出了一些不公正的批评，你会：（ ）

A．虽然心里不服，但保证反思他的意见

B．不置可否，忍气吞声

C．立即为自己分辩，试图要他承认错误

9．如果某位难以管教的“老大难”人物被分配到你的部门，你会：（ ）

A．欢迎他的到来，同时告诫他要遵守规章制度

B．以冷淡的态度对待他，视而不见其种种劣迹

C．希望他改邪归正，全力合作，否则你将采取相应的措施

10．经过几个月的准备工作，一个大项目终于要上马了，可就在即将开工之际，

你被告知需要削减预算。你会：（ ）

A．马上反驳削减预算的计划，同时宣布你不能保证该项目的成功

B．要求有关部门给予解释，力争收回削减预算的计划

C．一方面提出抗议，另一方面同意执行新计划

评分标准

1．A．0分，B．3分，C．2分。2．A．3分，B．2分，C．0分。

3．A．3分，B．0分，C．2分。4．A．0分，B．2分，C．3分。

5．A．2分，B．0分，C．3分。6．A．0分，B．2分，C．3分。

7．A．2分，B．3分，C．0分。8．A．2分，B．0分，C．3分。

9．A．2分，B．0分，C．3分。10．A．0分，B．3分，C．2分。

测评结果分析

24～30分：你遇到麻烦或压力时极易激动。许多行为在别人看来过于偏激、鲁莽，而你却认为是果断的表现、合情合理的做法。

14～23分：你个性坚强，有胆有识。虽有独立创见，但并不一意孤行。你因真诚坦率的品质深受大家拥戴。

7～13分：你在维护自己的正当权益时显得过于怯懦。你如果不增强自信心，就很难被委以重任，更难成为真正的经理人。

7分以下：你随时有被淘汰的危险。你谦逊的作风固然可贵，但在职场却是自取灭亡。

四、领导能力测评

领导能力测评

测评导语

领导力就是指在管辖的范围内充分地利用人力和客观条件，以最小的成本办成所需的事，提高整个团体的办事效率。对于管理人员，必须具备一定的领导能力，此测评的目的在于确认被测评者是否具备在组织或群体中发挥领导作用的能力。

测评题

1．在以下三种职业中，你最喜欢哪一种？（　）

A．做某个组织的发言人

B．做某个团体的首领

C．做某支军队的指挥官

2．你认为权力下放有何益处？（　）

A．有利于提高个人能力

B．可以让上级领导集中精力于高层管理

C．减轻上级领导的工作负担

3．当你作出某项与下属的工作密切相关的决定时，你是否事先征求了他们的意见？（　）

A．是的，因为我一贯重视下属的意见

B．不，我认为经理人有权作决定

C．不一定，这要取决于我是否有时间

4．你授予下属多大权限？是否希望他们：（　）

A．先斩后奏

B．每做重要决定时都征求你的意见

C．自行决定是否需要征求你的意见

5．你希望下属参与制订工作计划吗？（　）

A．不，因为他们只会劝我把指标定得低低的

B．是的，因为这样才能使他们发扬奉献精神，努力完成任务

C．有时候，但重大项目除外

6．如果某位下属在完成一项艰巨任务过程中表现出色，你是否：（　）

A．立即向他表示祝贺

B．不加评论，避免他趁机要求加薪

C．遇到他时顺便赞扬几句

7．如果某位一向表现不错的员工突然走下坡路，你是否：（　）

A．尽快与他促膝谈心，找出问题所在

B．态度强硬地威胁他，逼他改正

C．上报人力资源部门，请他们去调查

8．如果你将向全体下属宣布一项重要的新措施，是否：（　）

A．发一份简报，将新措施方案刊载在其中

B．安排一位助手去向大家解释

C．召开一次专门会议，向每位下属详细解释新方案

9．如果某位下属因未获提升而情绪低落，你是否：（ ）

A．告诉他那个职位本来就不适合他

B．教他改进的方法，以便在下次提升时脱颖而出

C．劝他别伤心，谁没有挫折

10．如果你对某位下属提出的过激方案不感兴趣，是否：（ ）

A．指出这个方案的缺陷，同时鼓励他重新考虑新方案

B．告诉他这个方案不合时宜，成本太高，不实用

C．表示将认真考虑他的意见，随后却丢进档案柜

评分标准

第1、2、3、4题：选A计1分，选B计5分，选C计3分。

第5、6、7、8、9、10题：选A计5分，选B计3分，选C计1分。

测评结果分析

40～50分：表明你是一位出色的经理人，很善于调动下属的积极性，使他们发挥自己的最大潜力。你领导的部门一定气氛融洽，生动活泼，各位员工都富有朝气和干劲。

25～35分：表明你能正确认识经理人的职责，不过有时还不够大胆，不能充分相信群众。

10～20分：表明你过于保守，束缚着下属的发展。你不仅需要增强自信心，也需要增强对别人的信心。

10分以下：你根本不适合做经理人。

五、有效主持会议能力测评

有效主持会议能力测评

测评导语

会议是管理人员工作中的一部分，无论开会的目的是解决问题，还是抛砖引玉，

它们都是人与人沟通的桥梁。管理人员必须是出色的会议主持人。企业不仅通过会议制定方针大计，也通过会议树立公众形象，因此，许多企业的成与败同会议主持者关系密切。所以，对于中高层管理人员而言，此一能力非常重要。本测评的目的在于确认被测评者是否是一个优秀的会议主持者。

测评题

1．假设你召集6位下属开会，研究解决老总布置下来的一个紧急任务，你以什么为开场白？（ ）

A．简述任务内容，请各位与会者发表见解

B．简述任务内容，解释它们的重要性及召开会议的目的

C．直截了当地讲解具体任务

2．如果与会者中有精通这个问题的专家，你会：（ ）

A．由他自行找机会发言

B．首先征求他的意见

C．等别人发言后再让他讲

3．如果某位特别啰唆的人大讲特讲与主题无关的教条理论，耽误很多时间，你会：（ ）

A．听任他讲下去，等待其他与会者群起而攻之

B．有策略地打断他的话，指出时间很宝贵

C．不客气地请他停止，让别人发言

4．某位很有头脑但很腼腆、害羞的下属一直沉默不语，你会：（ ）

A．轻声问他“你有什么看法”

B．认为他没有什么话要讲

C．要求听听他的高见

5．如果两位与会者因持不同见解而争得面红耳赤，你会：（ ）

A．听任他们争论下去，谁获得多数人的支持就赞成谁的观点

B．对他们二位的踊跃发言表示感谢并提出自己的看法，然后开始讨论新问题

C．斥责他们的行为，继续讨论其他问题

6．如果大家讨论得越来越热烈，议题多而杂，你将如何控制会场？（ ）

A．对大家的意见做一小结，请大家将无关的问题留待以后讨论

B．建议暂时休会

C．敲桌子要求肃静

7．假如会议讨论的问题很复杂，需要作出许多决定，你会：（ ）

A．开会后第二天即将这些决定整理出来，发给与会者

B．每讨论一个问题，便做出相应的决定，同时落实完成任务的期限并指定负责人

C．在会议结束之前做出决定

8．召开如此冗长而复杂的会议一定要做笔记，你会：（ ）

A．亲自记录

B．请秘书记录

C．请其中一位与会者记录

9．如果你在会议上听到了许多与自己观点不同的意见，你会：（ ）

A．随时打断别人的发言，发表自己的意见

B．偶尔谈谈对一些重要问题的看法

C．不置可否，以免打断别人的思路

10．你怎么结束会议？（ ）

A．请大家留下再讨论一个你刚刚想到问题

B．感谢大家的合作，预定下次开会检查工作进程的时间

C．敷衍地感谢与会者，宣布散会

评分标准

与下列答案相同者得5分，不同得0分：

1．B，2．B，3．B，4．A，5．B，6．A，7．B，8．A，9．B，10．B。

测评结果分析

40～50分：你完全掌握主持会议的要诀，希望你的下属能向你学习。

20～35分：你可能在主持日常工作会议时游刃有余，而碰上复杂的会议就不那么随心所欲了，不妨在下次开会时请一位有经验的同事列席，让他帮助你纠正不足。

15分或以下：你不会主持会议，控制不了会场秩序，应该向老板或人力资源部申请进修。

六、管理能力综合测评

管理能力综合测评

测评导语

管理能力，是指影响管理者经营效率的心理特征，如：人际关系能力、思维决策能力、判断能力、创造能力、技术能力等。管理者所具备的这些能力的高低，直接决定经营管理的效率优劣。本测评的目的在于确认被测评者是否具有优秀的管理能力。

测评题

请根据你的实际情况选择答案。

1．假定有人告诉你说，你的上司好像有使你和你的下属或上司之间产生互不信任的意思。这时候，你是：（　）

A．马上把那些人赶走

B．对告密人说：管那种闲事，还不如把自己的事情做好

C．为了发现其原因，跟那些人谈一谈

D．为了弄清事实，你决定要调查所说的事情

2．想要提拔两个人，但空缺只有一个，他们资历相同，工作成绩也难分出上下，所以更加难以决定。其中一人是你的挚友，另一个人与你并没有什么特别关系。现在必须要作出最后决定，你将会：（　）

A．提拔你的挚友

B．为了表示公正，选定另一人

C．让他们作某种竞争看看

D．以抽签方式决定

3．发生过错，当事者是个不谨慎而且愚笨的人，你知道在大家面前批评他是没有效果的，那么你：（　）

A．在大家面前批评他

B．为了对自己及下属表明你是自制力很好的人，忍住不生气

C．为了保持全体和睦相处，把那件事情掩饰过去

4．你所讨厌的人请你帮忙做一件有条有理的事，按照公平的想法，在可以做的情形之下，你仍然拒绝帮忙吗？（　）

A．是

B．不是

5．你的下属某人做了一件值得称赞的事，假使你公开赞扬他的话，等于帮助他调升到上级部门去，你的部门会受很大影响，在这种场合你：（ ）

A．把他留住

B．一面推荐他上升，一面在自己办得到的范围内设法应付

C．把他挽留到继任者能够胜任时

6．你听到某同事可怕的秘密，他在做犯法的事，或者变得行为粗暴，或者做出某种行为不端的事情。在你知道的范围内，他的行为还不会影响到他向来表现良好的工作，对这种情况，你的反应是：（ ）

A．假使自己是他的上司，那么就立刻把他炒掉

B．好好跟他谈一谈，同时告诉他现在的所作所为，早晚会影响他的工作

C．要态度来让他知道，你在责备他的行为

7．请把你过去的或者现为你上司的人物想一想，你对他的意见，和下列哪一条相符？（ ）

A．我不了解他，也不知道该如何去获得他的信任

B．我经常想得出他行动的理由

C．他举止古怪，简直是精神分裂者，无法知道他大部分时间如何消磨

8．你的下属某人因为在同事间人缘不好，你想要亲近他，可是他以怨报德，向你的上司搬弄是非，对你不利。假如因为这件事你发脾气的话，你的想法是属于下列哪一种？（ ）

A．唉！社会就是这样，你想对人家好，可是他要从你的背后插一刀

B．无用的家伙，真是个没有情感的东西，跟任何人都没办法亲密来往

C．我要马上想办法好好教训他一顿

9．你的下属某人想方设法讨你的喜欢，正用心接近你。对他的马屁，你会采取哪一种态度？（ ）

A．为了避免引起同事的愤怒，请他注意不要有这种谄媚的行为

B．向你的下属表示，你不必特别对人家好也有人自然讨好你，你更助长他的行为

C．向你的下属表示，不用收买你，也可以得到你的体贴

10．一位新下属刚到职工作，他是个有点胆怯的人物，看来他好像喜欢那个工作，但有一天他问你能不能调到别的部门去工作，这时你该怎么办？（ ）

A．怀疑他希望调到薪水较高的部门

B. 尽可能去发现威胁他的是什么

C. 认为他原来是假装喜欢他的工作

11. 你的下属告诉你说："自从安装新的研磨机以来，林××总是不用心操作。"这时，你认为可能是下列哪一种情形？

（ ）

A. 林××不满意新机器

B. 你的下属不想让林××操作新机器

C. 林××容易发生事故

D. 你的下属喜欢骚扰旁人

12. 你升为公司的副总经理，在庆祝会上同事们庆祝你的高升，但你注意到有一个人对你的高升不高兴，同时你也知道，他也希望获得这个位置，那么你该怎么办？（ ）

A. 判定他是个缺乏感情的人

B. 他是个不诚实的人，决心等他改变为好人

C. 帮助他克服、改变不满情绪

评分标准

正确答案：1. D，2. C，3. A，4. B，5. C，6. B，7. B，8. B，9. A或C，10. B，11. C，12. C。

每个题答对的计10分，答错或不作答不计分。

测评结果分析

90分以上为优秀，表明你的管理能力超人，完全能胜任经理人一职。

60～89分为有希望，只要你在某些方面做一些改进，就能进入优秀经理人的行列。

59分以下为不及格，这时你就要好好考虑一下自己是否适合经理人一职。

第三章　工作执行能力测评

一、工作态度测评

工作态度测评

测评导语

工作态度是对工作所持有的评价与行为倾向，包括工作的认真度、责任度、努力程度等。工作态度作为工作的内在心理动力，影响对工作的知觉与判断、促进学习、提高工作的忍耐力等。这些功能，直接关系到工作绩效的大小。此一测评的目的在于确认被测评者的工作态度是否积极、认真、主动。

测评题

请在每道题后选择“是”、“尚可”或“否”。

1．心中是否有一位期待中的经理人或可作为目标的经理人，并想努力和他们一样？（　）

A．是　　B．尚可　　C．否

2．是否积极地探索自己的任务及其内容，并加以明确化，而且对该内容加以说明？（　）

A．是　　B．尚可　　C．否

3．是否重新认识公司的方针、期待，以及公司内外环境的变化？（　）

A．是　　B．尚可　　C．否

4．是否与公司、下属、相关部门的管理者、相关人员等沟通，了解他们的期盼？（　）

A．是　　B．尚可　　C．否

5．执行任务时，即使上司没有指示，是否自己也能主动地思考与行动？（　）

A．是　　B．尚可　　C．否

6．是否不逃避充满难题或负担的工作，反而乐于接受并且努力解决？（ ）

A．是　　B．尚可　　C．否

7．是否执行任务时，即使发生困难，也不会中途放弃，一定坚持到底？（ ）

A．是　　B．尚可　　C．否

8．是否不会把执行上遇到的障碍作为不能完成任务的理由，而会想出解决的办法？（ ）

A．是　　B．尚可　　C．否

9．是否掌握部门的实际情况及下属的行为，并且应用在任务的执行上？（ ）

A．是　　B．尚可　　C．否

10．是否建立任务执行的确切目标，并且有计划持续地执行？（ ）

A．是　　B．尚可　　C．否

评分标准

选“是”的计10分，选“尚可”的计5分，选“否”的计3分。

测评结果

80～100分：表明你工作态度很好，完成任务时均能主动地、有计划性地持续完成。

65～79分：表明你工作态度一般，基本上能完成任务，但有时也需要有人去监督。

64分以下：表明你工作态度很差，无法完成每天的工作与计划，不适合做经理人。

二、工作行为测评

工作行为测评

测评导语

工作行为是指人们对职业劳动的认识、评价、情感和态度等心理过程的行为反映，是职业目的达成的基础。良好的工作行为表现为：执行任务时，取得上司、下属、相关职责部门或相关经理人的协助；主动进行任务执行的自我评价，修改监督行为、方法。此测评的目的在于了解被测者的工作行为状态。

测评题

请在每一题后选择“是”、“尚可”或“否”。

1．是否在执行任务时，为了取得上司、相关职责部门的管理者，或相关人员等的协作或援助，平常就已加深彼此的理解，交换信息？（ ）

A．是　　B．尚可　　C．否

2．是否能收集整理任务执行所需的必要情报、资料，并加以活用？（ ）

A．是　　B．尚可　　C．否

3．执行某项需要下属协助的任务时，是否能听取下属的意见？（ ）

A．是　　B．尚可　　C．否

4．任务执行时，是否了解相关的公司管理制度，并加以善用？（ ）

A．是　　B．尚可　　C．否

5．对任务的执行是否能自我评价、重新评估行为或方法，并加以修正？（ ）

A．是　　B．尚可　　C．否

6．是否请求上司针对任务执行情况给予评价、建议与指导？（ ）

A．是　　B．尚可　　C．否

7．是否考虑任务执行中必要的能力，致力于它的提升与技能学习的自我启发，并谋求提升成为一位经理人应有的素质？（ ）

A．是　　B．尚可　　C．否

8．是否掌握所花费的时间，是否对该积极解决的事多下工夫？（ ）

A．是　　B．尚可　　C．否

9．是否会言行一致，而且率先行动？（ ）

A．是　　B．尚可　　C．否

10．是否会针对任务的内容与其执行，与其他经理人交换信息、资料，进行协商或举办研讨会？（ ）

A．是　　B．尚可　　C．否

评分标准

按“是”、“尚可”或“否”来分类统计所选答案。

测评结果

选8个以上的“是”，表明你行动积极，而且能有计划地完成你的工作，是个优秀的经理人。

选6个以上的“尚可”，表明你行动一般，有时需要在上司的督促与监督下才能够完成工作。

选5个以上的“否”，表明你行动消极怠慢，行动不力，你的行动会严重影响你团队的士气。

三、工作计划测评

工作计划测评

测评导语

计划可以被定义为：“决定目标及如何达到目标的一个程序。”有计划地执行工作非常重要，职场人士如果没有一定的方向或目标，则自己或所管部门就如一条漂泊于大海上的船，没有目标，也会让下属陷于不安与恐慌中，就无法完成工作任务。此一测评的目的在于确认被测者做事是否有目标性、计划性。

测评题

请在每道题后选择“是”、“尚可”或“否”。

1．是否在理解上司的方针、掌握职责的状态及问题之后，还会听取公司或上司的方针、下属的意见，并且制定职责管理的目标，制订计划？（　）

A．是　　B．尚可　　C．否

2．是否能明确说明公司的现状、公司及上司的方针、通知事项及其他的指示事项等，以便让下属明白？（　）

A．是　　B．尚可　　C．否

3．是否收集整理情报与资料，并加以运用，并且告知上司、下属个别所需的信息、资料？（　）

A．是　　B．尚可　　C．否

4．是否不断地完善职责，并制订和完成计划？（　）

A．是　　B．尚可　　C．否

5．工作场所是问题丛生的地方，是否对于发生的问题都积极思考，努力解决？（　）

A．是　　B．尚可　　C．否

6．是否为了使上司可以充分地发挥他的能力，会恰当地给予其辅助？（　）

A．是　　B．尚可　　C．否

7．是否就上司所指示的业务计划（生产计划、销售计划等）制定正确的工作（作业）计划，并依照计划执行？（　）

A．是　　B．尚可　　C．否

8．是否在降低成本、保证质量、防止工作时间的流逝、严守交货期、确保安全等方面下工夫，并严格执行？（　）

A．是　　B．尚可　　C．否

9．是否使工作明确化，而不让它固定化，并注意下属与工作的匹配，以及工作的安排、增加、充实与改善等？（　）

A．是　　B．尚可　　C．否

10．是否确认相关职责的协作关系，并决定协助的方法？（　）

A．是　　B．尚可　　C．否

评分标准

按“是”、“尚可”或“否”来分类统计所选答案。

测评结果

选8个以上“是”的，表明你行动积极，而且有计划地完成你的工作，是个优秀的经理人。

选6个以上“尚可”的，表明你行动一般，有时需要在上司的督促与监督下才能够完成工作。

选5个以上“否”的，表明你行动消极怠慢，行动不力，你的行动会严重影响你团队的士气。

四、业务执行测评

业务执行测评

测评导语

优秀的员工在执行业务时，要考虑该采取什么行动，而且要获得上司、下属、相关人员的协助，使业务继续执行到底。同时，要会自我评价业务，根据其结果重新评估并充实自己的行动。此测评的目的在于确认被测评者是否具备业务执行的能力。

测评题

请在每道题后选择“是”、“尚可”或“否”。

1．是否明确让下属知道必须遵守的公司纪律、部门规范行为准则，并要他们严格遵守？（ ）

A．是　　B．尚可　　C．否

2．是否进行公正、恰当的人事评定、配置、调动、晋升等，而且合理地管理上班时间、工作时间、呈报奖惩？（ ）

A．是　　B．尚可　　C．否

3．是否掌握下属的意识及意见，收集、整理、善用人事情报，同时也提供上司或人事部门所需的情报？（ ）

A．是　　B．尚可　　C．否

4．是否进行安全教育，以及促进身体健康的活动？（ ）

A．是　　B．尚可　　C．否

5．为了让每位下属都能活性化，是否善用下属的能力，引发其主动性，策谋发挥其能力的方法？（ ）

A．是　　B．尚可　　C．否

6．是否为了让团体（集团）活性化，提出意见，共同努力完成任务？（ ）

A．是　　B．尚可　　C．否

7．培育下属时除了设定目标、与下属交谈后订立计划之外，是否还运用职责指导的特征，并通过工作或职责的各项活动进行？（ ）

A．是　　B．尚可　　C．否

8．是否经常留意制造一个有活力、和睦，可以自由地表达意见的工作气氛？（ ）

A．是　　B．尚可　　C．否

9．是否为了使下属对职责生活有满足感，有一套充实职责生活的方法？（ ）

A．是　　B．尚可　　C．否

10．身为职责意见沟通的中心人物，是否能使上下左右人员的沟通活跃起来？（ ）

A．是　　B．尚可　　C．否

评分标准

按“是”、“尚可”或“否”来分类统计所选答案。

测评结果

选8个以上“是”的，表明你经常考虑业务执行时所要采取的行动，而且能得到上司及相关人员的协作。

选6个以上“尚可”的，表明你业务执行能力一般。

选5个以上“否”的，表明你业务执行能力有待提高。

五、成员合作测评

成员合作测评

测评导语

团队合作指的是一群有能力，有信念的人在特定的团队中，为了一个共同的目标相互支持合作奋斗的过程。团队合作的表现为：

（1）成员密切合作，配合默契，共同决策和与他人协商；

（2）决策之前听取相关意见，把手头的任务和别人的意见联系起来；

（3）在变化的环境中担任各种角色；经常评估团队的有效性和本人在团队中的长处和短处；

（4）赤胆忠心。

此一测评的目的在于确认被测评者是否有融入团队并且合作的能力。

测评题

请用“是”、“尚可”或“否”回答以下问题。

1．是否制造与相关人员交谈的机会，是否促进相互了解和意见沟通，并有一套彼此协助、联络的方法？（ ）

A．是　　B．尚可　　C．否

2．是否与相关人员交换信息、资料？（　）

A．是　　B．尚可　　C．否

3．是否有一套向相关人员询问现场状态或问题的方法？（　）

A．是　　B．尚可　　C．否

4．是否指导相关人员有关现场专业的技能或经验，并给予建议？（　）

A．是　　B．尚可　　C．否

5．是否能向相关人员讨教专业知识、技术、技法，并请其提供建议？（　）

A．是　　B．尚可　　C．否

6．是否能就制度的设计或制定机器设备或工具的设计、图形、规格等，发表使用生产方面的意见？（　）

A．是　　B．尚可　　C．否

7．是否能就制度的运用，工作整体的流程，机器或零件的供应等等是否影响工作提出意见？（　）

A．是　　B．尚可　　C．否

8．是否能转达下属对相关人员的期望，要求他们参与职责座谈会，从而听取下属的意见？（　）

A．是　　B．尚可　　C．否

9．是否能灵活运用相关人员对下属进行教育训练？（　）

A．是　　B．尚可　　C．否

10．是否与相关人员合作，实现共同的目标或解决共同的问题？（　）

A．是　　B．尚可　　C．否

评分标准

选“是”的计10分，选“尚可”的计5分，选“否”的计3分。

测评结果

80～100分：表明你解决成员合作的能力很强，有经验，有责任，应变能力强。

65～79分：表明你有一定的合作能力，并能解决一般需交流的问题及员工间的不协调，但对于一些重大或特别的事项就需上司或别人帮忙了。

64分以下：表明你解决成员合作的能力有待提高，多和对方交流，多了解别人的信息资料。

六、职责合作测评

职责合作测评

测评导语

不管处于哪一个岗位的员工，都处于组织的连接点上，所以必须要考虑到与相关人员、单位（部门）相互间的合作关系。员工在与相关职责者的合作如果只限于“相互合作”的话，那是永远也无法实现的，另外，除了谋求相互间意见的沟通、了解之外，还应考虑相互合作时需要什么，并切实执行。本测评的目的在于确认被测评者在职责合作方面的意识与能力。

测评题

请用“是”、“尚可”或“否”回答下面问题。

1．是否制造机会坦率地与相关部门的经理人交谈，促进彼此意见沟通？（ ）

A．是　　B．尚可　　C．否

2．是否与相关部门的经理人相互交换情报、资料？（ ）

A．是　　B．尚可　　C．否

3．是否确认与相关部门的经理人间的协助、联络、商量等事项并决定好方法后实行？（ ）

A．是　　B．尚可　　C．否

4．是否与相关部门的经理人相互讨教、研究？（ ）

A．是　　B．尚可　　C．否

5．是否与相关部门的经理人制定共同目标，并共同解决共通或相关联的问题？（ ）

A．是　　B．尚可　　C．否

6．是否有一套让相关部门的人员了解其职责的方法？（ ）

A．是　　B．尚可　　C．否

7．为加深相关部门人员与下属之间相互的理解，是否有一套相互交谈的方法？（ ）

A．是　　B．尚可　　C．否

8．是否有造成相关部门在工作上的延误，或有损质量的情况？（ ）

A．是　　B．尚可　　C．否

9．相关部门发生事故或麻烦时，是否能积极地给予援助？（　）

A．是　　B．尚可　　C．否

10．向其他部门提供支援人员时，是否会慎选有助于支援单位的人选？（　）

A．是　　B．尚可　　C．否

评分标准

选“是”的计10分，选“尚可”的计5分，选“否”的计3分。

测评结果

80～100分：表明你与相关职责者合作得非常融洽，并且不限于表面上、形式上的，而是通过合作了解彼此的需要并切实去执行。

65～79分：表明你与相关职责者基本能相互合作，但不能只停留在表面上的“合作关系”，而是应该进行更深层次的合作。

30～64分：表明你不能很好地与相关职责者合作，今后要加强这方面的锻炼、学习。

七、职责履行测评

职责履行测评

测评导语

职责履行是执行本岗位的职责，通常企业会为各个岗位订出每个岗位应负责的工作内容。作为员工必须明白自己的职责，知道怎样履行自己的职责，了解履行职责时可以获得哪些资源、权限等。此测评的目的在于了解被测评者是否具备职责履行的能力。

测评题

请用“是”、“尚可”或“否”回答下列问题。

1．是否未出现整体工作不顺利、零件取得的延误，或程序不完全而导致工作难以处理、时间的流失等不当的情形，凡事都照计划顺利地进行？（　）

A．是　　B．尚可　　C．否

2．下属是否都了解所承担工作的目的、范围、执行的准则，而且都致力于质量的保持，使用材料、燃料、消耗品等的节约和成本的降低？（ ）

A．是　　B．尚可　　C．否

3．下属是否都能确实做好机器、机械的操作、维修、保养，并做好工具、零件的整理？（ ）

A．是　　B．尚可　　C．否

4．下属是否知道所承担工作的规章、行为准则、前后工序的关系及合作事宜，并彻底执行？（ ）

A．是　　B．尚可　　C．否

5．下属是否相当明白所指示、命令的事，而且能迅速地去做？（ ）

A．是　　B．尚可　　C．否

6．下属是否会主动拟订目标，并积极努力地去实践？（ ）

A．是　　B．尚可　　C．否

7．下属是否非常明白工作的程序、关键，不会偷工减料，能踏实地去做？（ ）

A．是　　B．尚可　　C．否

8．下属对工作或计划的执行方法，是否都会积极地表示意见、希望、问题信息等？（ ）

A．是　　B．尚可　　C．否

9．下属是否能掌握工作的整个进度，会严守进度而不致造成下一位经理人的困扰？（ ）

A．是　　B．尚可　　C．否

10．下属是否能自我评估工作的执行方法与结果，并分析不完善的原因而加以修改？（ ）

A．是　　B．尚可　　C．否

评分标准

选“是”的计10分，选“尚可”的计5分，选“否”的计3分。

测评结果

80～100分：表明你在充分了解自己的工作目标、内容后，能很好地履行自己的职责。

65～79分：表明你基本可以完成自己的职责，但欠缺与下属的沟通。

30～64分：你是一个不称职的员工，工作经常不能顺利、高效地完成。